ORAR CON LOS ÁNGELES DE LA CÁBALA

Y RECIBIR SUS BENDICIONES

ORAR CON LOS ÁNGELES DE LA CÁBALA

Y RECIBIR SUS BENDICIONES

TEÚRGIA

BELÉN BERNALDO DE QUIRÓS

Primera edición: octubre 2019
ISBN: 978-2-8052-0508-8
Copyright © 2019 Belén Bernaldo de Quirós
Email: orarconlosangelesdelacabala@gmail.com

DEDICATORIA

A mis divinas

Por la gracia de Dios

*Cuando veo tus cielos, obra de tus dedos, la luna y las estrellas que tú has establecido,
digo: ¿Qué es el hombre para que de él te acuerdes, y el hijo del hombre para que lo cuides?
¡Sin embargo, lo has hecho un poco menor que los Ángeles, y lo coronas de gloria y majestad!*
Salmo 8, 3-5

ÍNDICE

AGRADECIMIENTOS

A mis grandes tesoros, con mi gratitud por haberme escogido como madre para iluminar mi presente encarnación y a toda mi familia, que, sin saberlo, tanto me ha ayudado a cumplir mi misión de vida.

A mis animales, almas bellas encerradas en cuerpos de perros y de gatos, por su cariño, compañía y ejemplo.

A todos los autores que han obrado para dar a conocer la Cábala luminosa, liberando esta prodigiosa sabiduría de la regla de secreto que la ha atenazado durante siglos.

Y ante todo y, sobre todo, a Dios, Bendito sea, por permitirme entrever su presencia y por haber restablecido mi Neshamá.

LOS FUNDAMENTOS

Bendecid al Eterno, Ángeles suyos, héroes potentes, ejecutores de sus órdenes, en cuanto oís la voz de su palabra.
Salmo 103, 20

Al abrir este libro, estimado lector, inicia usted un encuentro con lo sagrado que no finalizará sin dar su debido fruto.

A buen seguro, su recorrido espiritual ha sido largo y le ha hecho acumular méritos suficientes para acceder al contenido de esta obra cuya finalidad es probarle que su vínculo con los Ángeles está listo para manifestarse.

¿Cómo ha acabado este texto en sus manos? ¿Buscaba algo sobre esta temática o quizá fue el libro el que le atrajo?

Verá, está comprobado que esto de los libros es cómo lo de los gatos, son ellos los que adoptan a sus dueños y no al revés, y en este caso en vez de gatos son Ángeles.

Así pues, los santos Ángeles han decidido que el momento ha llegado de poner a su servicio las claves que contienen estas páginas de acuerdo con la ley de correspondencia que demuestra cómo la atracción responde en realidad a una llamada.

Sepa que sus Ángeles Tutelares le están diciendo que ya está listo para captar sus radiantes Esencias y beneficiarse de sus Poderes y Atributos, lo que no sería posible si no estuviese avanzando por la ruta correcta hacia la iluminación. Aproveche pues la mano que le tienden para llenarse de bendiciones y progresar espiritualmente porque los Ángeles nunca hacen nada al azar y solo llegan a nuestras vidas si el terreno está ya abonado.

Para utilizar un símil bíblico, le conducirán místicamente al pie de la escalera de Jacob por la que los Ángeles suben y bajan al cielo, como describe el Libro del Génesis 28,12.

Cuando los Ángeles de la Cábala nos abren sus 72 puertas vivimos un momento extraordinario. Para unos es una auténtica epifanía, esto es un profundo conocimiento de la realidad transcendente, y para otros, una metanoia, que supone una conversión y una plena transformación. En ambos casos, se produce una elevación de nuestra consciencia y un vivo sentimiento de culminación.

Tal manifestación de la Gracia Divina no puede obtenerse si antes no se ha trabajado espiritualmente muy duro y durante largo tiempo, habiendo probado la pureza de nuestras intenciones y de nuestro corazón.

Lo describe poéticamente el Libro de los Salmos:

¿Quién subirá al monte del Eterno?, ¿quién podrá estar en su recinto santo?
El de manos limpias y puro corazón, el que a la vanidad no lleva su alma, ni con engaño jura.
El logrará la bendición del Eterno, la justicia del Dios de su salvación.
Tal es la raza de los que le buscan, los que van tras tu rostro, oh, Dios de Jacob.
Salmo 24, 3-6

Ese es el destino y la recompensa de aquellos que buscan a Dios. Bendito sea.

La definición bíblica es *"La raza de los que le buscan"*. Y entre ellos tenemos el privilegio de encontrarnos, estimado lector.

En lo que a mí concierne, como tantas otras almas, estudio las sendas de lo sagrado desde muy joven, la sabiduría de las religiones del mundo, medito la Biblia y me empeño en desentrañar sus misterios cada día porque eso me hace feliz. Mi devoción por los libros sagrados es total.

Nunca he aceptado la idea de que solo una tradición o una religión posea la verdad absoluta, sabiendo que Dios Todopoderoso y Misericordioso no podría haber privado a continentes enteros de su Luz. No, Dios es perfecto y en cada rincón del mundo el mensaje de todo ser humano que Le busca sinceramente es digno de respeto y atención.

Todas las vías de lo sagrado merecen ser exploradas. Pero no todas son iguales.

El término Cábala, que es la ciencia profunda y el estudio del Todo, significa *recibir* o bien *tradición* y designa la interpretación mística y alegórica del Antiguo Testamento que acerca el ser humano a Dios.

A partir del conocimiento del texto bíblico, este libro está construido sobre las Sagradas Escrituras y sobre la sabiduría que eminentes cabalistas han dispensado a lo largo de la historia a través de sus obras que son a menudo extremadamente complicadas. Mi intención es llevar la Cábala angélica a aquellos que deseen recibirla, esperando que les sea de mucho beneficio, tanto como lo ha sido para mí, y que puedan asimilarla plenamente.

Puesto que la Cábala está íntimamente ligada al Antiguo Testamento, y especialmente a la Torá o Pentateuco, encontrará numerosos versículos de la Biblia a lo largo de estas páginas que ilustran y facilitan la comprensión del texto. La mayoría de ellos se refieren a la relación entre los Ángeles y los seres humanos. Encontrará también algunos versículos del Nuevo Testamento por su pertinencia y porque alguna de las escuelas de la Cábala lo integra y admite.

Explicar la Cábala angélica es un acto de justicia y de gratitud, un gesto de restitución, sabiendo que esta mística tan antigua y profunda es cuestionada regularmente mediante campañas llenas de estereotipos negativos y lugares comunes con los que se la califica erróneamente al relacionarla con los aspectos oscuros del esoterismo. Los prejuicios son tenaces, por lo que no siempre es presentada al gran público como corresponde a su enorme aportación a la espiritualidad occidental.

Quizá uno de los motivos de tamaño malentendido sea la complejidad de los textos de referencia que son extraordinariamente difíciles de descifrar al haber sido escritos como dicen los cabalistas *"a media pluma"*, es decir con la mitad de las letras, por lo que el lector debe interpretar el conjunto a partir de sus conocimientos y su nivel de evolución espiritual, ya que solo podemos conocer la Cábala y asimilarla en proporción a los méritos que hayamos acumulado y después de haberle pedido inspiración al Eterno.

Sabiendo que estamos tratando de una ciencia profunda y no de una deducción, este libro menciona las fuentes del modo más didáctico posible. Se trata de abordar la vertiente luminosa de la Cábala con el fin de demostrar que esta merece ser conocida e integrada en las devociones cotidianas de cada buscador de la verdad.

Ello, sin negar que existe una Cábala oscura que persigue la obtención de ventajas materiales y que coexiste con su contrapartida de Luz orientada únicamente a la perfección espiritual.

Para facilitar una lectura fluida, he suprimido las notas a pie de página y he integrado en el texto las citas a los diversos cabalistas, autores y libros. En fin, he añadido una bibliografía sucinta para aquellos que deseen profundizar en el estudio de la Cábala y en los estudios bíblicos.

Esta obra está consagrada a la oración siguiendo la tradición cabalística que prefiere la elevación a Dios por la vía de la razón y de la abstracción, mientras que el cristianismo privilegia el sentimiento y la devoción. El conocimiento de Dios y de su Creación junto al amor a Dios, ambos indispensables.

Considerando que la mayoría de los lectores de este libro serán muy probablemente gentiles, la pregunta surge sobre el acceso que podamos tener o no a esta sabiduría. Es una duda que conviene despejar inmediatamente porque, incluso si el aprendizaje de la Cábala ha estado reservado tradicionalmente al pueblo judío, ya no hay razón para privarse de su estudio.

Concretamente, desde la publicación de las obras de un extraordinario personaje, el gran reformador y rabino cabalista de origen polaco, Yehuda Ashlag, llamado Baal HaSulam.

Ashlag, durante la década de 1930, consideró que para salvar al mundo y a la civilización de una destrucción segura provocada por la mala inclinación de la humanidad, que se manifiesta a través del ego y del poder, el único remedio era la espiritualidad, esto es, la elevación del nivel de consciencia colectivo.

Ashlag recordaba que, según *El Zohar*, a partir de la década de 1990, los seres humanos comenzarían a hacerse preguntas sobre temas transcendentes y que, si la espiritualidad no se implantaba entonces, la mala inclinación acabaría destruyendo el mundo apoyándose en el desarrollo tecnológico.

Podemos suponer que, en aquella época marcada por las guerras, se asociaba la tecnología a las nuevas armas y a las bombas. Hoy pensaríamos sobre todo en la inteligencia artificial como el avance tecnológico capaz de aniquilar a la humanidad.

Sea como fuere, Ashlag mantuvo con firme convicción que la única solución para evitar la devastación total era llevar a la humanidad al umbral de la redención y ello solo podría hacerse mediante la difusión de la sabiduría de la Cábala. Por ello, propugnó que las fuentes que se habían mantenido secretas durante veinte siglos quedasen abiertas a todos, incluidos los gentiles, hombres, mujeres y niños.

Los rabinos tradicionales terminaron por aceptar sus tesis y accedieron abrir el conocimiento de la Cábala a quien desease estudiarlo.

En esa línea, Albert Gozlan, maestro de Cábala, en su canal Kabbalah Mashiah, despeja toda duda con una respuesta afirmativa. Explica que no se puede juzgar el tipo de alma que habita en cada cuerpo, porque puede tratarse de un alma judía en un cuerpo no judío. Añade que aquellos que se sienten atraídos por los secretos de la Torá responden en realidad a la llamada de esos arcanos que les han venido a buscar, ya que no se accede a ese conocimiento por voluntad propia sino por voluntad de Dios. De hecho, los secretos de la Torá tienen su propia energía, su alma, y buscan los recipientes dónde alojarse. Por consiguiente, todo aquel que estudia la Cábala no ha elegido nada, son los secretos de la Torá los que le han elegido a él o a ella. Y puesto que es el secreto el que va a buscar a la persona, si ésta tiene afinidad con él, si está vibrando con él, es porque tiene un alma judía. Gozlan subraya que la palabra judía es la herencia de un saber más que una religión y concluye diciendo que el secreto de la Cábala elige al gentil al que designa como su heredero y eso es lo que llamamos un judío.

Lo mismo pasa con los 72 Ángeles, son ellos los que nos eligen y nos vienen a buscar.

Por la gracia de Dios, muchas son las fuentes que nos acercan a esa esplendorosa sabiduría. Basta empeñarse, dedicarse y comprender, y el esfuerzo resulta ampliamente recompensado.

Al dominar las claves contenidas en este texto y al conocer los 72 Nombres con sus Ángeles, constatará cómo su proximidad le brinda alegría, le aporta energía y le reporta beneficios espirituales. Los Ángeles le llevarán por los caminos del Bien y de la realización, sea cual sea su religión, las creencias que usted profese o la tradición a la que pertenezca.

Como la gran sabiduría esotérica que es, anterior y subyacente a tantas espiritualidades, la Cábala angélica encauzará con paso firme su camino hacia la Luz, lo Absoluto, el Infinito, que es la energía original y eterna, empezando por reconectarle con ella.

Puedo asegurarlo por experiencia, a mí que soy cristiana de nacimiento, me han salvado. Benditos sean.

LA CREACIÓN

Los iniciados revelan que la misión de cada sabio que ha existido y existirá es elevarse al Eterno, descifrando su Creación, sus arcanos y las leyes del universo. Afirman que Dios es incognoscible, por lo que la única vía posible para llegar a Él es entender su Obra.

Este análisis coincide con el de las tradiciones judía y cristiana. Moisés Maimónides, el ilustre sabio judío cordobés del s. XII, escribió que todos los atributos que podemos intuir de Dios son negativos, sin que digan nada de su naturaleza y también, Santo Tomás de Aquino, desde la óptica cristiana, refrendó esta observación.

Sabemos que la Cábala afirma que es imposible adivinar por qué Dios creó todo lo manifestado y aunque entendamos el funcionamiento del universo, lo que en sí es un gran privilegio, nunca llegaremos a comprender su Esencia ni por qué decidió experimentarse a Sí mismo a través de la Creación.

Sabemos también que, por el acto de crear, en un movimiento de contracción y posterior expansión, el Eterno se multiplicó en sus criaturas, otorgando a cada ser humano unas chispas infinitesimales de Su divinidad.

Los cabalistas afirman que esas chispas son diez, correspondiendo a las esferas del Árbol de la Vida, esto es, a las dimensiones, aunque existe una undécima esfera, Daath que para algunos simboliza el conocimiento, mientras que para otros es el Espíritu Santo.

Durante el acto de crear, Dios se proyectó manteniéndose inalterado y apartado de la Creación a través de velos que utilizó para expresarse, conservando su Esencia incólume e inmarcesible. Estos son los diez velos que tenemos implantados en nuestra consciencia, que limitan la capacidad de percibir la realidad y provocan juicios erróneos.

El Eterno creó en un instante y, desde ese mismo momento, su Creación fue completa. A partir de entonces, se estableció una comunicación mística permanente entre la Divinidad, la humanidad y la naturaleza.

El Zohar explica el inicio de la Creación de la bellísima manera siguiente:

El Poder más misterioso envuelto en lo ilimitado, sin hendir su vacío, permaneció totalmente incognoscible hasta que de la fuerza de los golpes brilló un punto supremo y misterioso. Más allá de ese punto nada es cognoscible, y por eso se llama Reschit ("Comienzo"), la expresión creadora que es el punto de partida del todo.

Zohar Bereshit 2

AIN SOF OR

La Cábala afirma igualmente que todo lo que ES está compuesto de la única sustancia que existe por sí misma, la sola dotada de realidad, esto es, el Infinito o lo Absoluto que denominan AIN SOF y del que deriva todo el universo creado.

La gloria del Infinito o Absoluto escapa totalmente a la comprensión humana.

Como ocurre con todas las verdades universales, encontramos el mismo concepto de Absoluto o Infinito en otras civilizaciones como la caldea, la egipcia, la hindú y las tradiciones budista y cristiana.

Espiritualidades como las de los rosacruces, masones o teósofos parten de la misma idea, tanto como los axiomas de eminentes filósofos como Baruch de Spinoza y San Agustín, con su noción de Dios Infinito.

Hay pues un amplio consenso sobre la naturaleza incognoscible de Dios, resultando de la contraposición entre lo Infinito y lo finito.

La Cábala enseña que Dios es la Creación, pero que la Creación no es Dios, del mismo modo que las obras del ser humano no son el ser humano.

Afirma asimismo que la auténtica realidad del Eterno es la llamada *"Existencia Negativa"* y que de ella trasciende la *"Existencia Positiva"* o *"Existencia"*, dentro de la cual se plasma todo lo creado.

En fin, explica que existen tres niveles de lo divino:

- **AIN**, la Nada, la Existencia Negativa.
- **AIN SOF**, lo Infinito, lo Ilimitado, lo Absoluto.
- **AIN SOF OR**, la Luz Ilimitada.

AIN SOF OR es la Nada, y también lo Absoluto, lo Infinito y la Luz Ilimitada, el origen de toda existencia. Sin tiempo, sin espacio, sin movimiento. AIN SOF OR es pues la Fuente, la Nada Absoluta, que contiene todas las posibilidades y a partir de la cual se manifiesta el Todo.

La Cábala considera que la Creación es resultado de la emanación de Dios, el Infinito, lo Absoluto AIN SOF, el proceso mediante el cual se da a conocer a través de la Luz Divina o Ilimitada, AIN SOF OR.

Los cabalistas meditan en AIN SOF OR para centrarse en el momento presente, liberar su mente y elevar su consciencia. Si deseásemos hacerlo, visualicemos una luz blanca.

Esta práctica transcendente se asemeja en parte a la meditación mindfulness del budismo, tan en boga en nuestro tiempo. Ambas consideran que el binomio aquí y ahora es la única realidad que el ser humano puede captar realmente y que refugiarse en el presente lleva a las profundidades del ser trayendo paz, armonía y conocimiento.

La Cábala afirma pues que todo lo creado procede de la Nada y que la finalidad de la vida es fusionarse con ella, lo que nos incluye, teniendo en cuenta que somos fundamentalmente un sueño de Dios que debe volver al Infinito. Aunque sabemos que, al contener el Todo, se trata de una Nada repleta de posibilidades.

Este concepto existe también en la gran tradición sagrada hindú, en la que la Creación se compara con el aliento de Brahma por el que se generan los Días y las Noches del Dios Creador y estos son los ciclos que devuelven todo lo creado a la Nada.

En hebreo, las palabras que designan el ego (ANI) y la nada (AIN) tienen las mismas letras, pero en distinto orden, indicando así que la meta del ser humano es unificar el ego con la nada, el ANI con el AIN.

Este es el concepto cabalístico de entrega que, a diferencia del budismo, no implica anular el ego, sino controlarlo y dárselo a Dios, tal y como sucede en la entrega plena a Dios del cristianismo.

Por tanto, en la tradición cabalística es preciso partir del ego para llegar a la nada. Es este un excelso principio por el que el ego, en lugar de ser nuestro enemigo, pasa a ser un instrumento de elevación.

En fin, la Biblia afirma que Dios creó mediante la palabra, utilizando la vocalización de las letras sagradas hebreas y que, al combinarlas, se formaron los seres sensibles y todas las cosas.

Por su parte, el *Sefer Yetzirah* afirma que las 22 letras del alfabeto hebreo son los *"ladrillos de la Creación"*.

Trataremos más adelante del poder creador de la palabra.

CONVERTIRSE EN ÁNGEL

La Cábala atesora una enorme esperanza para la humanidad que conviene desvelar para beneficio de todos en estos tiempos tan turbulentos. Y, como hemos visto, la llave que abre ese secreto es el misterio de la Creación cuya comprensión está a nuestro alcance, a pesar de su profundidad y complejidad.

Durante la Creación, el Eterno eligió al ser humano para que, mediante su acción sobre la materia, todo lo manifestado pudiera volver paulatinamente a la Divinidad. Por tanto, la Creación es imperfecta y debe volver a la perfección a través nuestro porque Dios así lo quiso.

El gran cabalista Yehuda Ashlag lo apuntaba diciendo:

El propósito del Creador al crear al hombre era llevarle a la perfección y a la eternidad.
Shamati, 2

El Libro del Génesis, en su capítulo 1, explica que el ser humano primordial fue creado antes de finalizar la obra completa de la Creación.

Según *El Zohar*, después de formar al Hombre Celestial, Dios le utilizó como vehículo para descender a la materia y poder así experimentarla. Así pues, el ser humano tiene el cometido de servir de pasarela al Eterno para bajar a nuestro plano, lo que nos perfecciona espiritualmente y nos acerca a Su divinidad.

En idénticos términos se expresa Yehuda Ashlag cuando subraya que el objetivo del Creador desde el momento en que finalizó su Obra fue revelarnos Su divinidad.

De modo que, el concepto de Hombre Celestial conduce a la gran revelación cabalística tantos siglos restringida a los círculos de rabinos y exégetas. Hela aquí: Al servirse de nosotros como canal, Dios nos dotó de una naturaleza divina que nos permite superar todo lo creado y nos otorga la capacidad de **convertirnos en un Ángel al final de nuestro camino evolutivo.**

La tradición cabalística explica que los casos del profeta Elías y del patriarca Enoc dan testimonio de lo que precede ya que, ambos, sin tener que pasar por el tránsito de la muerte, fueron transportados directamente al Cielo por el carro de fuego, la Mercabá, para transformarse en Ángeles.

Estos episodios se relatan en los siguientes versículos bíblicos:

Enoc anduvo con Dios, y desapareció porque Dios se lo llevó.
Génesis 5, 24

Iban caminando mientras hablaban, cuando un carro de fuego con caballos de fuego se interpuso entre ellos, y Elías subió al cielo en el torbellino.
II Reyes 2, 11

Los rabinos y cabalistas dicen que, si el ser humano llega a superar las pruebas que Dios le ha puesto en su camino, podrá ser más que un Ángel. Tan sorprendente afirmación reposa en el hecho de que el Ángel no está sometido a tentaciones, lo que le mantiene en un nivel invariable de evolución. Veremos en la descripción de los coros angélicos cómo estos tienen una alta consciencia que les permite no hacer el mal.

Los cabalistas prosiguen afirmando que la persona que no ha terminado su tarea de elevación es humana y que cuando la ha finalizado, es un Ángel.

Por consiguiente, la Cábala proclama que nosotros, mortales y falibles humanos, **almacenamos el mayor potencial de todo lo creado.**

Asimilar que, a través de nuestra senda de purificación, podemos evolucionar hasta alcanzar la naturaleza angélica llena de estímulo y aliento para acometer tan enorme empeño e infunde una inmensa responsabilidad.

La más excelsa de todas.

Este gran misterio, otrora oculto, desvela una alianza de importancia capital entre el Creador y la humanidad. Está lleno de luz y de esperanza y difiere notablemente de los postulados de tantas otras religiones y tradiciones acerca de la capacidad de evolución espiritual atribuida al ser humano.

Al pecado, a la culpa y a la mortificación, les sucede la Luz.

LA ORACIÓN

La oración es central en toda senda espiritual y por ello conviene reflexionar sobre su significado y su propósito.

La Biblia lo explica en el Libro del Éxodo:

Serviréis al Eterno, vuestro Dios, y Él bendecirá vuestro pan y vuestra agua y quitará la enfermedad de entre vosotros.

Éxodo 23, 25

Así pues, las Sagradas Escrituras revelan que la clave de la felicidad es servir a Dios. ¿Y qué es servir a Dios? Servirle es dirigirse al Él en plegarias y, si así lo hacemos, el Eterno cuidará de nosotros.

Según la Cábala, el mejor modo de elevarse al Eterno, Uno e incognoscible, es a través de sus 72 Nombres o Ángeles que son los filtros por Él previstos, en un acto de clemencia pura, para hacernos vislumbrar Su Esencia y acercarnos a Su divinidad.

Necesitamos filtros para percibir a Dios, como necesitamos filtros para mirar al Sol porque, de lo contrario, la potencia de su Luz daña.

En su canal Judaísmo Abierto, el Rabino Aharon Shlezinger compara a los 72 Nombres con un instrumento para que personas alejadas entre sí se comuniquen y concluye que la misma lógica se aplica al acto de dirigirnos a Dios para el que precisamos herramientas o filtros.

De modo que, la oración con los Ángeles y sus Nombres, esto es, el acto de encomendarnos a ellos es el instrumento apropiado para acercamos al reino de los Cielos e iniciar el camino de vuelta a la perfección.

Observará que en ningún caso me refiero a orar a los Ángeles o a los Nombres porque siempre se reza exclusivamente a Dios.

Según Yehuda Aslagh:

La quintaesencia de nuestra obra es llegar a reconocer la existencia de Dios, a sentir Su presencia, y después constatar, que toda la tierra está llena de Su gloria.

…

Si uno piensa que hay otra autoridad y fuerza aparte del Creador, está cometiendo un pecado.

Rezamos pues al Eterno a través de los 72 Nombres de Dios con sus Ángeles porque son los caminos que llevan al Altísimo. Son salvoconductos para que nuestra palabra llegue al Cielo y vibraciones muy sutiles que elevan nuestras peticiones al Creador. Eso sí, en función de sus diferentes Esencias, Poderes y Atributos, que son específicos para cada uno de ellos.

La tradición cabalista afirma categóricamente que no hay comunicación posible con Dios más que a través de los 72 Nombres al ser estas las vías establecidas para acceder a sus bendiciones. Añade que la Esencia Divina está oculta dentro de cada uno de los Nombres que portan los Ángeles y que estos nos brindan guía y protección.

En fin, los cabalistas subrayan que haber podido recuperar ese conocimiento escondido durante siglos es un precioso regalo para la humanidad. Algo habremos hecho bien para merecerlo, o quizá se nos haya concedido cómo última oportunidad para redimirnos antes de lo que ellos llaman *"el final de los tiempos"*, al término de este ciclo cósmico, tal y como detalla el Libro del Apocalipsis.

La mayor dificultad con la que nos enfrentamos en el camino hacia la iluminación es la imperfección de nuestra condición humana por la que las fuerzas oscuras se manifiestan en nosotros con más facilidad que las de la Luz.

Es la maldición de la carne.

Los cabalistas explican que estamos invadidos por las huestes de las sombras y que nuestra tarea de evolución durante la presente reencarnación es oponernos a ellas en permanencia y salir vencedores del enfrentamiento.

Quien tenga dudas sobre la inclinación original del ser humano que piense en cómo se comportan los niños unos con otros en la escuela. Escuchamos habitualmente que *"los niños son malos"* para justificar su crueldad. Nacemos con cierta inclinación a la maldad, pero, por suerte, no en todos triunfa ni se instala.

La Biblia afirma en el Libro del Génesis 8, 21:

. . . porque la intención del corazón del hombre es mala desde su juventud . . .

Por tanto, hemos venido a este mundo para sobrepasar la naturaleza humana y liberarnos de la maldición de la carne, que es oscuridad. O, dicho de otro modo, nuestra alma ha encarnado en ese envase denso que es el cuerpo para poder acceder a la Luz. Según la expresión de los cabalistas, *"bajamos a la carne para subir a la Luz"*.

El plan divino es hacernos experimentar los múltiples inconvenientes de la materia para poder elevarnos superándolos. Y eso no se hace más que mediante pruebas y sufrimiento. Es duro, pero así es.

El concepto es milenario.

Ya en el antiguo Egipto la iniciación espiritual, que duraba 21 años y se llevaba a cabo en 7 templos, tenía el mismo propósito de recorrer la senda del Bien para alcanzar la pureza del ser.

Indicaba Jaim Vital, el eminente cabalista del s. XVI-XVII en su obra *"Las puertas de las reencarnaciones"* o *"Las puertas de las rotaciones"* que, cuando se ha seguido la vía del mal durante tres reencarnaciones sucesivas, el alma es extirpada de la persona, queda definitivamente destruida y desaparece.

Esta es la verdadera muerte para los cabalistas, la aniquilación del alma después de tres encarnaciones persistiendo en la senda de la iniquidad.

¿Sería posible que la selección natural que se opera mediante el Bien conduzca a los 144.000 elegidos de los que nos habla el Libro del Apocalipsis en sus capítulos 7 y 14?

Sea como fuere, a todas luces, el rumbo a seguir es inevitablemente el del Bien, bajo pena de desaparecer, y desde luego no es eso lo que deseamos.

AMALEK

Prosiguiendo nuestras consideraciones sobre el Bien, conviene saber que los cabalistas declaran que el conocimiento de los 72 Nombres de Dios no se entrega más que a aquellos que ya no son capaces de *"destruir el mundo"*.

Semejante revelación, además de situar del lado del Bien a los que descubren los Nombres a través de este libro, suscita la pregunta siguiente: ¿quiénes son entonces aquellos capaces de destruir el mundo?

Y los sabios responden que son los que se dejan llevar por la mala inclinación *(Yetzer HaRa)*.

La mala inclinación es la manifestación de AMALEK, asimilado en la religión judía con el Mal absoluto que es, para desgracia nuestra, consustancial a la naturaleza humana.

Lo explica el Libro del Génesis:

Y el Señor vio que era mucha la maldad de los hombres en la tierra, y que toda intención de los pensamientos de su corazón era solo hacer siempre el mal.

Génesis 6, 5

AMALEK (AYIN-MEM-LAMED-KOF) contiene la energía del Mal absoluto y de la negatividad que se apodera de nosotros cuando surgen las dudas, cuando vacila y se tambalea nuestra fe en Dios.

A este respecto, es ilustrativo el relato del Éxodo:

Y sucedió que mientras Moisés tenía en alto su mano, Israel prevalecía, y cuando dejaba caer la mano, prevalecía Amalek.
Éxodo 17, 11

Este versículo indica que el Bien prevalece mientras se mantiene fuerte la Fe, mientras se mantiene el contacto con la Luz, que es la energía original y eterna, el Infinito, lo Absoluto, Dios. Esta advertencia es muy importante y debemos integrarla en la vida cotidiana hasta sus últimas consecuencias. Es pues capital cuidar nuestra Fe y preservarla sólida e intacta, pase lo que pase, por el bien de nuestra alma y de nuestro espíritu.

Además, justo es añadir que el ser humano también alberga la inclinación a hacer el bien (*Yetzar HaTov*) con el fin de restablecer el equilibrio entre el Bien y el Mal que estamos destinados a alcanzar.

Los cabalistas afirman que aquel que no encierra en sí una brizna de Bien morirá, porque Dios no permite que permanezca en el mundo lo que es completamente malo. Por ello, por muy malvado que sea alguien, para seguir encarnado es necesario que posea al menos algo bueno, que contenga una fracción del Bien.

La sabiduría oriental representa el equilibrio universal entre el Bien y el Mal mediante el símbolo del Tao que es mitad blanco y mitad negro con un toque del color opuesto en cada parte.

En el antiguo Egipto, el Mal absoluto estaba encarnado por Apofis (*Apep*), el contrario de Maat. Era la gran serpiente a la que no se podía aniquilar y con la que había que luchar cotidianamente para que no impidiese la salida del Sol.

El arquetipo de la lucha incesante entre el Bien y el Mal está igualmente presente en otras tradiciones. El zoroastrismo está basado en el combate eterno de los hermanos gemelos Ormúz, que representa el Bien, y Arhimán, que encarna el Mal.

En fin, nuestro acervo cultural y religioso relata la lucha constante de Miguel Arcángel con el dragón al que siempre vence, pero nunca mata, y al que está inextricablemente ligado para preservar el equilibro del mundo.

Miguel Arcángel consigue mediante su batalla perpetua que el Bien prevalezca sobre el Mal, que aun así subsiste, siempre amenazante.

En la vida diaria, las manifestaciones de AMALEK son el odio ciego, visceral, brutal, la voluntad absoluta de destrucción, en suma, la desconexión con la Luz. Es la pulsión que lleva al suicidio, el deseo irrefrenable de muerte.

Conviene sin embargo tener presente que los cabalistas procuran no nombrar a AMALEK para no atraer su nefasta energía.

El cabalista Mario Sabán habla incluso del *"estado"* de AMALEK que se instala cuando la persona o la colectividad se encuentran totalmente separadas de la espiritualidad, inmersas en la materia y con la voluntad desculpabilizada de destrucción.

También recuerda que AMALEK se presenta a cada generación, sin duda haciendo referencia al versículo siguiente de la Biblia que contiene la esplendorosa promesa siguiente:

El Señor lo ha jurado, el Señor combatirá a Amalek de generación en generación.
Éxodo 17, 16

Así pues, el Libro del Éxodo afirma que es Dios mismo quien se erige en campeón contra el Mal absoluto, lo que debería darnos una total tranquilidad sabiendo que nuestra Fe está respaldada por el Altísimo.

EL TETRAGRAMA

Habiendo explicado las nociones precedentes, llega el momento de abordar el tema capital del gran Nombre de Dios que está compuesto por cuatro letras consonantes en hebreo: YOD-HEI-VAV-HEI y cuya pronunciación auténtica no es conocida más que por algunos pocos iniciados porque la verdadera pronunciación del gran Nombre de Dios es el arcano por excelencia, el secreto de todos los secretos.

Es incluso materia prohibida.

Sabemos que existen múltiples traducciones de la Biblia original escrita en hebreo y en arameo. Esas traducciones proponen diferentes versiones del gran Nombre de Dios, pero, al no recoger la Torá las vocales, se han completado esas cuatro consonantes fonéticamente de dos maneras diferentes y sucesivas, resultando en los Nombres de YAHVÉ y JEHOVÁ.

El Nombre de YAHVÉ es el más antiguo y según la mayor parte de los exégetas, el más fiel. Por su parte, el Nombre de JEHOVÁ fue encontrado por los judíos masoretas de los siglos VI-X. Ellos intercalaron entre las consonantes YOD-HEI-VAV-HEI las letras del nombre de ADONAI, cambiando la A por la E por razones fonéticas y quitando la I que tomaron por consonante. El resultado fue YEHOVAH y en español, JEHOVÁ.

Sin embargo, algunos cabalistas no aprueban el método que conduce a los Nombres de YAHVÉ o JEHOVÁ al estimar que el Tetragrama carece de pronunciación establecida, por lo que puede vocalizarse de modos diversos. Muy en línea con la complejidad inherente a la Cábala, afirman que hay letras en hebreo que, aunque sean consonantes, pueden leerse como vocales y estas son precisamente YOD, HEI y VAV, las componentes del Nombre de Dios. Por ello, el Tetragrama también se podría pronunciar de muchos otros modos entre los que figuran ELOHIM o YEHOVIH y algunos más.

Una de las denominaciones más antiguas de Dios en la Biblia es YAH.

Christian Knorr von Rosenroth escribe en su libro *"La Kabbala Desvelada"* que: *"Aquel que puede pronunciarlo correctamente hace temblar la tierra y el cielo porque es el Nombre que atraviesa el Universo"*.

Por ello, los devotos judíos evitan vocalizarlo y lo remplazan por el término ADONAI.

Sin embargo, en caso de operaciones mágicas, como son las grandes sanaciones por medios espirituales, los cabalistas pueden pasar horas y horas articulando todas las combinaciones posibles, esperando así haber pronunciado correctamente en una de ellas el gran Nombre de Dios.

Jesús, que como sabemos era un rabino judío, se refería al Eterno como ADONAI, que en arameo significa Señor.

De hecho, los judíos ortodoxos no pronuncian nunca el nombre de Dios por considerarlo demasiado sagrado y utilizan la expresión HASHEM, que significa literalmente *"El Nombre"* o, alternativamente, Señor o Eterno.

Por la misma razón, cuando escriben la palabra Dios, suelen amputar una vocal como sigue D-os o bien Di-s, en coherencia con el respeto impuesto por sus creencias. Ello obedece a lo dispuesto por el tercer mandamiento que ordena no pronunciar el Nombre Sagrado en vano. Encontramos este precepto en dos libros de la Torá, en Éxodo 20, 7 y Deuteronomio 5, 11, formulado en versículos idénticos:

No tomarás el nombre del Eterno tu Dios en vano, porque el Eterno no tendrá por inocente al que tome su nombre en vano.

De modo que, para respetar este mandamiento al pie de la letra, sería preciso emplear una denominación tan escrupulosa como HASHEM.

Dicho lo cual, referirnos a Dios como HASHEM en este trabajo quedaría lejos de nuestras referencias culturales. Equivalentes más próximos serían los términos Señor (ADONAI), Dios o Eterno.

Por ello, en los versículos de la Biblia que encontrará repartidos en este libro, los términos utilizados para denominar al Altísimo serán Eterno, Dios o Señor, que son neutros y los más respetuosos con el tercer mandamiento desde nuestro contexto cultural occidental.

Cada uno de los versículos ha sido incluido con el fin de ilustrar conceptos, transcribir los diálogos de los Ángeles con los seres humanos o bien dar paso a cada Ángel.

El Libro del Éxodo 3, 14 relata que, cuando Moisés le preguntó a Dios *¿Quién eres?*, éste respondió: EHEIEH (EHEIEH ASHER EHEIEH: *Yo soy el que soy*) que, según la tradición, es el Nombre más auténtico.

LA RECTIFICACIÓN O TIKÚN

Para terminar este capítulo sobre los conceptos fundamentales que es preciso manejar antes de abordar la Cábala angélica, conviene añadir un apunte sobre la reparación o rectificación que el judaísmo denomina tikún.

La palabra hebrea tikún significa asimismo reforma, mejora, retribución o restitución y representa la cooperación del hombre con Dios en el perfeccionamiento de la Creación, lo que nos permite crecer espiritualmente y entrar en el Reino de los Cielos una vez finalizada la tarea.

El tikún es pues el proceso personal de reparación del mundo, o lo que es lo mismo, la misión que Dios nos ha encomendado de acercarnos a la perfección antes del fin de los tiempos. Es la redención y esta misión se lleva a cabo a lo largo de múltiples reencarnaciones.

Ciertamente, el judaísmo y su vertiente mística, la Cábala, consideran la reencarnación como una realidad ineluctable, tanto como el budismo, el hinduismo y el cristianismo primitivo.

El Zohar (2.99b) explica la reencarnación, que denomina transmigración, como sigue:

Todas las almas están sujetas a la transmigración, y los hombres que no conocen los caminos del Señor, que sean bendecidos, ellos no saben que están siendo traídos delante del tribunal, tanto cuando entran en este mundo como cuando salen de él. Son ignorantes de las muchas transmigraciones y pruebas secretas que deben de pasar.

Ya vimos cómo el Eterno decidió que incumbía al ser humano enmendar la imperfección de la Creación que reside en la materia.

Es esencial saber que la misión sagrada con la que hemos venido al mundo manifestado siempre se ha de cumplir, es nuestra obligación suprema.

Puesto que, sin duda esta no es nuestra primera encarnación, llevamos algo avanzado, con lo que la podremos completar durante la presente o en sucesivas reencarnaciones.

Para encontrar nuestro tikún, según el cabalista Jaime Villarrubia, conviene apostar por lo más sagrado, lo más hermoso, lo más limpio, lo más luminoso y lo más fuerte.

En su libro *"Secretos del Zohar"* el maestro de Cábala Albert Gozlan afirma:

"El tikún, es el esfuerzo que tenemos que hacer en este mundo para parecernos a ese modelo tan perfecto que Dios creó de nosotros."

El concepto de tikún se asocia con la noción más conocida de karma ya que ambos representan las lecciones que debemos aprender en la vida y lo que debemos rectificar para seguir progresando espiritualmente.

Albert Gozlan utiliza las palabras tikún y karma como sinónimos, sin embargo, conviene subrayar que, a nivel profundo, existe un ligero matiz entre ambos ya que, a diferencia del karma que supone la obligación de pagar las deudas que hemos contraído por destino y también de recoger los frutos de las buenas obras, el tikún tiene propósito de enmienda, incluso de expiación.

Aunque en ambos casos se haya de liquidar el pasivo acumulado, el tikún se apoya en la materia para alcanzar el Cielo mientras que, para agotar el karma y alcanzar el Nirvana, es imprescindible renunciar a ella. En efecto, para el hinduismo y el budismo la iluminación se hace en oposición a la materia, en cambio, para la Cábala, la perfección espiritual se conquista a partir de la materia, sin negarla, pero controlándola y venciéndola.

De modo que, a diferencia de los budistas e hinduistas, para los que el objetivo principal es liberarse de la rueda de reencarnaciones que se percibe como un castigo, los cabalistas consideran la reencarnación como un privilegio que brinda la oportunidad de cumplir con nuestra misión sagrada porque, de hecho, el alma solo se eleva a la Luz cuando está en la materia.

En fin, tanto el karma como el tikún, comparten el propósito de superar pruebas y liquidar el lastre de pasadas reencarnaciones para acercar el alma a la perfección, aunque lo hagan desde ópticas transcendentes que divergen en parte. Mientras el karma parece acumularse sin cesar y no tener fin en una adición constante de faltas cometidas que se deben reparar, el tikún va reduciendo vida tras vida la necesidad de rectificaciones o enmiendas, lo que nos acerca a la santidad.

Con ello, la Cábala abre la vía de la esperanza afirmando que partimos de lo más bajo para llegar al Cielo. Según la expresión de la antigua Roma: *"per aspera ad astra"*, esto es, *"por el sendero áspero, a las estrellas"* o bien, *"a través del esfuerzo, el triunfo"*.

Conviene retener, sin embargo, que ambas tradiciones milenarias mantienen que todos, absolutamente todos, estamos destinados a realizar nuestra Esencia Divina y esto es lo esencial.

Una vez explicados los conceptos que preceden, aclaremos que en este libro se utilizará el término rectificación cuando se trate de tikún y también karma, para facilitar la comprensión.

Pero, antes de pasar al siguiente capítulo, hay un aspecto adicional del tikún que conviene desarrollar y es el de su **relación con los astros** ya que la Cábala afirma que los planetas y las estrellas están habitados por almas de grandes Ángeles, que son las inmensas conciencias que nos observan y nos influyen, causando y precipitando acontecimientos en nuestras vidas.

Siempre según Albert Gozlan en su libro *"Secretos del Zohar"*:

"En todas las estrellas y planetas hay Ángeles encargados de regir este mundo, quiere decir que los que fabrican eventos en nuestra vida, son las inteligencias que habitan los cuerpos de las estrellas y los cuerpos de los planetas."

Veremos, por cierto, en la descripción de los coros angélicos, que las almas de las estrellas y de los planetas están relacionadas con el coro de los Tronos.

Para comprender el impacto que los astros tienen sobre nosotros, será útil recordar el principio de física cuántica por el cuál sabemos que es el observador quien determina la transformación de la onda/energía, en partícula/materia.

Esto es, durante el proceso de observación, la energía se transforma en materia.

El universo es un Todo inteligente y todo lo que fija su atención en nosotros nos influye, tanto como nosotros influimos en lo contemplado. Así pues, los planetas y las estrellas nos observan, nos afectan decisivamente y determinan nuestra vida.

Este es el principio rector de la alta astrología que no tiene nada que ver con la llamada astrología predictiva que nos sirven los horóscopos en la actualidad.

Para ultimar la explicación de este principio cabalístico citemos una vez más a Albert Gozlan y su obra *"Secretos del Zohar"*:

"Los Ángeles son los responsables, por orden del Creador, de crear situaciones en la Tierra. Pero esas situaciones, que vienen por orden del Creador, a veces ya vienen programadas por un tikún, y pueden ser dolorosas. Dios nos ha dado la Torá y sus secretos, para que en vez de que las emisiones electromagnéticas del cosmos nos fabriquen situaciones dolorosas, nosotros podamos dar instrucciones al cosmos, para que nos obedezca porque somos de un nivel superior de consciencia. Pero, hay que adquirir ese nivel de consciencia, si no somos como animales que no tienen la opción de modificar su karma."

Y también: *"Esos Ángeles, si no tenemos el nivel suficiente de consciencia, dominan nuestra vida. Si tenemos el nivel vibratorio correcto, hacemos que ellos produzcan los eventos que nosotros queremos."*

Pero ¿cuáles son los secretos de la Torá que nos permitirán modificar nuestro karma?

Según Yehuda Ashlag:

Toda la Torá son los Nombres del Creador. Todas las historias, las leyes y las frases, todos son Sus Santos Nombres.

En línea con la precedente afirmación, el ilustre cabalista del s. XVIII, Moshé Jaim Luzzato afirmaba que la práctica de los Nombres otorga el poder de anular las leyes naturales.

De hecho, la tradición cabalística considera de manera unánime que, al dominar las claves de los 72 Nombres, los seres humanos podremos convertirnos en dueños de nuestro tikún o karma, que es la debida rectificación impuesta por nuestra misión sagrada.

Conviene precisar sin embargo que mediante el uso de los Nombres con sus Ángeles se obtienen los dos resultados siguientes:

- En el primero, el karma no desaparece, pero adquirimos la libertad de satisfacerlo como elijamos, dejando de ser marionetas de la suerte,
- En el segundo, nuestra práctica es tan profunda y transcendente que nos purifica completamente y entonces el karma se desintegra y se agota.

¿Y por qué milagro podría suceder que al orar con los 72 Nombres de Dios con sus Ángeles escapásemos al karma negativo?

La razón es que dicha práctica sagrada permite alcanzar un estado de consciencia tan superior que transmuta espiritualmente y nos transforma en otra persona.

Y si ya no somos los mismos por haber alcanzado la pureza original, el karma, que no es más que un instrumento de aprendizaje, pierde su razón de ser y no se aplica.

Dicho esto, algunas escuelas cabalísticas enseñan que la rectificación se activa después de haber pasado por una secuencia de diez, que pueden ser minutos, días, meses, años o vidas.

Por tanto, en caso de infracción que generará un karma inevitable, conviene encomendarse a los Ángeles que ayudan a solventarlo.

El campeón en esta materia es VEHUYAH, el primer Ángel, que borra el karma por la profunda transformación que opera en la persona gracias a la elevación de su nivel de consciencia.

De hecho, cuando la consciencia se desarrolla completamente, se detiene el giro de la rueda de reencarnaciones al quedar cumplida la misión sagrada del individuo.

VEHUYAH comparte esa extraordinaria potestad con MUMIAH el último Ángel, el número 72, y con otros siete Ángeles que ejercen diversos grados de influencia sobre el karma, como se explica en el CAPÍTULO XI.

Curiosamente, el poder de los Ángeles que aligeran la rectificación o la eliminan recuerda la práctica espiritual hawaiana del Ho'Oponopono que afirma que lo que se borra para nosotros lo hace también para todos los implicados y para nuestros antepasados.

Todo se convierte en pura Luz.

Y llegados a este punto, habiendo completado los fundamentos, estamos listos para asomarnos con devoción y benevolencia a los Ángeles en la Biblia.

Tenga a bien el Eterno bendecirnos en nuestro intento.

I

ÁNGELES EN LA BIBLIA

que él dará orden sobre ti a sus Ángeles de guardarte en todos tus caminos.
Salmo 91, 11

Recordemos que, según una de las mayores revelaciones de la Cábala, podremos convertirnos en Ángel una vez finalizado nuestro proceso de elevación espiritual, lo que supone que estamos destinados a igualar a esos seres sobrenaturales.

Por ello, cuando recurrimos a los Ángeles, nos responden, nos ayudan y nos salvan. Estamos inextricablemente unidos a ellos y gracias a sus intervenciones se producen los milagros, que son una vuelta al Origen y una manifestación del potencial creador.

Para un ser tan perfecto cómo un Ángel, pensar es manifestar. A ese modelo debemos tender.

Nikola Tesla, el gran genio de la ciencia de principios del s. XX, afirmaba que el futuro demostraría que lo sobrenatural está basado en una ciencia todavía no desarrollada.

Según la Cábala, los milagros solo pueden considerarse como tales en nuestra dimensión, pero son perfectamente naturales en otros planos. Desde este punto de vista, serían una interacción con la realidad de mundos superiores cuyas leyes nos son desconocidas.

Por su parte, los psíquicos afirman que los milagros se producen porque lo real en este mundo no es la materia, sino el pensamiento. Este es, en esencia, un campo de energía inteligente y por tanto creador.

Y cuando nuestro pensamiento está cargado de intención, manifiesta.

De hecho, los psíquicos saben que nada es real y que somos un pensamiento del Eterno. Por su parte, los cabalistas mantienen que somos un sueño del Infinito y que a Él debemos volver. De modo que, cabría plantearse la realidad de nuestra existencia, aunque esa sea otra historia. Los budistas lo explican perfectamente mediante su noción de vacuidad.

Volviendo a los milagros, sabemos que se sustentan en leyes físicas inexploradas y que solo acontecen cuando son el único recurso para salvarnos de una situación extrema y sin esperanza. Parece que esas situaciones al límite tuviesen el poder de abrir portales y provocar su manifestación. También sabemos que los milagros existen y puede que hasta hayamos presenciado alguno de ellos.

Así pues, tengamos presente nuestra deuda de gratitud con el Creador por habernos otorgado el don de acceder constantemente a seres sobrenaturales benevolentes y poderosísimos que nos acompañan en nuestro camino de vuelta a la perfección espiritual y que, además, se encargan de realizar milagros. Por ello, el momento ha llegado de recuperar el uso de esa capacidad inutilizada.

Semejante olvido va en nuestro detrimento ya que somos capaces de solventar cualquier dificultad recurriendo a Dios a través de sus Ángeles, esos seres sobrenaturales que no conocen restricciones ni obstáculos y, cuando apelamos a ellos, responden sin falta.

En los Evangelios, Jesús muestra el vínculo existente entre la petición que se dirige al Eterno y Su respuesta:

> *Pedid y se os dará, buscad y hallaréis, llamad y se os abrirá.*
> *Porque todo el que pide recibe, el que busca, halla, y al que llama, se le abrirá.*
> *Mateo 7, 7-8 y Lucas 11, 9-10*

Nos han enseñado desde la infancia que los Ángeles son los mensajeros que Dios envía para comunicarse con nosotros y que son los encargados de protegernos y de llevar nuestras peticiones al Eterno.

¿Quién no recuerda esa oración infantil *"cuatro esquinitas tiene mi cama, cuatro angelitos que me la guardan"*?

Para esas potencias celestiales, cuya misión es auxiliarnos, lo imposible no existe. Conviene pues tener presente que disponemos del recurso constante a esta ayuda divina que constituye nuestro nexo con el Todopoderoso.

La Biblia da numerosos ejemplos de ello, de los cuales iremos viendo varios a lo largo del libro. Los que siguen son solo algunos:

He aquí que yo voy a enviar un Ángel delante de ti, para que te guarde en el camino y te conduzca al lugar que te tengo preparado.
Éxodo 23, 20

y le dice: "Si eres Hijo de Dios, tírate abajo, porque está escrito: A sus Ángeles te encomendará, y en sus manos te llevarán, para que no tropiece tu pie en piedra alguna."
Mateo 4, 6

porque está escrito: A sus Ángeles te encomendará para que te guarden.
Lucas 4, 10

De hecho, la Biblia contiene más de 300 versículos relativos a las órdenes dadas por el Eterno a sus Ángeles respecto a la humanidad y a las conversaciones entre los Ángeles de Dios y los seres humanos.

En la mayoría de los casos, desconocemos los nombres de estos Ángeles intermediarios y mensajeros. La Biblia solo designa a tres grandes Arcángeles: MIGUEL, GABRIEL y RAFAEL y también a SATANÁS.

En el capítulo 20 del Libro de Enoc se mencionan, además de los tres citados en la Biblia, a los Arcángeles URIEL, RAGÜEL, SARIEL y REMIEL como *"los santos Ángeles que vigilan"*.

Contrariamente a la creencia popular, la versión original de la Biblia no hace referencia directamente al nombre de LUCIFER. Sin embargo, sí lo encontramos en la Biblia Sacra Vulgata, resultando de la traducción al latín del término *"Lucero"* que se encuentra en el Libro de Isaías 14, 12:

Quomodo cecidisti de caelo, Lucifer, qui mane oriebaris? corruisti in terram, qui vulnerabas gentes?

¡Como has caído de los Cielos, Lucero, hijo de la Aurora! ¡Has sido abatido a tierra, dominador de naciones!

Sin embargo, la Biblia alude en múltiples ocasiones al Ángel adversario, al enemigo, al tentador, al Ángel que desvía a la persona del buen camino, al que denomina SATÁN o SATANÁS.

SATÁN aparece en primer lugar en el Libro de Job que, según el tratado *Baba Batra* del *Talmud*, puede ser considerado como el libro más antiguo de la Biblia.

Este texto afirma que Moisés lo escribió cuando aún estaba en Egipto y, por tanto, antes de recibir al dictado de Dios lo que conocemos como la Torá, esto es, los cinco primeros libros del Antiguo Testamento.

SATÁN o SATANÁS es el representante del lado oscuro en ese colectivo que el Libro de Job denomina *"los hijos de Dios"*, es decir, el Consejo Divino formado por los grandes Ángeles que se reúnen con el Altísimo:

Hubo un día cuando los hijos de Dios vinieron a presentarse delante del Señor, y Satanás vino también entre ellos.

Job 1,6 y 2,1

Conviene retener este dato que sitúa correctamente a SATANÁS en una posición subordinada, que no oponente, a Dios. SATANÁS es el enemigo de la humanidad, el que tienta a los justos y a los místicos para poner a prueba su fidelidad a Dios, pero siempre depende del Eterno que es omnipotente, único y carece de rival.

Recordemos pues que SATANÁS es una creación de Dios, sirve a sus designios y obedece sus órdenes. En ningún caso es un igual. Entender esto es esencial y nos será de mucha ayuda para comprender lo que está por venir y apreciar la grandeza inconmensurable del Eterno.

II

LAS JERARQUÍAS O COROS ANGÉLICOS

Yo soy el Alfa y la Omega - dice el Señor Dios - el que es y que era y que ha de venir, el Todopoderoso.
Apocalipsis 1, 8

Los Ángeles han acompañado a la humanidad desde su origen, por lo que están presentes en prácticamente todas las religiones que precedieron la mística judía, desde el zoroastrismo, el hinduismo y la tradición celta.

En el caso de las religiones judía y cristiana, que es hija de la primera, sus jerarquías son las siguientes:

JERARQUÍA ANGELICAL JUDÍA

Moisés Maimónides, el eminente cabalista del s. XII, la describe en *Mishne Torah* dónde explica que todos los Ángeles pertenecen a una de las diez jerarquías que gobiernan respectivamente una esfera del Árbol de la Vida.

Cada una de ellas está regida por un Arcángel:

- JAYOT HA KÓDESH, los Vivientes Sagrados. Arcángel METATRÓN
- OFANIM, las Ruedas. Arcángel RAZIEL
- ERELIM, los Tronos. Arcángel SAFKIEL
- JASHMALIM, los Brillantes. Arcángel ZADKIEL
- SERAFIM, las Serpientes de Fuego. Arcángel CAMAEL
- MALAJIM, los Reyes. Arcángel RAFAEL
- ELOHIM, los Poderosos. Arcángel HANIEL
- BEN ELOHIM, los Hijos de los Poderosos. Arcángel MIGUEL
- QUERUBIN, los Fuertes. Arcángel GABRIEL
- ISHIM, las Almas de Fuego. Arcángel SANDALFÓN.

La décima jerarquía está compuesta por las almas de los justos que han reintegrado las huestes angélicas. Ellas son grandes ejemplos de vida.

Las jerarquías de la tradición judía reflejan en orden descendente el grado de comprensión que cada grupo de Ángeles tiene del Eterno.

La misma regla se aplica a los coros angélicos de la tradición cristiana. A ellos nos referiremos a continuación, precisando que en esta clasificación no existe equivalente con la décima jerarquía angelical judía.

JERARQUÍA ANGELICAL CRISTIANA

El Pseudo-Dionisio Areopagita, un monje del monasterio del Monte Sinaí del s. V-VI, codificó las jerarquías angélicas en su tratado *De coelesti hierarchia* (*Acerca de la jerarquía celeste*, cap. III, 1) a partir de los textos bíblicos. Para él, *"la jerarquía es un orden sagrado, un saber y actuar asemejado lo más posible a lo divino y que tiende a imitar a Dios en proporción a las luces que recibe de Él"*

PRIMER ORDEN O JERARQUÍA

Está compuesto por tres coros de grandísimos Ángeles dedicados a servir a Dios.

SERAFINES

El primero es el coro de los SERAFINES que representa la vibración primordial del Amor, de la Caridad Divina, de la Esencia de la Vida. Los SERAFINES forman el coro más elevado entre los Ángeles de Dios y son los que transmiten el Fuego del Amor. Están en contacto directo con Dios y regulan la gran obra que emana del Creador.

Su regente es METATRÓN.

Esta es la descripción que hace de este coro el Libro de Isaías:

En el año de la muerte del rey Uzías vi yo al Señor sentado sobre un trono alto y sublime, y la orla de su manto llenaba el templo.

Por encima de Él había serafines, cada uno tenía seis alas: con dos cubrían sus rostros, con dos cubrían sus pies y con dos volaban.

Y el uno al otro daba voces, diciendo: Santo, Santo, Santo, es el Señor de los ejércitos, llena está toda la tierra de su gloria.

Y se estremecieron los cimientos de los umbrales a la voz del que clamaba, y la casa se llenó de humo.

Entonces dije: ¡Ay de mí! Porque perdido estoy, pues soy hombre de labios inmundos y en medio de un pueblo de labios inmundos habito, porque han visto mis ojos al Rey, el Señor de los ejércitos.

Entonces voló hacia mí uno de los serafines con un carbón encendido en su mano, que había tomado del altar con las tenazas,

y con él tocó mi boca, y dijo: He aquí, esto ha tocado tus labios, se ha retirado tu culpa, tu pecado está expiado.

Isaías 6, 1-7

QUERUBINES

El segundo es el coro de los QUERUBINES que refleja la Sabiduría y el Conocimiento divinos. Los QUERUBINES son muy protectores y son los Guardianes de las obras de Dios, de la Luz, de sus templos y de los caminos que llevan a la evolución espiritual. Tienen el don del discernimiento y contribuyen al desarrollo de la consciencia. Expanden la luz espiritual por todo el cosmos.

Su regente es RAZIEL.

La Biblia cita a los QUERUBINES en el Libro del Génesis y les describe ampliamente a lo largo del Libro de Ezequiel, cuyo capítulo 10 les está dedicado en su totalidad:

Y habiendo expulsado al hombre, puso delante del jardín de Edén querubines, y la llama de espada vibrante, para guardar el camino del árbol de la vida.

Génesis 3, 24

Y cada uno tenía cuatro caras: la primera era la cara del querubín, la segunda una cara de hombre, la tercera una cara de león y la cuarta una cara de águila.

Ezequiel 10, 14

había representado querubines y palmeras, una palmera entre querubín y querubín, cada querubín tenía dos caras:
una cara de hombre vuelta hacia la palmera de un lado y una cara de león hacia la palmera del otro lado, así por todo el ámbito de la Casa.

Ezequiel 41, 18-19

TRONOS

El tercero es el coro de los TRONOS que proclama la Grandeza Divina, reflejando la Justicia y la Benevolencia de Dios.

Los TRONOS son los constructores del orden universal.

Estos grandes Ángeles eran conocidos como *"Espíritus de las Estrellas"* y son también las almas de los planetas.

Se dice que el tamaño de los Ángeles que componen este coro es el mayor de todos, pudiendo extenderse de una estrella a otra.

Llevan un registro de las acciones realizadas en todos los tiempos y en todos los universos.

Los TRONOS trabajan la energía del poder y pueden ayudar si se tienen problemas con ella.

Su regente es ZAFKIEL.

La Biblia menciona a los TRONOS en el Nuevo Testamento:

porque en él fueron creadas todas las cosas, en los cielos y en la tierra, las visibles y las invisibles, los Tronos, las Dominaciones, los Principados, las Potestades: todo fue creado por él y para él.

Colosenses 1, 16

SEGUNDO ORDEN O JERARQUÍA

Está compuesto por los tres coros que gobiernan el Cielo y los universos manifestados por Dios. Por ello, son los encargados de supervisar las fuerzas de la naturaleza y del destino.

DOMINIOS O DOMINACIONES

El cuarto es el coro de los DOMINIOS o DOMINACIONES que detenta el Gobierno General del Universo y asegura la permanencia de lo creado. Los DOMINIOS o DOMINACIONES son los encargados de vigilar el correcto funcionamiento del Universo para que sea conforme a la voluntad del Eterno, así como de coordinar los contactos del mundo celestial con el físico. Como los demás Ángeles, los DOMINIOS tienen autoridad sobre los Ángeles de los coros inferiores y reciben órdenes de los coros superiores.

Su regente es ZADKIEL.

Encontramos referencias a este coro en el Nuevo Testamento:

> *que, habiendo ido al cielo, está a la diestra de Dios, y le están sometidos los Ángeles, las Dominaciones y las Potestades.*
> *I Pedro 3, 22*

VIRTUDES

El quinto es el coro de las VIRTUDES, encargado de realizar milagros, prodigios y curas. Las VIRTUDES son las que inspiran a las personas a hacer el bien y les ayudan a acercarse a Dios, contribuyendo así a materializar las aspiraciones humanas. Otorgan la Gracia de Dios y revelan la auténtica misión de vida.

Se dice de las VIRTUDES que son los Ángeles que transmiten la mayor cantidad de energía espiritual en el menor tiempo. Por ello, son la más alta Luz de los iniciados y han recibido la misión de supervisar a grupos y colectivos. Se aparecen a todos los seres sensibles bajo la forma de rayos de luz.

Su regente es CAMAEL.

Como en el caso de los Tronos y de las Dominaciones, la referencia a este coro se encuentra en el Nuevo Testamento:

por encima de todo Principado, Potestad, Virtud, Dominación y de todo cuanto tiene nombre no sólo en este mundo sino también en el venidero.

Efesios 1, 21

POTENCIAS o POTESTADES

El sexto es el coro de las POTENCIAS o POTESTADES encargado de implementar las leyes de todos los mundos y todos los planos. Las POTENCIAS o POTESTADES mantienen el equilibrio cósmico. Se las conoce como *"Custodios de las fronteras"* entre el mundo espiritual y el mundo físico. Gobiernan los elementos.

Dionisio el Areopagita señaló que, como guardianes celestiales, las POTESTADES están provistas de consciencia, lo que les evita hacer el mal. Son las encargadas de la conservación de la historia. Supervisan además la distribución de poderes entre los humanos, ahuyentan a los demonios y nos protegen de ellos. Los Ángeles de la muerte y del nacimiento se encuentran en este coro.

Su regente es RAFAEL, del que trata ampliamente el Libro de Tobías:

Yo soy Rafael, uno de los siete Ángeles que están siempre presentes y tienen entrada a la Gloria del Señor.

Tobías 12, 15

TERCER ORDEN O JERARQUÍA

Está compuesto por los tres coros que actúan como mensajeros celestiales y tienen asignados los contactos con la humanidad.

PRINCIPADOS

El séptimo es el coro de los PRINCIPADOS que preserva la unión con Dios.

A los PRINCIPADOS se les conoce también como *"Ángeles integradores"* al representar el dominio de Dios sobre la naturaleza.

Son los guardianes de las naciones y de los países, por lo que supervisan todo lo concerniente a los Estados, incluyendo sus estratos como la política, el ejército, la industria, el comercio global y las organizaciones internacionales, aunque algunos centros de poder están bajo la influencia de archidemonios, aspecto que no desarrollaremos en este libro. A escala individual, los PRINCIPADOS otorgan el don de fortaleza para acometer grandes causas.

Su regente es HANIEL.

De nuevo encontramos la referencia a este coro en el Nuevo Testamento:

a fin de que la infinita sabiduría de Dios sea ahora dada a conocer por medio de la iglesia a los Principados y Potestades en las regiones celestiales.

Efesios 3, 10

ARCÁNGELES

El octavo es el coro de los ARCÁNGELES, encargado de transmitir los mensajes de Dios a la humanidad y de protegerla, tanto como a la naturaleza. Los ARCÁNGELES son los Ángeles que luchan contra los demonios.

Los ARCÁNGELES son entes espirituales de enorme poder que guían a grandes grupos de personas. Son regentes de países, pero también de grandes personajes investidos de una gran misión.

Colectivamente, fomentan las causas nobles y ayudan a salir airosos de ellas. Además, son los responsables de la administración del mundo celestial.

La diferencia entre ÁNGELES y ARCÁNGELES estriba en la misión que Dios les asigna, que en el caso de los ARCÁNGELES es una tarea de importancia para colectivos y para la humanidad y en el caso de los ÁNGELES, concierne a los individuos.

La Biblia alude a tres ARCÁNGELES por su nombre: MIGUEL, RAFAEL y GABRIEL. Al ser aquellos que nombra la Biblia, son llamados santos.

El regente del coro de ARCÁNGELES es MIKAEL o MIGUEL, mencionado en Daniel 10, 13 y en el Libro del Apocalipsis:

Entonces se entabló una batalla en el cielo: Miguel y sus Ángeles combatieron con el Dragón. También el Dragón y sus Ángeles combatieron.

Apocalipsis 12, 7

ÁNGELES

El noveno es el coro de los ÁNGELES formado por los seres celestiales más cercanos a la humanidad.

Los ÁNGELES están encargados de velar por nuestra seguridad y hacernos cumplir la voluntad divina. Son los mensajeros que transmiten la palabra de Dios y por ello, son nuestros interlocutores más frecuentes. Están encargados de asistirnos, de traernos paz y consuelo, y de elevar nuestras peticiones a Dios. Además, tienen el poder de premiar a los justos y castigar a los malvados.

Los ÁNGELES están absolutamente en todas partes, pero no pueden dejarse ver si Dios no lo manda o si no se lo pedimos. Se nutren de la energía del amor y de la más alta Luz que produce la consciencia humana en su camino evolutivo. Por ello, cuando nos elevamos espiritualmente, estamos sustentando a los ÁNGELES.

Algunos psíquicos pueden verlos como orbes de Luz, otros, como seres translúcidos, a veces alados. En la Biblia los Ángeles adoptan la apariencia humana y los hombres a menudo no les reconocen, como en Tobías 5, 4-5 dónde el Arcángel Rafael se presenta como un joven:

Salió Tobías a buscar un hombre que conociera la ruta y fuera con él a Media. En saliendo, encontró a Rafael, el Ángel, parado ante él, pero no sabía que era un Ángel de Dios. Díjole, pues: "¿De dónde eres, joven?" Le respondió: "De los israelitas, tus hermanos y ando en busca de trabajo." Díjole Tobías: "¿Conoces la ruta de Media?"

En fin, los ÁNGELES tienen el deber de respetar el orden Jerárquico Celestial y si lo quebrantan pueden ser castigados, al igual que las almas encarnadas. De manera que la escalera de Jacob funciona en doble sentido y del mismo modo que el ser humano puede convertirse en Ángel al final de su evolución espiritual, el Ángel puede involucionar y encontrarse de nuevo en una encarnación humana si ha infringido sus deberes divinos. Esta es una afirmación que puede no ser compartida por los cabalistas más ortodoxos, aunque, seguro que todos conocemos sin saberlo a humanos que fueron antaño ÁNGELES y que luchan denodadamente por adaptarse a nuestra dimensión en este plano de consciencia.

El regente del coro de ÁNGELES es GABRIEL:

El Ángel le respondió: "Yo soy Gabriel, el que está delante de Dios, y he sido enviado para hablarte y anunciarte esta buena nueva."

Lucas 1, 19

III

EL MAL Y LOS SEÑORES DEL LADO OSCURO

Yo soy El, formo la luz, Yo creo las tinieblas, Yo hago el bienestar, Yo creo el mal: Yo el Eterno hago todo esto.
Isaías 45, 7

La Biblia revela en el Libro de Isaías que Dios creó el Bien y el Mal, la Luz y las Tinieblas. El Mal existe pues por voluntad divina y los cabalistas explican que Dios lo creó para que podamos llegar al Reino de los Cielos por nuestros propios medios, para que podamos merecerlo.

En la Torá, el Eterno decreta lo siguiente:

Yo pongo hoy por testigos al cielo y la tierra, pongo delante de ti la vida y la muerte, la bendición y la maldición. Elige la vida, para que vivas tú y tu descendencia.
Deuteronomio 30, 19

El Eterno, Bendito sea, nos revela que el Mal está ahí para probarnos y hacer tambalearse nuestra fe, lo que complica poderosamente nuestra existencia, pero ¿qué haríamos sin acicate en nuestro camino de redención?

Si todo fuese luminoso y bueno no habría estímulo alguno para continuar por la vía de la elevación. Todo sería liso y llano en una perfección constante. No cabría más que la consciencia de existir, aunque, lamentablemente, estamos lejos de ese nivel espiritual. Si fuese así, no estaríamos encarnados. Pero, no es esa nuestra realidad sobre la Tierra y no es un secreto para nadie que el camino hacia la iluminación es un sendero lleno de sufrimiento, sinsabores y obstáculos y, puesto que la existencia es dura, la ruta es inevitablemente larga y pesada.

Sin embargo, aquellos que se entregan al Mal durante su vida suelen disfrutar plenamente porque tienen todo cuanto puedan desear. Están endiosados y acaban perdiendo el alma al haberse dejado fagocitar por la omnipotencia artificial que otorga el materialismo, sin haber comprendido su propósito vital que es el de aprender y evolucionar.

En cualquier caso, puesto que Dios Todopoderoso ha traído el Mal al mundo para tentarnos, nos corresponde salir airosos del lance y vencerlo. Algunos cabalistas dicen *"que seas digno del nivel de tu Satán"*, sabiendo que Satanás es el adversario y asumiendo que cuanto más dura sea la prueba, mayor será el mérito del que debe afrontarla.

Conviene recalcar que la noción cabalística de méritos proporcionales al tamaño y dificultad de las pruebas que la vida nos depara es igualmente un concepto cristiano. Sabemos que la santidad se alcanza después de haber pasado por situaciones tremendas y todos tenemos en mente las biografías de grandes santos en las cuales hay dos puntos en común, una fe inquebrantable, esto es una confianza total en Dios, y un sinnúmero de penalidades y obstáculos que lograron superar con bien y sin desesperarse.

Por ello, volviendo a la necesidad de vencer el Mal, nos corresponde seguir el ejemplo de los maestros y someterlo, sin encolerizarnos ni impregnarnos con su negatividad, porque si lo hiciésemos, nos salpicaría de oscuridad, descendería nuestra frecuencia vibratoria y, además, le haría ganar importancia, con lo que podría incrustarse.

Solo los exorcistas son capaces de desafiar el Mal cara a cara, en Nombre de Dios.

La solución es pues anegar con Luz al Mal y entonces se desintegra, por lo que, la actitud apropiada no es tanto el combate como el desapego mientras lo empapamos de consciencia.

Aunque justo es reconocer que, antes de llegar al nivel de evolución que nos permita desintegrar el Mal con pura Luz habrá momentos, y muchos, en los que será necesario pelear contra el Mal remangándonos casi físicamente cuando surja en nuestro camino. Por ejemplo, frente a casos de corrupción, violencia o abuso, y esto en el curso de una o varias vidas.

Aceptemos entonces que nuestra vida es un periodo de prueba y sepamos que el Mal está siempre presente para desafiarnos.

Él es nuestro enemigo. Afrontémosle pues sin miedo, pero con Luz a raudales, esto es con el Bien por delante, que para eso estamos sobre este planeta.

De hecho, antes de encarnar, somos nosotros los que hemos tomado la decisión de medirnos contra el Mal en este mundo para avanzar más deprisa hacia la iluminación. Y algunas almas incluso, llenas de confianza en su resistencia y virtudes, deseosas de complacer a Dios y ansiosas de reunirse con Él, siguen la máxima de *"cuanto más Mal, mejor"*.

En cualquier caso, sea mucho o poco el Mal que debamos afrontar durante la presente reencarnación, conviene pasar la prueba y no caer en las trampas que nos tiende, teniendo en mente que, según la Cábala, toparnos con el Mal o sufrir la muerte de un ser querido son oportunidades para despertar espiritualmente.

Por ello, antes de proseguir este libro por la vía de la Luz, resulta obligado adentrarse un momento en el sendero oscuro cuya existencia es incuestionable por ser la otra cara de las energías angélicas que se han malogrado.

Este tema es capital ya que cada Ángel, tanto positivo como de las sombras, está al mando de numerosas huestes a las que moviliza y, lamentablemente para nosotros, cada uno tiene su vertiente negativa que no deriva de su naturaleza que es incuestionablemente benevolente, sino del espantoso uso que los seres humanos hacemos de la Luz que nos envía.

Según los iniciados, muchos de los cuales están recluidos en comunidades religiosas o son anacoretas, la negatividad emitida por la humanidad crea una nube oscura y maléfica, una polución espiritual que impide nuestra conexión con Dios y nos ata a la maldición de la carne.

Los ocultistas denominan a esa mente global de la humanidad, *Egregor*.

En su lucha contra el *Egregor*, los iniciados dicen que, a pesar de sus plegarias, la nube persiste pegada a la humanidad como si fuese brea. Eso es lo que las comunidades religiosas perciben al limpiar el aura de los centros de poder y de algunas ciudades.

De cualquier modo, la situación sería mucho más inquietante si nadie se dedicara a restablecer el equilibrio, por lo que debemos mucho a semejante actividad callada y a menudo secreta. Justo es pues expresar gratitud a aquellos que se consagran a la oración para purificar el aura colectiva.

Así pues, el lado oscuro del planeta ha sido creado por nosotros y lo seguimos engordando cada día, tanto que aparece como preponderante, llegando a eclipsar el Bien que siempre lucha por abrirse camino.

A semejanza de los Ángeles, los humanos somos intermediarios, un filtro, pero por desgracia, tendemos a ensuciar la energía que recibimos y rara vez a purificarla. De modo que, es la humanidad la que crea y alimenta el vivero destructor que llamamos *Egregor*.

Sabiendo cómo está el mundo en el momento presente, por fuerza hay que reconocer que la negatividad colectiva impera. De ese almacén de maldad extraen los magos negros y los hechiceros la energía para sus artes oscuras.

En virtud de lo cual, es la energía negativa humana la que activa en prioridad a los Ángeles de las sombras que algunos cabalistas asimilan a los demonios. Todos sabemos que abundan, tanto como los individuos que les rinden culto y les nutren con sus aberraciones y energías densas para obtener riquezas y poder.

Sin embargo, los Ángeles del lado oscuro también pueden activarse a partir de malos aspectos planetarios, lo que veremos más adelante.

Pero por el momento, concentrémonos en aquellos que están en la cúspide, en los nueve grandes príncipes de las sombras que se oponen a los nueve regentes de los coros angélicos. La literatura les presenta como archidemonios y en la Cábala se les conoce como Séfirot Qlifóticos o jerarquías del lado oscuro.

Cornelio Agrippa, el eminente sabio del s. XVI, describe a los archidemonios con detalle en su *Tratado de filosofía oculta*, en el que afirma que esas pseudo deidades pretenden hacerse pasar por el Eterno, para lo que usurpan su Santo Nombre y exigen de sus acólitos ser venerados como el Señor, reclamando adoración, pleitesía y también sacrificios.

A diferencia de los Ángeles de Luz, que se complacen con las vibraciones elevadas, los de las sombras, sean archidemonios o sus subordinados, se nutren de las bajas vibraciones provocadas por las emociones y sentimientos más densos. De ahí su exigencia de sacrificios, buscando absorber la energía del pánico que emiten las víctimas y del odio y crueldad experimentado por los perpetradores.

Aunque, en puridad, sus esfuerzos son vanos al intentar conseguir a través de la potencia generada por el culto oscuro una ilusión de divinidad. Dicho esto, conviene recordar que son bien reales y muy poderosos.

La Biblia explica esa avidez por ser objeto de adoración en el Evangelio de Mateo:

> *Otra vez el diablo le llevó a un monte muy alto, y le mostró todos los reinos del mundo y su gloria, y le dijo: Todo esto te daré, si postrándote me adoras.*
> *Entonces Jesús le dijo: ¡Vete, Satanás! Porque escrito está: "Al Señor tu Dios adorarás y solo a Él darás culto."*
> *El diablo entonces le dejó, y he aquí, que unos Ángeles vinieron y le servían.*
> *Mateo 4, 8-11*

Pero, antes de seguir, conviene hacer una importante advertencia general.

Como hemos visto en el apartado relativo a AMALEK, los cabalistas evitan llamar a los demonios por su nombre, considerando que al hacerlo se atrae su nefasta energía hacia nosotros y nuestro entorno.

En consecuencia, no leerá en este libro más referencias a los archidemonios que las incluidas en este capítulo y por esa misma razón me abstendré de nombrar o describir a otros demonios distintos de estos príncipes de las tinieblas y de AMALEK, porque ciertamente nos pudren la vida.

Según Cornelio Agrippa, los archidemonios son los siguientes:

- BELCEBÚ y sus huestes, adversarios de METATRÓN y de sus SERAFINES.
- SERPIENTE PITÓN, señor de las serpientes, y sus huestes, adversarios de RAZIEL y de sus QUERUBINES.
- BELIAL y sus huestes, adversarios de ZAFKIEL y de sus TRONOS.
- ASMODEO y sus huestes, adversarios de ZADQUIEL y de sus DOMINIOS.
- SATÁN, señor de los escorpiones, y sus huestes, adversarios de CAMAEL y de sus VIRTUDES.
- MERIRIM y sus huestes, adversarios de RAFAEL y de sus POTENCIAS.
- ABADDON y sus huestes, adversarios de HANIEL y de sus PRINCIPADOS.
- ASTAROTH y sus huestes, adversarios de MIKAEL y de sus ARCÁNGELES.
- MAMMON y sus huestes, adversarios de GABRIEL y de sus ÁNGELES.

Tocó el quinto Ángel... Entonces vi una estrella que había caído del cielo a la tierra. Se le dio la llave del pozo del Abismo.
Apocalipsis 9, 1

BELCEBÚ

Es el señor de la primera jerarquía infernal y se opone a METATRÓN y a los SERAFINES, el coro angélico que rodea a Dios y posee la energía más sutil.

Al nutrirse de las energías malogradas de los SERAFINES, BELCEBÚ es el mayor de los demonios y su nombre significa *"viejo dios"*. Esta denominación procede del culto a BAAL que estaba extendido en Asia Menor, sobre todo entre los babilonios, cananeos, caldeos, cartagineses y fenicios. Se le conoce también como *"el señor de las moscas"* o BAAL-ZEBUT, ya que BAAL exigía sacrificios y las moscas se agolpaban sobre los restos de los altares sacrificiales.

Este archidemonio infunde la convicción a sus sujetos de que cualquier acto que perpetren está motivado por un supuesto fin superior, por lo que pasar al acto se percibe como justo y necesario, incluso tratándose de lo más inicuo y aberrante. BELCEBÚ y sus legiones tientan al ser humano mediante la soberbia y le persuaden de ser un dios encarnado y así consiguen que el alma se pierda.

BELCEBÚ se deleita con las mayores maldades y los que están bajo su imperio recurren al crimen y perpetran los peores desmanes y abusos al estar convencidos de que solo su voluntad cuenta. Se afirman por medio del ejercicio brutal del poder que también lleva a la destrucción del alma.

Por ser un destructor total armado de una voluntad perversa e imparable, es el archidemonio de los adeptos a los cultos de muerte y de los adoradores de todos los demonios. También de los genocidas, de aquellos que son favorables a la reducción de la población, de los pirómanos que queman los bosques productores de gran parte del oxígeno que respiramos sobre la madre Tierra, de los criminales contra el medio ambiente.

Es asimismo el demonio de los dictadores y de los ambiciosos que prosperan haciendo méritos por el camino del Mal, demostrando paso a paso y sin cesar su insensibilidad hacia atrocidades y corrupciones cada vez más monstruosas. Los que están bajo su influencia son los depredadores de la raza humana y del planeta.

En fin, es el demonio de los artistas, filósofos, religiosos, intelectuales e ideólogos que justifican e idealizan el Mal. Todos recordamos algunos personajes históricos que corresponden al perfil de los dominados por este archidemonio.

En fin, la Biblia menciona al terrorífico BELCEBÚ en el Libro Segundo de los Reyes, en el que se le designa como el dios de Ecrón, y en los evangelios de Mateo, Marcos y Lucas en los que se le califica como príncipe de los demonios:

Pero los fariseos, al oírlo, dijeron: "Éste echa los demonios con el poder de Belcebú, príncipe de los
demonios"
Mateo 12, 24

Los maestros de la ley, que habían venido de Jerusalén, decían: "¡Tiene a Belcebú!", y también:
"¡Echa a los demonios con el poder del príncipe de los demonios!"
Marcos 3, 22

Pero algunos dijeron: "Éste echa a los demonios con el poder de Belcebú, príncipe de los demonios."
Lucas 11, 15

SERPIENTE PITÓN

Es el señor de la segunda jerarquía infernal y se opone a RAZIEL y al coro de los QUERUBINES.

El Padre Gabriele Amorth, quien fuera exorcista del Vaticano, considera que la Serpiente Pitón es Lucifer, lo que diferencia a Lucifer de Satán.

Es el archidemonio que rige sobre los llamados *"Espíritus Mentirosos"* y sobre las huestes infernales encargadas del engaño. Son los manipuladores, charlatanes, timadores, estafadores, falsos médiums y adivinos, así como otras criaturas de parecida calaña. No se puede decir que los hijos de la mentira escaseen en nuestro atribulado mundo. Del nombre de este archidemonio deriva el término pitonisa que designa a las videntes en general y, específicamente, a las adivinas del Oráculo de Delfos, o Pitias, de la Grecia clásica. La leyenda relata que el dios Apolo dio muerte a la Serpiente Pitón para arrebatarle su sabiduría y sus poderes adivinatorios, y que los guardó para sí enterrando sus cenizas bajo una piedra del templo de Delfos, conocida como *"ónfalos"* u ombligo del mundo. El Antiguo Testamento condena severamente a los falsos profetas y les destina al castigo supremo. Asimismo, en el Nuevo Testamento se identifica el espíritu de adivinación con el *"espíritu de Pitón"*.

Podemos leer el juicio inapelable pronunciado contra los adivinos en el Deuteronomio y en el Libro Primero de los Reyes:

Si se levanta en medio de ti un profeta o vidente en sueños, y te anuncia una señal o un prodigio, y la señal o el prodigio se cumple, acerca del cual él te había hablado, diciendo: "Vamos en pos de otros dioses (a los cuales no has conocido) y sirvámosles", no darás oído a las palabras de ese profeta o de ese vidente en sueños, porque el Señor tu Dios te está probando para ver si amas al Señor tu Dios con todo tu corazón y con toda tu alma. En pos del Señor vuestro Dios andaréis y a El temeréis, guardaréis sus mandamientos, escucharéis su voz, le serviréis y a Él os uniréis. Pero a ese profeta o a ese vidente en sueños se le dará muerte, por cuanto ha aconsejado rebelión contra el Señor tu Dios que te sacó de la tierra de Egipto y te redimió de casa de servidumbre, para apartarte del camino en el cual el Señor tu Dios te mandó andar. Así quitarás el mal de en medio de ti.

Deuteronomio 13, 1-5

Elías les dijo: "Echad mano a los profetas de Baal, que no escape ninguno de ellos", les echaron mano y Elías les hizo bajar al torrente de Quisón, y los degolló allí.

I Reyes 18, 40

BELIAL

Es el señor de la tercera jerarquía infernal y se opone a ZAFKIEL y al coro de los TRONOS.

BELIAL manda sobre *"los vasos de iniquidad"*, también llamados *"vasos de ira"* que son los que conciben todas las maldades y artificios para causar el Mal. La Biblia también los identifica como *"vasos de muerte"*, *"vasos de furor"*, *"vasos de cólera"* y *"vasos de crimen y corrupción"*.

Es este un archidemonio muy activo puesto que, entre otras muchas maldades, se ocupa de la justicia degenerada, de las leyes corruptas y trucadas, de las prevaricaciones, de la aplicación aberrante de las reglas y las normas para reforzar el imperio del Mal, de la inversión del derecho. Todos los artificios legales y todas las iniquidades llevadas a cabo por leguleyos desaprensivos y magistrados prevaricadores están inspirados por BELIAL y Dios sabe cuánto abundan semejantes comportamientos en este mundo tan corrupto y descompuesto.

El nombre de BELIAL significa desobediente, prevaricador y apóstata y es citado 27 veces en la Biblia hebraica. Veamos algunos ejemplos:

> *Mas los hijos de Elí eran hijos de Belial, no conocían al Señor.*
> *1 Samuel 2, 12*

> *El hombre de Belial cava en busca del mal, y en sus labios hay como llama de fuego.*
> *Proverbios 16, 27*

> *El testigo de Belial se burlará del juicio, y la boca de los impíos encubrirá la iniquidad.*
> *Proverbios 19, 28*

ASMODEO

Es el señor de la cuarta jerarquía infernal y se opone a ZADKIEL y al coro de los DOMINIOS. A sus huestes se las conoce como *"los vengadores de crímenes"*, es decir, los ejecutores del juicio.

La tradición le atribuye también los pecados relacionados con la lujuria en todas sus manifestaciones, así como las adicciones y dependencias de todas clases.

La Biblia menciona dos veces a este archidemonio en el capítulo 3 del Libro de Tobías:

porque había sido dada en matrimonio a siete hombres, pero el malvado demonio Asmodeo los había matado antes de que se unieran a ella como casados. La esclava le decía: "¡Eres tú la que matas a tus maridos! Ya has tenido siete, pero ni de uno siquiera has disfrutado."

Tobías 3, 8

y fue enviado Rafael a curar a los dos: a Tobit, para que se le quitaran las manchas blancas de los ojos y pudiera con sus mismos ojos ver la luz de Dios, y a Sarra la de Ragüel, para entregarla por mujer a Tobías, hijo de Tobit, y librarla de Asmodeo, el demonio malvado, porque Tobías tenía más derechos sobre ella que todos cuantos la pretendían. En aquel mismo momento se volvía Tobit del patio a la casa, y Sarra, la de Ragüel, descendía del aposento.

Tobías 3, 17

SATÁN

Es el señor de la quinta jerarquía infernal y se opone a CAMAEL y al coro de las VIRTUDES. Según el Padre Gabriele Amorth, Satán es el señor de los escorpiones.

SATÁN gobierna e inspira a todos los narcisistas, perversos y henchidos de vanidad, y sobredimensiona el ego de sus acólitos, fomentando en ellos un orgullo gigantesco.

Encarna el concepto de *"hubris"*, esto es, del orgullo desmedido que en la Grecia antigua era considerado un crimen y que en caso de los archidemonios está representado por SATÁN y por BELCEBÚ.

Y fue arrojado el gran Dragón, la Serpiente antigua, el llamado Diablo y Satanás, el seductor del mundo entero, fue arrojado a la tierra y sus Ángeles fueron arrojados con él.

Apocalipsis 12, 9

Los adoradores de SATÁN y los dominados por él, están obsesionados por su propia imagen y engañan a los demás haciéndoles creer que son superiores. El culto a la personalidad ante todo y por cualquier medio es lo único que cuenta para ellos.

En los hábitos modernos, podría ser el demonio del exhibicionismo como cultura, de los *"selfies"* y de los *"hilos"* como lenguaje. No cuesta mucho identificar a artistas y a políticos que responden perfectamente al perfil ultra narcisista y vacío que imprime SATÁN.

SATÁN ofrece riquezas y tienta al ser humano con mucho poder. Sabemos pertinentemente que el poder tiene una pronunciada connotación maléfica. Según la famosa frase acuñada por el político Lord Acton, el poder corrompe y el poder absoluto corrompe absolutamente. Esto es porque elimina cualquier atisbo de ética, de escrúpulos, de moral y también de compasión. Su combinación con el ego es devastadora. La Biblia menciona abundantemente a SATÁN, especialmente en el Libro de Job y en el Apocalipsis, así como en los cuatro evangelios en los que Jesús se refiere a él como *"el príncipe de este mundo"*.

Me hizo ver después al sumo sacerdote Josué, que estaba ante el Ángel del Eterno, a su derecha estaba el Satán para acusarle.
Dijo el Ángel del Eterno al Satán: "¡El Eterno te reprima, Satán!, ¡Reprímate Dios, el que ha elegido a Jerusalén! ¿No es éste un tizón sacado del fuego?"
Zacarías 3, 1-2

MERIRÍM

Es el señor de la sexta jerarquía infernal y se opone a RAFAEL y al coro de POTENCIAS o POTESTADES.

Su nombre significa demonio del Mediodía y es el espíritu del calor y de la tempestad. Se le conoce como el *"Príncipe de la Fuerza del Aire"* por ser capaz de exhalar un vapor tan caluroso que deja a sus víctimas sin aliento y llena de gases ardientes y nebulosos todo el horizonte.

Las entidades a su mando son denominadas *"Poderes del Aire"*. Son las potencias maléficas que corrompen propagando polución y pestilencia y alterando el clima. Se mezclan con truenos, rayos y centellas, y a ellas pertenecen los cuatro Ángeles con poder para dañar al planeta que aparecen en el Apocalipsis:

Después de esto, vi a cuatro Ángeles de pie en los cuatro extremos de la tierra, que sujetaban los cuatro vientos de la tierra, para que no soplara el viento ni sobre la tierra ni sobre el mar ni sobre ningún árbol.
Luego vi a otro Ángel que subía del Oriente y tenía el sello de Dios vivo, y gritó con fuerte voz a los cuatro Ángeles a quienes se había encomendado causar daño a la tierra y al mar:
"No causéis daño ni a la tierra ni al mar ni a los árboles, hasta que marquemos con el sello la frente de los siervos de nuestro Dios."
Apocalipsis 7, 1-3

ABADDON

Es el señor de la séptima jerarquía infernal que se opone a HANIEL y al coro de PRINCIPADOS.

Sus huestes son las llamadas *"Furias"* que derraman males sobre la tierra, guerras, discordias, atropellos desolaciones y pillajes causados por voluntades humanas embrutecidas, ciegas y avasalladoras. Las Furias inspiran a los caudillos y a los tiranos, y les utilizan como instrumentos. El odio de este archidemonio por la humanidad es total y su voluntad es destruirla hasta el último de sus representantes.

El mito de ABADDON se asemeja al de la diosa egipcia SEKHMET que también se lanzó furibunda a aniquilar a toda la humanidad como castigo por haber ofendido a su padre RA, pero a diferencia de ABADDON, SEKHMET es una encarnación de la justicia divina y la esposa del dios sabio entre los sabios, PTAH, y después de su gesto fallido, fue perdonada y conservó su rango de diosa.

El nombre de ABADDON significa exterminador o devastador. La Biblia le designa en el Apocalipsis como el Ángel del Abismo:

> *Tienen sobre sí, como rey, al Ángel del Abismo, llamado en hebreo "Abaddón", y en griego "Apolíon".*
> *Apocalipsis 9, 11*

ASTAROTH

Es el señor de la octava jerarquía infernal y se opone a MIKAEL y al coro de ARCÁNGELES. Las entidades bajo su mando son denominadas *"Incriminadores"*.

ASTAROTH es el espía, llamado diábolos en griego, es decir el inculpador, el calumniador, que el Apocalipsis designa como acusador:

> *Entonces oí una gran voz en el cielo, que decía: "Ahora ha venido la salvación, el poder y el reino de nuestro Dios y la autoridad de su Cristo, porque el acusador de nuestros hermanos, el que los acusaba delante de nuestro Dios día y noche, ha sido arrojado."*
> *Apocalipsis 12, 10*

Podría escribirse mucho al respecto de las confusas raíces ancestrales de este demonio, que se remontan a la antigua Mesopotamia, esto es, a Asiria, Sumeria y Acadia, pasando después a Fenicia.

El nombre del demonio ASTAROTH es un plural que designaba en la Biblia a los dioses fenicio-cananeos cuyo culto estaba prohibido para el pueblo hebreo.

Conviene saber también que ASTAROTH representaba inicialmente a una diosa, ASTARTÉ y, según algunos exégetas, antes aún a ASHERA o ASERA, considerada como la compañera del dios EL. Cabe preguntarse cómo una diosa, conocida en tiempos inmemoriales como *"Reina del Cielo"*, pudo transformarse en un demonio que hostiga a los humanos. Ello sigue siendo un gran misterio que algunos historiadores intentan explicar por la evolución del matriarcado al patriarcado. Otros sin embargo niegan el vínculo de ASTAROTH con la Diosa primordial. Otros aún pretenden que este demonio fue inicialmente un Ángel y que nunca aceptó su caída, pensando que su expulsión del Cielo fue injusta.

No obstante, todos los demonios, al igual que todo lo que existe, a su ritmo y a su manera, están destinados a alcanzar algún día la perfección espiritual y volver al Creador.

MAMMÓN

Es el señor de la novena jerarquía infernal y se opone a GABRIEL y al coro de los ÁNGELES.

Las entidades bajo su mando llevan el nombre de *"Tentadores o Insidiosos"* y persiguen individualmente a los seres humanos porque están muy cerca de nosotros.

Es el señor del dinero como único propósito. Bajo su influencia, la vida se dedica exclusivamente a la obtención de riquezas materiales.

Es innecesario subrayar hasta qué punto MAMMÓN está presente en nuestra sociedad que se rige por la máxima *"tanto tienes, tanto vales"*.

En el Antiguo Testamento está simbolizado por el episodio del becerro de oro descrito en el Libro del Éxodo, 32.

El nombre de MAMMÓN significa codicia y la Biblia le cita en el evangelio de Mateo:

Ninguno puede servir a dos señores, porque o aborrecerá al uno y amará al otro, o se llegará al uno y menospreciará al otro: no podéis servir a Dios y a Mammón.

Mateo 6, 24

IV

LA PUREZA DEL AURA

Si quieres encontrar los secretos del Universo, piensa en términos de energía, frecuencia y vibración.
Nikola Tesla

Lo que hemos llamado materia es energía, cuya vibración ha sido tan baja como para ser perceptible a los sentidos. No existe materia.
Albert Einstein

El aura o halo es el campo electromagnético que nos envuelve y forma nuestro blindaje espiritual. Su textura es más densa cuanto más pegada está al cuerpo físico y más tenue cuanto más alejada. Los místicos y los psíquicos son capaces de verla y de percibir sus colores y matices. Dependiendo de la evolución espiritual de la persona, el aura se extiende desde unos 70 hasta 90 centímetros y puede llegar a alcanzar unos dos metros. La de los grandes maestros es gigantesca, bendiciendo a comunidades enteras, por eso, aun los no sensitivos captan en ellos algo indefinible como un gran carisma, otros un resplandor.

Los tibetanos llaman al Dalai Lama *Kundun*, que significa Presencia.

En sus capas más cercanas al cuerpo, el aura se presenta en forma de rayos como muestran las imágenes de la cámara GDV que ha sucedido a la cámara Kirlian. Aunque, basta contemplar la imagen de la Virgen de Guadalupe para saber a lo que me refiero.

Cada vez que el aura roza, se mezcla o entra en contacto con la de otra persona, se produce un intercambio energético que produce una mejora, una contaminación o bien una pérdida por succión.

Agotamos nuestra energía y nuestra aura se deteriora cuando atravesamos un período difícil, nos sentimos desgraciados o perdidos, estamos rodeados de gente tóxica, vivimos en un ambiente hostil, sufrimos por enfermedad o estrés. Entonces, nuestro caparazón espiritual se impregna de energía negativa y el malestar se instala.

Cuando esto sucede, regenerarla, recargarla de Luz y devolverla a su estado original es indispensable para no quedar a merced de las embestidas de los ocupantes del lado oscuro.

CUANDO EL AURA SE DETERIORA

Sin embargo, cuando estamos inmersos en la negatividad, lo más difícil es darse cuenta de que estamos perdiendo energía para poder pasar a restaurarla en ese mismo momento. Esto es así porque, en periodos de peligro o de fuerte tensión, la persona concentra su atención en salir adelante y rara vez se percata a tiempo del desgaste que está sufriendo, lo que inevitablemente acaba afectando a sus cuerpos físico, emocional y espiritual.

Cierto es que la vida moderna, con su naturaleza trepidante, nos obliga a abusar por necesidad de la energía de la que disponemos, lo que es desafortunado porque cualquier mal uso, o su desequilibrio, causan desperfectos en el aura y provocan que nuestra salud y nuestro equilibrio se resientan.

Enfermedades tan corrientes cómo la depresión o el burnout son resultados típicos de una pérdida brutal de energía en el campo áurico.

Los cabalistas afirman que, si el aura acaba herida, es porque hemos tolerado inconscientemente que la energía salga de ella. De ahí los desgarros por dónde se producen fugas energéticas perjudiciales para nuestro organismo y para nuestro espíritu. Sin entrar en tecnicismos, ello se debe a que hemos proyectado nuestra energía hacia el exterior y esta ha sido aspirada, cuando lo indicado hubiera sido sellar el aura.

A veces la desvitalización del aura llega a ser tan seria que parece que se borrase y desdibujase. Esto se nota al hacerle fotos a la persona afectada en las que su imagen tiende a salir ligeramente difusa sin mediar defecto de la cámara. Los videntes lo perciben inmediatamente y sin necesidad de aparatos.

Cuando eso sucede debemos entender que estamos frente a una emergencia porque la persona está extenuada y en peligro. Su doble etérico está bajo mínimos. Ese es uno de los momentos en los que necesitamos urgentemente la intervención de los Ángeles para que nos ayuden a reponer la energía y a mantenerla.

Teniendo en cuenta lo que precede, es importantísimo observarnos y mantener en todo momento la lucidez para detectar cualquier escape en cuanto se produzca y hacer lo necesario para conservar nuestro campo energético y nuestro cuerpo en buenas condiciones.

Esto se aplica incluso a aquellos momentos en los que estamos entregando nuestra energía por pura generosidad, como en trabajos humanitarios o de ayuda a una persona necesitada, sin tener cuidado de recargarla regularmente. También cuando realizamos un trabajo que nos apasiona y a él nos entregamos completamente.

Veremos más adelante los modos posibles de restaurar el aura y la frecuencia vibratoria.

Recordemos que la Cábala afirma que es clave recuperar el dominio sobre nuestras vidas porque las cosas que nos pasan o bien las hemos consentido, no las hemos evitado o no las hemos visto venir, pero, en cualquier caso, han de considerarse como responsabilidad nuestra. Por ello, es capital estar centrado en todo momento.

La Cábala pone asimismo en guardia contra todo desequilibrio entre los sustratos del alma, mente y cuerpo, ya que todo debe funcionar como una unidad.

Dios nos creó a su imagen y semejanza, sin embargo, a menudo vivimos como islas en medio del océano, estamos a la defensiva, utilizamos la fuerza mental como combustible, abusando de la resistencia de nuestro cuerpo físico e ignorando nuestras necesidades espirituales y la posibilidad presente en todo momento de recargarnos de Luz.

Por nuestro bien, deberíamos aprender a corregir estas tendencias tan desafortunadamente aprendidas.

CUANDO ATACAN LOS OSCUROS

Sabemos que el grado de evolución espiritual, esto es, de consciencia, se detecta a través de la frecuencia vibratoria que indica a su vez la pureza del aura.

Por ello, a mayor elevación espiritual, más pura, fuerte y brillante será el aura, más alta la frecuencia y menos expuestos estaremos a las intrusiones de los mundos inferiores dónde pululan toda clase de criaturas infectas y formas de pensamiento aterradoras.

Como hemos visto, si estamos enfermos o sumergidos en emociones negativas, el aura estará sucia e incluso deshilachada y nuestra frecuencia vibratoria será baja. Es entonces cuando quedaremos espiritualmente desprotegidos.

Y si, por desgracia, nuestra vibración fuese habitualmente baja, estaremos atrayendo la contaminación por larvas astrales y seremos un imán para la mala suerte, porque los oscuros se delectan y se nutren con nuestro sufrimiento. Por tanto, cuanto más densa sea nuestra vibración, más vulnerables seremos frente a los ataques de los tenebrosos, pudiendo llegar a ser víctimas de males de ojo, maleficios, hechizos y hasta posesiones.

Bien es verdad que, ante un ataque extremo por parte de las encarnaciones del Mal, saber recargar el aura se convierte en todo un arte.

Si, por ventura, estimado lector, su vibración se mantiene constantemente elevada gracias a sus pensamientos positivos y a la rectitud de su vida, ello actuará como una valla eléctrica que rechazará y chamuscará todo intento de invasión de los oscuros. De hecho, si su aura es pura, será inmune a las agresiones de los de abajo y estos no podrán penetrarla en ningún caso. Aunque, será capaz de sentir con nitidez los ataques psíquicos y como estos se estrellan contra su blindaje.

Está claro que la vida diaria de cada uno de nosotros es una lucha y que la mera subsistencia requiere metabolizar una ingente hostilidad. Además, muchos de los que nos rodean se comportan como si hubiesen salido directamente del averno, con lo que la tentación de sumarnos a la negatividad es grande en virtud del instinto que reclama *ojo por ojo*.

Hay demasiada gente malévola a nuestro alrededor cuyo comportamiento nos enfurece, lo que tiene una influencia nefasta en el aura. Es esta una reacción que acaba siendo contraproducente porque con la cólera los malos se salvan, pero con la bondad y la Luz desaparecen. Por ello, conviene resistir y no deslizarse hacia la negrura porque no estamos solos.

Para la protección de nuestro cuerpo y de nuestra alma, ayudarnos y corregir estos ataques, tenemos a nuestra disposición numerosos instrumentos y singularmente el contacto con los Ángeles que tanto aumenta nuestro nivel de consciencia al activar energías extremadamente sutiles.

Está claro que en este mundo tan torturado y sin haber salido aún de la era del Kali Yuga, atraemos sin cesar una plétora de influencias negativas y estamos habitados principalmente por fuerzas del lado oscuro que a veces son muy poderosas y que son tan superiores a nosotros como las fuerzas de la Luz.

Se libra pues en nuestro interior una encarnecida batalla entre ambas polaridades y suele prevalecer la más baja porque nuestros pensamientos son predominantemente míseros y perniciosos. Esta dicotomía nos inclina a la maldad, haciéndonos percibir el Mal como una forma de poder y una fuente de placer por la sensación de potencia que procura aplastar al prójimo. Tales influencias son las que inspiran nuestras obras destructoras y aberrantes, y las que traen todas las desgracias, adversidades, accidentes, enfermedades y calamidades.

Los cabalistas afirman que solo puede curarnos o bendecirnos aquel que posea un nivel vibratorio igual o superior al nuestro, del mismo modo que solo se puede perjudicar al que nos es igual o inferior vibratoriamente. El cabalista rosacruz, Kabaleb, insiste mucho sobre este punto, y con razón, ya que esta es una regla inalterable y conviene tenerla muy en cuenta, especialmente al adentrarnos en el mundo de la teúrgia que nos pone en presencia de seres sobrenaturales. Ello nos permite comprender por qué los místicos se aíslan convirtiéndose a menudo en ermitaños. Es la manera de evitar la contaminación a causa de las auras de los demás o de los lugares negativamente impregnados y poder así consagrarse a Dios sin interferencias.

La exposición a la negatividad estimula las peores emociones humanas como la cólera, la rabia o la ira. ¿No ha observado usted cómo los agentes del lado oscuro tratan primero de enfadarle para que se debiliten sus defensas espirituales y poder así atacarle a placer, dando en el blanco? ¿No ha notado cómo se nubla su entendimiento cuando le domina la ira? ¿O cuando le invaden bajas pasiones?

Lo más difícil es domeñar la cólera cuando se presenta y, cuando estalla, es porque no hemos usado correctamente la Voluntad. En ese momento, pensemos en la importancia de no enfadarnos para no dejar vía libre a los de las sombras.

Sin embargo, para los que ya se encuentran en la senda espiritual, ser consciente de la aparición de la cólera, de la ira y de la rabia permite disolverlas instantáneamente.

QUÉ EVITAR

Sabemos que el descenso de nuestra frecuencia vibratoria tiene un efecto inmediato en el aura y nos vuelve vulnerables a las agresiones de los de abajo y a las infestaciones espirituales, según el término utilizado por los exorcistas. En el plano físico, nos debilita y expone a infecciones y a toda clase de enfermedades.

Pero no todo son amenazas.

Teniendo en cuenta que la energía que traemos al mundo es virtualmente ilimitada, si supiésemos como utilizarla, esta crearía y mantendría permanentemente activo un campo energético vibrante, fuerte y protector. Por ejemplo, si pudiésemos recordar que tenemos un Sol en nuestro chakra del corazón y si supiésemos irradiar su fuerza y exteriorizarla, nuestra aura estaría siempre sana y se mantendría pura.

En ausencia de esa sabiduría, hay medidas de higiene espiritual que conviene observar de manera preventiva:

- Lo primero es comprender que aquello que nos acerque al lado oscuro será peligroso porque así es cómo nos atrapan los de las sombras y luego es difícil deshacerse de ellos ya que se enganchan como garrapatas. Esto incluye muy principalmente a las malas compañías. La persona con un cierto desarrollo espiritual intuye la negrura en sus semejantes y los que están comprometidos en la búsqueda de la iluminación se apartan en cuanto pueden de los oscuros encarnados como si del mismísimo diablo se tratara.

- En la vida cotidiana es mejor evitar todo lo que baja la vibración como las drogas, el tabaco, el alcohol y la lujuria, actividades que implican una importante pérdida de energía positiva con el consiguiente relleno de la energía opuesta. El funcionamiento de este fenómeno podría compararse al de los vasos comunicantes.

- Sabiendo que el dolor es inevitable pero el sufrimiento es opcional, domeñemos tanto como sea posible nuestro sufrimiento y emociones negativas que deleitan a los de abajo, como el odio, la codicia, la soberbia, la ira, la rabia, el orgullo, la envidia o el rencor. Esas emociones, aun si tuviesen una causa justificada, deben ser transmutadas en pura Luz porque, de lo contrario, acabarán dañando principalmente al que las emite. Cuando nos veamos sumergidos por una de esas emociones negativas, practiquemos la táctica del observador. Esto es, obsérvese a usted mismo teniendo esa reacción. Ya verá como convertirse en espectador, aunque sea por unos instantes, será suficiente para enfriar sus ánimos. Y aún en caso de poder reclamar una justa venganza, es mejor abandonar la idea de dañar a los que se lo merecen y dejar lo que deba sobrevenirles en manos de Dios, aunque no sea nada fácil.

- Es probable que lo que sigue le sorprenda, pero también conviene evitar el consumo de carne sin haberle pedido mentalmente permiso y darle las gracias al animal que ha ofrecido su vida para nutrirle, así como a Dios por otorgárselo. Este es el origen del Benedícite en la mesa.

- En puridad, hasta las películas de terror, de zombis y de posesiones diabólicas son desaconsejables por la emoción de miedo que generan. Tampoco ayuda la música que glorifica a los de abajo como el rock satánico o el heavy metal.

- A todo ello hay que añadir el temido estrés, auténtica desgracia moderna que parece inseparable de nuestro estilo de vida y que tanto debilita el aura.

- Y muy principalmente, además de no albergar malos pensamientos, es de capital importancia no asomarse a las tinieblas mediante ocupaciones peligrosas que abran portales hacia los mundos inferiores, como la ouija, y menos aún, mediante la frecuentación de sectas o practicando la magia negra, hechicería, espiritismo, santería o satanismo.

Y de estas actividades nefastas existe lamentablemente un largo etcétera.

QUÉ HACER

La línea de conducta a seguir para evitar que baje nuestra frecuencia vibratoria es bien sencilla: llevar una vida recta y no hacerle mal a ningún ser sensible.

Además, en la vida cotidiana disponemos de un arsenal de opciones y actividades que permiten elevar nuestra frecuencia:

- La primera de ellas es dedicar cada día unos minutos para expresar nuestra **gratitud** al Eterno, porque ello nos pone en contacto con la Luz.
Encontramos expresado este precepto en la Biblia, en el Libro de la Sabiduría:

Con ello le enseñabas que debían adelantarse al sol para darte gracias y recurrir a ti al rayar el día.
Sabiduría, 16, 28

Los cabalistas afirman que para ser plenamente conscientes hay que darle gracias a Dios 100 veces al día por los numerosos dones que nos otorga, que incluyen muy principalmente cosas tan básicas como los sentidos, la movilidad y la salud, además de los bienes materiales, emocionales y espirituales.

Quizá la cifra de gratitudes sea menos importante que incorporar en nuestras vidas el hábito y la actitud de apreciación y agradecimiento que eleva y atrae más bendiciones. Para ello, le ayudará llevar consigo un objeto que asocie con la gratitud y que le recuerde la importancia de esta práctica.

- La actividad externa que más eleva la vibración es la realización de **buenas obras**. Haga algo bueno por los demás y sentirá inmediatamente cómo se incrementa su energía sutil. De ahí la tradición del diezmo y de la caridad en la mayoría de las tradiciones religiosas. La limosna es importantísima porque, además de ayudar al necesitado, tiene el poder de eliminar la oscuridad de nuestras vidas y al dar sin esperar nada a cambio, atraemos buena suerte y recibimos dones espirituales.

- También resulta de mucha ayuda practicar la **visualización** creativa como método para controlar y orientar nuestros deseos y pensamientos hacia todo lo que es noble y positivo. La ciencia ha demostrado que, cuando visualizamos, el cerebro interpreta lo imaginado como real porque no distingue entre lo vivido y el mundo creado por la mente. Eso sí, a condición de que lo visualizado sea tan sentido como la vida misma y entonces se convierte en una realidad alternativa que el cerebro acepta y que nuestro programa vital plasma. Este es el fundamento de nuestro poder creador y es la mejor manera de programar nuestros pensamientos.

- Asimismo, es importante consumir **alimentos de alta vibración**, como los vegetales, y alinearse con la naturaleza, visitando cuanto sea posible los parajes naturales, andando con los pies descalzos sobre la tierra y, muy importante, abrazándose a los árboles como hacían los celtas.

- Además, los **cristales**, la **música** y el **canto** elevan instantáneamente nuestra vibración. Ya conoce el efecto extraordinariamente positivo que produce escuchar canto gregoriano o a Mozart, por ejemplo, así como los beneficios que procura cantar sobre el quinto chakra que es el de la garganta. Sin hablar de los cuarzos, vidrios volcánicos y gemas, tan poderosamente curativos.

– Algunas fragancias, como la **lavanda** o la **rosa**, elevan instantáneamente nuestra vibración y alejan a los de abajo. El mismo efecto tienen el **incienso** y la **mirra**.

– Es importante asimismo cuidar tanto como sea posible la **salud** y estar bien **hidratado** para que un posible debilitamiento del cuerpo no desgaste los cuerpos energéticos.

– Y, por supuesto, es útil moverse y hacer **ejercicio**. Ya conocemos el carácter sagrado de la danza, constante en todas las culturas.

– En cuanto a la **meditación**, aconsejo que para recargar su aura visualice a menudo un chorro de Luz blanca que entra en su cuerpo por el séptimo chakra, el chakra corona o la coronilla, y lo recorre completamente hasta salir por la planta de los pies. Esta inyección de Luz divina es siempre necesaria para curar a otro y de paso sanarse a sí mismo, pero también para recargar la energía que pueda estar perdiéndose.

– En fin, los métodos más puros y eficaces para aumentar nuestra frecuencia vibratoria son la **contemplación**, mediante la lectura de las Sagradas Escrituras, y la **oración** a Dios a través de sus Ángeles, que es la temática de este libro.

Todas las medidas descritas son importantes, y le serán útiles, para realizar con éxito el trabajo teúrgico que se propone acometer y para estar en condiciones de proseguir su senda mística hacia la elevación espiritual.

Habiendo satisfecho estas precauciones, conviene reiterar la importancia de cuidar nuestro nivel de elevación espiritual antes de encomendarnos a los Ángeles de Luz o de lo contrario podríamos sufrir daño porque serán los de las sombras los que aparecerán. Ello es debido a que, si las energías de los Ángeles de Luz no pueden procesarse o se degradan, son los reflejos oscuros los que se sienten atraídos y se manifiestan.

Y como ya sabemos, es imperativo evitar cualquier descuido por el que acabemos frotándonos con los de abajo.

De modo que, al iniciar el contacto con los Ángeles de Luz, si piensa que aún no posee la suficiente pureza espiritual, tenga buen cuidado de elevarse a Dios en el mismo momento de apelar a ellos para esperar obtener así sus dones y bendiciones sin dejar resquicios a las tinieblas. Para ello, rodéese de Luz.

Y no se inquiete demasiado porque, si vive respetando estas indicaciones, es difícil que no se eleve automáticamente.

Ya hemos visto que las **lecturas bíblicas** ayudan enormemente a alcanzar este propósito y, por ello, cada Ángel está asociado a un versículo bíblico que le da acceso.

Para finalizar este capítulo, y antes de adentrarnos en la antigua sabiduría que es la Cábala angélica, estemos atentos a la siguiente advertencia del ilustre cabalista del s. XVI, Isaac Luria:

Y las cáscaras del mal estarán ciertamente contra él, para seducirlo y hacerle pecar, por lo tanto, debe ser prudente -en- no pecar incluso sin intención, para que no tengan conexión con él.
Sefer Etz 'Haim

Nos dice Luria que lo que nos acerca al Mal es el pecado y que este es algo tangible con lo que la persona puede entrar en contacto. Además, pone en guardia contra las acechanzas del Mal que nos sobrevendrán automáticamente en cuanto emprendamos el camino del Bien.

Entre sus recomendaciones, además de guardar una prudente distancia del Mal y cuidarnos de hacer el Bien, insiste en la importancia de no encolerizarnos:

debe tener cuidado de no encolerizarse … en principio nunca debes encolerizarte.
Sefer Etz 'Haim

Y ser cautelosos con la arrogancia:

porque el poder de la arrogancia es grande, y la arrogancia es un pecado terrible.
Sefer Etz 'Haim

Así pues, las recomendaciones de Luria tienen como finalidad impedir que nuestra vibración descienda rápidamente.

Este célebre cabalista se suma a la tradición afirmando que las leyes de la Creación nos imponen evolucionar para volver a la perfección original, lo que implica elegir permanentemente el Bien y rechazar el Mal. Es decir, actuar en consciencia. Por ello, Luria recuerda que conducir nuestra vida según los mandatos de la ética y la moral es primordial, sin lo cual la existencia pierde su sentido y su utilidad.

Al acudir a los Ángeles, conviene seguir al pie de la letra los consejos de este gran sabio.

V

ORIGEN DE LOS 72 NOMBRES DE DIOS Y DE SUS ÁNGELES

En todo lugar donde recuerdes mi Nombre, vendré a ti y te bendeciré.
Éxodo 20, 24

Antes de adentrarnos en el origen de los 72 Nombres de Dios y de sus Ángeles, veamos qué es un Nombre de Dios a partir de la definición dada por Eduardo Madirolas en su libro La Cábala de la Mercavá:

"¿Qué es un Nombre de Dios? Un Nombre de Dios es una manifestación directa de la Divinidad. Tiene una santidad intrínseca. Podemos contemplarlo – para nuestro entendimiento – como una fórmula metafísica al más alto nivel posible, como una fórmula con operadores – las letras – actuando sobre la Luz Infinita, la sustancia de todo lo que es."

De modo que, según los cabalistas, los 72 Nombres son formas de energía que emanan directamente del Creador y que Él entregó a la humanidad en un acto de pura clemencia como instrumento para interiorizar Su divinidad.

Hemos visto que la Cábala afirma que las letras hebreas son entes espirituales con los que se ha edificado el cosmos ya que Dios creó el universo pronunciándolas. Vemos pues que los 72 Nombres de Dios son tríadas de letras hebreas cuyo sonido activa frecuencias vibratorias únicas que conectan con la Luz.

En definitiva, todo es cuestión de Luz.

Su vocalización acrecienta las capacidades espirituales y nos da control sobre la realidad física. La vibración resultante induce estados de consciencia elevados que exaltan, limpian el aura, ayudan a recobrar el equilibrio y la salud, y al purificarnos, nos acercan a Dios.

Cada uno de los Nombres con su Ángel está equipado con una Esencia, un Poder y un Atributo que nos guían hacia la iluminación y, con ella, de vuelta a Casa, la Casa de Dios.

Respecto a los efectos que se operan mediante la oración con los 72 Nombres, el eminente cabalista del s. XVIII, Moshé Jaim Luzzato escribía lo siguiente:

Entre las influencias que Dios decretó que se produzcan al ser utilizados los distintos Nombres, determinó que las mismas otorguen el poder de anular las leyes naturales a quienes los utilicen.
Dichos individuos podrán relacionarse con entidades espirituales y adquirirán un conocimiento y una información superior a la del ser humano normal.
Dérej HaShem

Los Nombres con sus Ángeles actúan erigiendo una muralla contra el Mal, lo que nos acerca simbólicamente a la escalera de Jacob que, como vimos, permite a los Ángeles subir y bajar del Cielo a la Tierra y bloquea, además, el tránsito hacia los mundos inferiores.

Estas son las fuerzas excelsas que están más cerca de la humanidad, aquellas con las que podemos contactar inmediatamente y cuya misión es acompañar nuestra evolución espiritual.

GRANDES PRODIGIOS

Según la tradición cabalística, los 72 Nombres de Dios fueron utilizados en la antigüedad para hacer grandes milagros, siendo el primero de ellos el que realizó Moisés al abrir las aguas del Mar Rojo.

Resulta esclarecedor comprender el alcance de este extraordinario episodio bíblico que relata la huida del pueblo hebreo a causa de la persecución del ejercito egipcio y cómo, en el momento crítico en que la muchedumbre se encontraba arrinconada y sin escapatoria frente al mar, el Eterno rechazó operar el milagro y le dio orden a Moisés de separar las aguas utilizando sus propios poderes mágicos y salvar así a su pueblo.

Y Moisés pronunció los Nombres para realizar ese gigantesco prodigio.

Profundizando en la interpretación alegórica de la Biblia, el pasaje del Mar Rojo encierra un mensaje transformador. Desvela que el ser humano posee el alto don de la magia, es decir, la capacidad de activar las leyes desconocidas del universo, y nos invita a ponerlo en práctica elevando nuestro espíritu y aumentando nuestro nivel de consciencia.

Por ello, la separación de las aguas del Mar Rojo es ante todo un símbolo de la apertura de los Cielos que atrae el poder divino sobre la Tierra.

El capítulo 14 del Libro del Éxodo, en sus versículos 15 y 16, relata el momento en que el Eterno exhortó a Moisés a operar solo para hendir las aguas del Mar Rojo:

15 Dijo Dios a Moisés: «¿Por qué sigues clamando a mí? Di a los israelitas que se pongan en marcha. 16 Y tú, alza tu cayado, extiende tu mano sobre el mar y divídelo, para que los israelitas entren en medio del mar a pie enjuto.

Del mismo modo, Josué detuvo el Sol y paró la Luna dándoles la orden de hacerlo, según está escrito en el Libro de Josué 10, 13.

Por su parte, David se enfrentó a Goliat clamando acudir en Nombre de Dios, como relata extensamente el capítulo 17 del Libro Primero de Samuel.

En fin, el profeta Eliseo se sirvió de los Nombres para resucitar al hijo de la sunamita. El Libro Segundo de los Reyes explica este episodio de manera sucinta:

Entró y cerró la puerta tras de ambos, y oró al Eterno.
II Reyes 4, 33

Por su parte, *El Zohar* narra con detalle las operaciones que Eliseo llevó a cabo para resucitar al hijo de la sunamita, y son las siguientes:

En el libro del Rey Salomón encontré lo siguiente: Él (Eliseo) trazó sobre el llamado místico, consistente de setenta y dos nombres. Pues las letras alfabéticas que su padre había primero grabado en él habían desaparecido cuando el niño murió, pero cuando Eliseo lo abrazó, grabó en él de nuevo todas esas letras de los setenta y dos nombres. Ahora el número de esas letras llega a doscientas dieciséis y todas fueron grabadas por el aliento de Eliseo sobre el niño como para poner de nuevo en él el aliento de vida a través del poder de las letras de los setenta y dos nombres.
El Zohar, prólogo 116

FORMAR LOS NOMBRES

Hemos visto que los 72 Nombres de Dios proceden de la Torá y en concreto del Libro del Éxodo. Los sabios cabalistas, que son los mayores expertos en números y letras, en sus combinaciones y sus significados ocultos, observaron que en el Libro del Éxodo hay tres versículos consecutivos que contienen cada uno 72 letras exactamente. Permutándolas y transponiéndolas, siguiendo el movimiento de la Creación, obtuvieron los 72 Nombres de Dios y descubrieron que la poderosa vibración resultante conectaba con la divinidad.

Según las instrucciones de *El Zohar Beshalaj*, para formar los 72 Nombres:

1. se empieza por escribir separadamente los tres versículos del 19 al 21 del capítulo 14 del Éxodo en hebreo en tres líneas paralelas,
2. después, se escribe la primera letra del versículo 19, empezando por la derecha,
3. a continuación, se escribe la primera letra del versículo 20, empezando esta vez por la izquierda y
4. se completa el Nombre con la primera letra del versículo 21, empezando de nuevo por la derecha,
5. se procede de la misma manera con cada letra subsiguiente hasta acabar de componer los 72 Nombres.

Cada tríada de letras forma un Nombre y al añadirle las terminaciones sagradas que designan a Dios, esto es AH o EL, se emite la vibración angelical que revela el nombre del Ángel. De este modo se obtienen los 72 nombres de los Ángeles, cada uno de los cuales ha sido formado a partir de un Nombre de Dios.

Los tres versículos 19, 20 y 21 del capítulo 14 del Libro del Éxodo, en su versión española, son:

19 Se puso en marcha el Ángel de Eterno que iba al frente del ejército de Israel, y pasó a retaguardia. También la columna de nube de delante se desplazó de allí y se colocó detrás,
20 poniéndose entre el campamento de los egipcios y el campamento de los israelitas. La nube era tenebrosa y transcurrió la noche sin que pudieran trabar contacto unos con otros en toda la noche.
21 Moisés extendió su mano sobre el mar, y el Eterno hizo soplar durante toda la noche un fuerte viento del Este que secó el mar, y se dividieron las aguas.

Algunos cabalistas afirman que las doscientas dieciséis letras que componen los tres versículos son en realidad un solo Nombre de virtudes prodigiosas como hemos visto por el episodio de Eliseo cuando las utilizó en su totalidad para curar al hijo de la sunamita.

Encomendarse a los 72 Nombres con el pensamiento o la palabra es una actividad santa. Cada uno de estos Nombres con sus Ángeles atrae bendiciones, eleva espiritualmente y nos acerca a la Luz de Dios.

La tradición cabalística afirma que el *"Libro del Ángel Raziel"* recogía los 72 Nombres y que fue Raziel el encargado por Dios de entregarlo al Adán primordial.

EL PODER DE LA PALABRA

Ha llegado el momento de abordar el tema del poder de la Palabra a través de lo que la tradición denomina el *"pacto de la lengua"*.

El Libro del Génesis revela que Dios creó a través de la Palabra:

> *Dijo Dios: «Haya luz», y hubo luz.*
> *Génesis 1, 3*

El rey Salomón afirma lo siguiente en el Libro de los Proverbios:

> *Muerte y vida están en poder de la lengua, y los que la aman comerán su fruto.*
> *Proverbios 18, 21*

Asimismo, el Evangelio de Juan ilustra la preeminencia de la Palabra:

> *En el principio existía la Palabra y la Palabra estaba con Dios, y la Palabra era Dios.*
> *Ella estaba en el principio con Dios.*
> *Todo se hizo por ella y sin ella no se hizo nada de cuanto existe.*
> *Juan 1, 1-3*

El Eterno promete a sus profetas los siguientes poderes mediante el uso de la Palabra:

Herirá al hombre cruel con la vara de su boca, con el soplo de sus labios matará al malvado.
Isaías 11, 4

Entonces alargó el Eterno su mano y tocó mi boca. Y me dijo: "Mira que he puesto mis palabras en tu boca.
Desde hoy mismo te doy autoridad sobre las gentes y sobre los reinos para extirpar y destruir, para perder y
derrocar, para reconstruir y plantar."
Jeremías 1, 9-10

Teniendo en cuenta lo que precede, recuerde que la palabra que pronuncia es una orden destinada a ser cumplida. Dios le ha dado ese poder, téngalo presente. Por tanto, nada de palabras superfluas y aún menos, negativas. La palabra que usted emite es Ley. En el momento de hablar, manifiesta. Tenga sumo cuidado con lo que dice y con lo que escribe. Y aún más si su evolución espiritual es alta porque entonces, aun sin saberlo, tendrá el poder de decretar.

El valor de la palabra es tal que, según las enseñanzas jasídicas, cada palabra afecta al mundo entero. Ese es el verdadero efecto del aleteo de la mariposa capaz de causar un desastre al otro lado del planeta. Por ello, la Cábala recomienda memorizar versículos de las Sagradas Escrituras para citarlos frecuentemente como jaculatorias, contribuyendo con tal práctica a purificar tanto nuestra aura como la del planeta. De lo contrario, la corrupción causada por las palabras negativas atraerá males al mundo e impedirá que sintamos la presencia de Dios cerca de nosotros.

La Cábala afirma, y esto es esencial, que **Dios necesita a los seres humanos** porque nuestra misión en este plano de existencia es **buscarle y ayudarle, hasta el instante de nuestra muerte**.

Asimilemos plenamente esta revelación sabiendo que lo que está por venir es una actividad mística de incursión en la teúrgia. Recordemos asimismo que el Eterno se sirve de nosotros para descender a nuestra realidad. De modo que, buscando a Dios, rezándole e integrándole permanentemente en nuestras vidas, le damos peso y presencia en nuestro mundo.

Es Dios mismo el que ha puesto a nuestra disposición la colosal herramienta de sus 72 Nombres con sus Ángeles para facilitarnos la tarea. Por ellos, podemos modificar nuestro destino y evitar los acontecimientos que nos corresponderían si se aplicase la justa rectificación.

Por fuerza, entonces, deberíamos admitir que albergamos un gran poder.

VI

LOS ÁNGELES QUE NOS CUIDAN DESDE LA CUNA

Guardaos de menospreciar a uno de estos pequeños, porque yo os digo que sus Ángeles, en los cielos, ven continuamente el rostro de mi Padre celestial.
Mateo 18, 10

Los Ángeles Custodios que Dios nos ha asignado al venir al mundo son tres y al ser nuestros Ángeles de la Guarda, podemos dirigirnos a ellos todo el año, en cualquier momento del día y siempre estarán dispuestos a acudir a nuestra llamada.

De modo que no se prive de apelar a ellos para construir una sólida relación. Siempre serán una valiosa fuente de inspiración, consuelo y un apoyo seguro. Su misión es asistirnos y están agradecidos cuando les dejamos hacerlo.

San Jerónimo, en su comentario sobre Mateo 18, 10 que habla de los Ángeles Custodios de los niños, decía:

Grande es la dignidad de las almas cuando cada una de ellas, desde el momento de nacer, tiene un Ángel destinado para su custodia.

Así es, porque como vimos por el Salmo 8, 5, Dios ha hecho al ser humano *"un poco menor que los Ángeles"* y le *"corona de gloria y majestad", tanto que,* en su infinita misericordia, nos ha confiado a varios Ángeles de la Guarda para nuestra protección.

A continuación, encontrará la descripción de los tres Ángeles Tutelares y la manera de identificarlos.

El método seguido es el de Cornelio Agrippa, del s. XVI, que se encuentra en el tomo III de su obra *"Filosofía Oculta"*, retomado por Lazare Lenain en su libro *"La ciencia cabalística"* y desarrollado posteriormente por el cabalista Enrique Llop, Kabaleb, a lo largo de su obra.

ÁNGEL DEL CUERPO FÍSICO

El primero es el ÁNGEL DEL CUERPO FÍSICO que se ocupa de nuestro soporte material y de la salud. A él le pediremos ayuda para curarnos de cualquier enfermedad.

Este Ángel indica nuestra misión principal en la presente encarnación, desvelándonos sus grandes líneas. Para entenderla, conviene estudiar pormenorizadamente la Esencia, el Poder y el Atributo del Ángel y estos nos dirán lo que hemos venido a hacer sobre la Tierra.

Según Moshe Cordovero, el famoso cabalista del S.XVI, el mayor privilegio para una persona es saber por qué su alma ha venido a este mundo. Así, gracias a este Ángel podremos aplicarnos sin tardar a la tarea encomendada, evitando malgastar una preciosa reencarnación, esto es una oportunidad de transcender.

En fin, para saber cuál es nuestro ÁNGEL DEL CUERPO FÍSICO solo tenemos que conocer el grado del zodíaco en que se sitúa nuestro Sol de nacimiento, lo que es bien sencillo, porque basta disponer de nuestra carta natal para saber exactamente en qué grado se encuentra. En Internet abundan los sitios de astrología en los que puede calcularse gratuitamente y en un instante nuestro tema natal introduciendo fecha, hora y lugar de nacimiento. También puede averiguarlo mediante unas efemérides astrológicas.

Cada Ángel rige sobre cinco grados consecutivos del zodíaco. Las regencias por 5 grados seguidos se suceden hasta completar los 72 Ángeles cubriendo todo el año (72 x 5 = 360 grados).

Encontrará los grados correspondientes a cada ÁNGEL DEL CUERPO FÍSICO en el CAPÍTULO X.

Conviene precisar que, según Cornelio Agrippa, la misión sagrada viene determinada por el tercer Ángel Custodio y no por el primero. Según su teoría, el tercer Custodio o ÁNGEL DEL CUERPO MENTAL es el Ángel del alma, al habernos sido dado por Dios y no por los astros, y es por tanto el que indica la misión con la que hemos venido a este mundo.

En esta cuestión, la interpretación de Agrippa difiere de los cabalistas modernos que sitúan la misión de vida en el ÁNGEL DEL CUERPO FÍSICO.

Por tanto, para determinar con certeza cuál es nuestra misión de vida convendrá consultar por igual las Esencias, Poderes y Atributos de nuestros ÁNGELES DEL CUERPO FÍSICO Y MENTAL. No debemos extrañarnos si encontramos varias coincidencias.

ÁNGEL DEL CUERPO ASTRAL O EMOCIONAL

El segundo es el ÁNGEL DEL CUERPO ASTRAL O EMOCIONAL que rige sobre los sentimientos, emociones, deseos e impulsos. Es el que nos ayuda a superar las crisis de la vida y a combatir los instintos.

Para calcular su ubicación se utiliza la posición del Sol de nacimiento según la rotación, esto es, durante sus cinco grados de regencia alternos. Como su predecesor, este Ángel rige sobre cinco grados, pero en lugar de ser consecutivos, son discontinuos y están separados cada uno por 72 grados para totalizar una ronda de cinco grados aislados en el zodíaco.

En el CAPÍTULO X, donde se describe detalladamente cada Nombre de Dios con su Ángel, encontrará la información relativa a los grados de regencia aplicables tanto al ÁNGEL DEL CUERPO FÍSICO como al ÁNGEL DEL CUERPO ASTRAL O EMOCIONAL.

ÁNGEL DEL CUERPO MENTAL

El tercero es el ÁNGEL DEL CUERPO MENTAL que controla la mente y todas sus funciones. Se ocupa de lo relativo al pensamiento y a la inteligencia, por lo que favorece el estudio y la memoria. Es el que sana los trastornos mentales.

El ÁNGEL DEL CUERPO MENTAL viene indicado por el ascendente en nuestra carta natal, esto es, por la hora precisa en la que tiene lugar el nacimiento y recuerde que, según Agrippa, el Ángel del momento en el que *"somos dados a Luz"* indica nuestra misión de vida. De hecho, los astrólogos caldeos destacan la importancia del ascendente sobre el Sol natal.

Los 72 Ángeles cubren la duración del día al dividirse este en 72 períodos de 20 minutos (72 x 20 = 1440 min = 24 horas). Cada Ángel rige pues sobre un lapso de 20 minutos y el que nos corresponde por nacimiento se calcula a partir de la hora de salida del Sol de aquella fecha. Por ello, para conocer con precisión su ÁNGEL DEL CUERPO MENTAL será necesario saber con exactitud la hora de su nacimiento, preferiblemente con un error no mayor de 5 minutos.

Veamos un ejemplo, si el día de su nacimiento el Sol salió a las 7:00h, lo que puede comprobarse mediante unas efemérides o por Internet, y usted ha nacido a las 7:55h, su ÁNGEL DEL CUERPO MENTAL es SITAEL, el número 3, porque el primer periodo de 20 minutos está regido por VEHUYAH, el segundo por YELIEL y el tercero por SITAEL.

Veamos otro ejemplo, si el día de su nacimiento el Sol salió a las 5:29h y usted ha nacido a las 15:15h, su ÁNGEL DEL CUERPO MENTAL es OMAEL, el número 30 cuyo dominio abarca los 20 minutos entre + 9:40h y +10:00h a partir de la salida del Sol.

De modo que, para saber cuál es ÁNGEL DEL CUERPO MENTAL, solo ha de sumar por bloques de 20 minutos teniendo en cuenta el tiempo que separa la salida del Sol y su hora de nacimiento.

En el CAPÍTULO X encontrará indicados los períodos de 20 minutos de regencia de cada Ángel.

Por voluntad divina, estos tres Ángeles Tutelares o Custodios nos acompañan desde el nacimiento y actúan de por vida como nuestros guías individuales. Así pues, cada uno de nosotros estamos protegidos y somos guiados por un mínimo de tres Ángeles, aunque suelen acompañarnos varios más que permanecen anónimos. Pidámosles a estos últimos que se acerquen a nosotros en sueños y preguntémosles cómo llamarles.

Conocer a nuestros tres Ángeles Tutelares es el punto de partida indispensable para vislumbrar la misión con la que hemos venido al mundo y las fuerzas y dones que traemos para cumplirla que, como sabemos, vendrán expresados por sus Atributos, Esencias y Poderes.

En términos generales, nuestros Ángeles Tutelares nos revelarán el tipo de energía que nos anima y las herramientas con las que hemos sido dotados para salir adelante. Ellos nos indicarán tanto lo que hemos venido a aprender cómo las dificultades que nos esperan.

VII

LOS ÁNGELES A LA ESCUCHA

Entró el Ángel y Tobit se adelantó a saludarle, el Ángel contestó: "Que disfrutes de mucha alegría." Replicó Tobit: "¿Qué alegría puedo disfrutar ya? Estoy ciego y no puedo ver la luz del cielo, yazgo en tinieblas como los muertos, que no contemplan la luz, vivo como un muerto, oigo la voz de los hombres, pero no los veo." Le dijo el Ángel: "Ten confianza, que Dios te curará dentro de poco. Ten confianza."

Tobías 5, 10

Como hemos visto en el capítulo precedente, cada día, en cualquier circunstancia y a cada momento puede apelar a sus tres Ángeles Custodios, a sus Esencias, Poderes y Atributos, abriendo así la vía para recibir sus bendiciones y protección.

Y, además, puede solicitar la Luz y bendiciones de otros Ángeles, del modo siguiente:

ÁNGEL DEL DÍA POR DOMICILIO

En primer lugar, conviene encomendarse al Ángel que rige el mismo día de nuestras plegarias y que domina un total de cinco grados durante los cuales su energía es muy fuerte.

Cada ÁNGEL DEL DÍA POR DOMICILIO rige pues sobre cinco grados del zodíaco seguidos, lo que se denomina un quinario, es decir, sobre aproximadamente cinco días consecutivos. Durante este lapso de 5 grados, el Ángel emana con intensidad su Esencia, su Poder y su Atributo, por lo que es el periodo adecuado para pedirle que nos guíe y nos otorgue su protección. El mismo método descrito en el CAPÍTULO X para identificar a nuestro ÁNGEL DEL CUERPO FÍSICO se aplica para determinar el ÁNGEL DEL DÍA POR DOMICILIO. La única diferencia radica en las fechas que serán, en el primer caso, la del día de nacimiento y, en el último, la del día en que nos encontremos. Veamos un ejemplo, si la fecha de hoy es el 24 de julio, convendrá verificar si corresponde al grado 0° de Leo en las efemérides astrológicas del año en curso, y en ese caso, el Ángel rector para este día y durante los próximos cinco será NITH-HAIAH, el número 25, el Ángel de los magos. Es el Ángel indicado para adentrarse en los misterios de la alta magia que son los del universo.

ÁNGEL DEL DÍA POR ROTACIÓN

Seguidamente, convendrá encomendarse al Ángel que corresponde al día en el que usted se encuentre, pero por rotación, esto es, por su regencia sobre el grado zodiacal de la fecha que le interesa. Verá indicados los grados específicos de regencia de cada ÁNGEL DEL DÍA POR ROTACIÓN en las descripciones detalladas del CAPÍTULO X. Los grados aplicables son los mismos que designan al ÁNGEL DEL CUERPO ASTRAL O EMOCIONAL. Para seguir con el mismo ejemplo del 24 de julio, esto es a 0° de Leo, el Ángel por rotación del día será VEHUEL, el número 49, el Ángel de la alegría. Si está desmotivado y melancólico, VEHUEL le aportará la dosis necesaria de entusiasmo para seguir adelante, con un aporte adicional de visibilidad.

ÁNGELES DE LAS HORAS

Podrá encomendarse asimismo al Ángel rector del momento preciso en que usted eleve su espíritu a Dios, recordando que cada Ángel gobierna sobre 20 minutos.

De modo que la tercera vía para orar con los Ángeles y solicitar su protección y bendiciones viene dada por ciclos de 20 minutos cada día reservados a la influencia de cada Ángel. Ello nos permite apelar a un gran número de Ángeles durante un mismo día, si así lo deseamos.

Y en el hipotético caso de que usted decidiese no dormir, podrá encomendarse a todos ellos, ya que como hemos visto 72 x 20' = 1.440' = 24 horas. Es este un maratón que pocos emprenden pero que puede ser milagroso en circunstancias particularmente peliagudas o dramáticas.

Para calcular los 20 minutos diarios de dominio de cada Ángel es indispensable conocer el momento exacto de la salida del Sol del día en concreto. Para averiguarlo, el método tradicional es usar unas efemérides, sin embargo, lo más práctico es entrar en cualquier motor de búsqueda en Internet y teclear: *Salida del Sol en* - la ciudad en que se encuentre - *y la fecha* - que le interese. Por ejemplo: *"Salida del Sol en Bruselas el 29 de marzo de 2019"* y el ordenador le indicará la hora y los minutos con precisión, esto es las 6:26h hora local para el ejemplo elegido.

Después, puede calcular manualmente adicionando cada vez por bloques de 20 minutos. También actualizando una plantilla que haya preparado a este efecto o bien introduciendo la hora exacta de salida del Sol en alguno de los sitios Internet concebidos con este propósito, como 72Shemot.

Apelar a cada Ángel durante su periodo de dominio de 20 minutos le será sumamente provechoso en sus meditaciones y oraciones diarias. Hágalo, y verá cómo se regenera.

Además, acudir diariamente a los Ángeles especialistas en los temas que le preocupen le aportará soluciones.

Estas tres vías para acceder a los Ángeles le permitirán encomendarse a varios cada día y a cuantos más mejor. Y de este modo bien sencillo, elevándose a ellos en los momentos adecuados, podrá llenar su jornada de Ángeles y estar más cerca de Dios.

Puedo afirmar por experiencia que esta práctica tendrá efectos altamente positivos en todos los ámbitos de su vida, tanto material como espiritual. Por supuesto, también puede apelar a los Ángeles en beneficio de otra persona, de un grupo e incluso de una colectividad.

Hemos visto que, encomendarse a los Nombres con sus Ángeles es una actividad sagrada. Elévese pues a cada Ángel durante sus regencias, esto es, en sus grados y a sus horas, para progresar espiritualmente, impregnarse de su sabiduría o para pedirle lo que necesite según las bendiciones que otorga. Ya verá cómo el Ángel le responde interviniendo de un modo que usted podría llegar a considerar como providencial.

Y si usted, o alguno de sus seres queridos, se encontrase en una situación particularmente complicada y para solventarla desease consagrar al menos la parte del día en la que está despierto al contacto con los Ángeles, devoción que le aconsejo encarecidamente, aunque requiera mucha dedicación, empiece de mañana encomendándose al Ángel que rige el momento en que se despierte. Después prosiga con la meditación dirigida al Ángel siguiente durante su periodo de dominio de 20 minutos, uno detrás de otro, hasta la hora de irse a dormir.

Elevarse a cada Ángel solo le llevará unos instantes siendo aconsejable hacerlo en medio de su periodo de regencia de 20 minutos para beneficiarse de su máxima energía.

Semejante entrega a las oraciones angélicas durante un día entero tiene un efecto extremadamente positivo y purificador. Es una verdadera cura espiritual. Verá lo bien que se siente después y cómo se arregla el problema que le inquietaba.

¿Quién podría imaginar estar en mejor compañía?

Y llegados a este punto, recapitulemos un instante:

Cada uno de nosotros podemos apelar a nuestros tres Ángeles Tutelares todos los días y en cualquier momento y podemos encomendarnos a los demás Ángeles durante sus regencias, es decir, en sus grados por domicilio y por rotación, y también durante los ciclos de 20 minutos de dominio cada día.

VIII

EL CAMINO CON LOS ÁNGELES

Del mismo modo, os digo, se produce alegría ante los Ángeles de Dios por un solo pecador que se convierta.
Lucas 15, 10

El momento ha llegado de aproximarnos con respeto y devoción a los 72 Nombres con sus Ángeles.

A estas alturas del libro sabemos que los cabalistas recomiendan que, además de orar todos los días con los dos Ángeles correspondientes a los grados del zodíaco que gobiernan por domicilio y rotación, nos dirijamos a cada uno de los Ángeles durante los 20 minutos de su regencia diaria. Eso, sin olvidar a nuestros Custodios.

Se trata de elevar nuestras plegarias a tantos Ángeles como sea posible con la convicción de que la oración continua nos permite beneficiar de una protección permanente y acceder a sus bendiciones. Al hacerlo, constatará como se despeja su camino y solventa sus preocupaciones.

Algunos cabalistas utilizan solo los 72 Nombres de Dios durante sus plegarias porque están más cómodos vocalizando exclusivamente los sonidos de las tres letras hebreas para activar la vibración sagrada. Otros, en cambio, pronuncian únicamente el nombre del Ángel que deriva del Nombre de Dios. Hay que recordar que el Nombre es la base sobre la que se construye la vibración angélica, por lo que el Nombre es el sustrato del Ángel.

Según mi experiencia, la mejor opción es vocalizar ambos, empezando por las tres letras del Nombre de Dios y continuando con el nombre del Ángel. Tal modo de proceder resulta indispensable cuando se trata de diferenciar los tres pares de Nombres que tienen la misma combinación de letras hebreas:

- El primer par está compuesto por el Ángel número 1, VEHUYAH y el Ángel número 49, VEHUEL, cuyos Nombres lo forman las letras VAV-HEI-VAV.

- El segundo par viene dado por el Ángel número 11 y el Ángel número 17, cuyos Nombres están formados por las letras LAMED-ALEPH-VAV y que tienen además el mismo nombre, LAUVIAH.
  Dicho esto, algunos autores prefieren denominar LAOVIAH al primero y otros llamar LAVIAH al segundo. Aunque la mayoría de los cabalistas están de acuerdo en nombrar a los dos Ángeles como LAUVIAH.

- Y el tercer par es el compuesto por el Ángel número 14, MEBAHEL, y el Ángel número 55, MEBAHIAH, cuyos Nombres los forman las letras MEM-BET-HEI.

En los casos expuestos más arriba, el nombre del Ángel resulta indispensable para completar la vibración sagrada inicial que emite el Nombre de Dios. En lo que respecta a los dos LAUVIAH, además del Nombre y del Ángel, los versículos correspondientes a cada uno de ellos les diferencian.

Dicho esto, la Cábala hebrea se centra sobre todo en los Nombres de Dios, mientras que tradiciones cabalísticas posteriores, como la cábala cristiana o la hermética, prefieren meditar con los 72 Ángeles que los portan.

Puesto que tenemos ambas posibilidades, conviene vocalizar tanto el Nombre cómo el Ángel para asentar los beneficios que de ellos derivan.

COMO ELEVARSE A CADA ÁNGEL

El modo de meditar con cada Ángel es muy sencillo:

- Inicie su momento de elevación con una plegaria o fórmula dirigida a Dios que incluya la manifestación de su gratitud por los muchos dones que el Eterno le concede. El Salmo 91 es supremo en estas ocasiones, pero, si lo considera muy largo, también puede utilizar una corta frase de bendición. Abordaremos los detalles de la oración de apertura y clausura más adelante en este mismo capítulo.

- Luego, vaya al CAPÍTULO X y abra la primera página correspondiente a la descripción del Ángel al que desee encomendarse y pronuncie las tres letras que forman su Nombre de derecha a izquierda, escaneando el Nombre con el índice de la mano derecha.
  En el texto, encontrará indicada la pronunciación de cada Nombre según las versiones de los dos sabios cabalistas más autorizados en esta materia, Abraham Abulafia, del s. XIII, que pronuncia las tres letras hebreas, y Moshé Cordovero, del s. XVI, que elabora un nombre a partir de las letras.

- Lea el significado del Nombre de Dios y el versículo indicado en el texto para activar su vibración.
  Después, lea el nombre del Ángel según está escrito al inicio de la página.

- Repita tres veces la pronunciación de las letras del Nombre, seguidas de los atributos divinos AIN SOF (el Infinito) y AIN SOF OR (la Luz Ilimitada).
  Proceda luego del mismo modo con el nombre del Ángel añadiéndole los atributos divinos AIN SOF y AIN SOF OR. Y repita estas series por lo menos tres veces.
  Veamos un ejemplo:

ME-VAV-ME,
ME-VAV-ME AIN SOF,
ME-VAV-ME AIN SOF OR.

Y después:

MUMIAH,
MUMIAH AIN SOF,
MUMIAH AIN SOF OR.

– En fin, lea la Esencia, el Poder y el Atributo del Nombre con su Ángel, así como las bendiciones que otorga, y de acuerdo con ellas, piense en lo que le va a solicitar.

– Una vez terminado su momento de elevación, cierre con su plegaria o fórmula preferida que puede ser la misma que utilizó al principio.

Volvamos un instante sobre ciertos aspectos cruciales.

Vimos que Dios interpuso velos entre Él y todo lo creado y que Su divinidad la recibimos a través de filtros. Por ello, para orar al Eterno a través de sus 72 Nombres o Ángeles, es indispensable añadir su Esencia Divina: AIN SOF, el Infinito, y AIN SOF OR, la Luz Ilimitada.

De ese modo, la oración se dirige al Infinito, AIN SOF, y a la Luz Ilimitada, AIN SOF OR, lo que encauza y potencia enormemente las plegarias. Ya sabemos que es indispensable repetir las letras del Nombre de Dios y el nombre del Ángel con la Esencia Divina por lo menos tres veces cada uno para establecer la conexión con su energía.

Respecto al modo de iniciar y cerrar la sesión de plegaria conviene insistir en que toda oración o fórmula santa será apropiada. Las modalidades son infinitas. Lo importante, como se ha indicado, es rezar con un corazón íntegro.

El rabino Aharon Shlezinger comparte una bella fórmula de bendición que puede ser utilizada en apertura y clausura de cada periodo consagrado a las oraciones, cuya versión corta es la siguiente:

– Al comenzar: *Bendito eres Tú, El Eterno, Dios nuestro, Rey del universo que todo fue creado por Tu palabra.*
– Al terminar: *Bendito eres Tú, El Eterno, Dios nuestro, Rey del universo, creador de los seres vivientes. Bendito eres Tú, que vivificas los mundos.*

Me permito insistir en que comience afirmando que sus oraciones se dirigen al Eterno y que además del Salmo, de su oración o fórmula preferida, abra con una frase de gratitud y de alabanza a Dios, porque la gratitud es extraordinariamente importante.

La clave es preparar el espíritu para elevarse.

Con un corazón puro elevado a Dios, el método que elija será válido.

Si desea obtener la pronunciación exacta de las letras hebreas de los 72 Nombres de Dios podrá hacerlo gracias a las indicaciones que encontrará en la descripción de cada Ángel en el CAPÍTULO X que incluye la vocalización preconizada por Abulafia, ya que esta reproduce fonéticamente la pronunciación de las letras, pero también a través la multitud de vídeos publicados en Internet sobre ese tema.

Como hemos visto, al vocalizar las letras conviene pasar nuestro dedo índice por las mismas, de derecha a izquierda. La alta frecuencia que acompaña a cada Nombre se activa pronunciándolas, mirándolas o visualizándolas y escaneándolas del modo indicado.

Dicen los cabalistas que la energía que emiten nutre el alma y según mi práctica, esta afirmación es comprobable.

Muchos practicantes judíos utilizan una tabla con las letras de los 72 Nombres de Dios que recorren con el dedo índice desde el principio hasta el final de derecha a izquierda, esto es las 216 letras de una vez. Consideran que ello procura la misma descarga energética que cuando se leen los Nombres silenciosamente o se pronuncian en alto. Este gesto funciona como un mantra y ayuda aún más si se completa con la apelación a cada uno de los Ángeles. Encontrará esta tabla al final del CAPÍTULO IX.

Por otra parte, observará que, en la primera página de cada Ángel que encontrará en el CAPÍTULO X, figura un versículo de la Biblia denominado versículo del Ángel. Es *la puerta* que da acceso a cada uno de ellos y todos proceden del Libro de los Salmos.

Conviene saber que, el versículo que da paso a cada Ángel contiene en hebreo las tres letras del Nombre de Dios sobre las que se construye y por ello hay que recitarlo específicamente al inicio de la plegaria.

Según los cabalistas, es conveniente repetirlo siete veces a modo de jaculatoria para que se nos abran las puertas del Nombre con su Ángel.

Además, cada versículo atesora el Gran Nombre de Dios, el Tetragrama, que en la traducción espanola viene expresado con los términos Eterno o Dios.

EL ÁNGEL DEL LADO OSCURO

En las páginas dedicadas a cada Ángel, que encontrará en el CAPÍTULO X, figura asimismo una breve explicación de los daños que causa la influencia del Ángel del lado oscuro. Estos se detallan junto a la influencia del Ángel de Luz que es el original, siendo el de las sombras su reflejo malogrado.

Aquellos que tienen oscuras intenciones, verán que ese conocimiento tan sucinto no les será de ninguna utilidad en el sendero de la mano izquierda o para apelar a los tenebrosos.

Se trata únicamente de dar una orientación sobre lo que puede acontecer si se hubiese hecho mal uso de las divinas energías del Ángel hasta degradarlas. Así, se entenderán tanto los riesgos que pueden llegar a correrse como lo que hay que evitar.

Pero ¿cómo saber si alguno de sus Ángeles Tutelares viene cargado por destino de negatividad o ha activado su lado oscuro por estar mal aspectado? Esto es, ¿cómo saber si sus Custodios tienen su reflejo sombrío despierto para la rectificación de los actos cometidos en otras vidas?

Podrá resolver esta cuestión gracias a la astrología que le indicará en su carta natal los aspectos disonantes que se proyectan sobre su Sol de nacimiento y su ascendente, y también los aspectos que reciben sus planetas, que como sabemos, albergan cada uno a un Ángel.

Además, a cada revolución solar, será conveniente vigilar los aspectos inarmónicos, tales como cuadraturas, oposiciones o conjunciones discordantes que puedan impactar sobre sus planetas natales, porque con su mala influencia también podrían propiciar que la vertiente oscura del Ángel correspondiente se estimule, aunque sea de modo transitorio.

Ya sabemos que es posible que alguno o varios de los Ángeles vengan mal aspectados por destino, y si así fuese, la misión que traerán será la de enseñar sus Esencias, sus Poderes y sus Atributos mediante un duro entrenamiento y con dificultades.

En ese caso, sabremos que esos Ángeles deberán hacernos aprender a través del sufrimiento, por lo que podrían causarnos dolor en algún momento de nuestro recorrido vital.

Lo bueno es que quedamos advertidos. Ello nos permitirá tener cuidado y trabajar con las fuerzas del Ángel de Luz para impedir que su vertiente oscura se active, porque el remedio contra cada Ángel de las sombras es potenciar lo más posible el Ángel original que es resplandeciente.

Otro recurso muy eficaz para evitar que lleguen a plasmarse las versiones oscuras es encomendarse cada día a HAZIEL, el Ángel número 9 en sus minutos de regencia, ya que aleja de nosotros a los Ángeles de abajo y nos rodea exclusivamente de Ángeles de Luz.

Encontrará una referencia a HAZIEL en el último capítulo de este libro donde insisto en que para entender la importancia de este Ángel basta observar el estado en el que se encuentra la humanidad. Resulta evidente que, en nuestro mundo, las fuerzas oscuras prevalecen sobre las del Bien y que están ahí para perjudicarnos y robarnos nuestra energía. Le recomiendo pues encarecidamente que se eleve cada día a este Ángel como parte de su higiene espiritual, tanto como le he recomendado apartarse de las compañías humanas en las que se encarna la oscuridad.

En cualquier caso, si definitivamente todo le viniese mal dado por destino, aproveche la oportunidad que le brinda tamaño reto para crecer espiritualmente y obtener, por la vía rápida, conocimiento y comprensión.

Y para mantener su entereza frente a la adversidad, recuerde que usted mismo ha escogido en los mundos superiores sus padecimientos terrenos por creerse capaz de superarlos con éxito.

Los cabalistas afirman que la vía directa para acceder a la Luz es vencer la oscuridad y que el arte supremo es ser capaz de ver la Luz en las tinieblas.

Nos lo dice la Biblia en el Libro del profeta Jeremías 15, 19:

Si sacas lo precioso de lo vil, serás como mi boca.

Sin embargo, hay que saber que no es necesaria la intervención del destino para estimular al Ángel del lado oscuro. La mala conducta individual basta.

Por ello, los que se saben inicuos y se regodean con la sensación de poder que produce perjudicar a los demás, esto es, a todos los seres sensibles, deben evitar imperativamente por su propio interés el contacto con los Ángeles ya que en semejante trato tienen más que perder que ganar. Partiendo de bajas vibraciones, sus cuerpos no podrán soportar la altísima energía angélica y esta les hará daño.

Así es que ya sabe, estimado lector, en la muy poco probable eventualidad de que sea usted de aquellos que mantienen densa su energía a causa de emociones negativas o de actos condenables, ya sabe lo que tiene que hacer: Si le tienta la transformación a través del contacto con los Ángeles buenos, purifíquese y elévese. Su alma se lo agradecerá.

LA CONEXIÓN

La correlación existente entre la pureza personal y el éxito de las tentativas de frecuentación angélica es innegable. Sin embargo, aun si alberga dudas sobre su nivel de desarrollo espiritual que puede no satisfacerle completamente, si usted busca a Dios, su intención es pura y su corazón íntegro, deje entrar a los Ángeles en su vida para aumentar tanto su frecuencia vibratoria como su consciencia. Ellos le darán inspiración y harán que sus asuntos mejoren aportándole gracia y entendimiento.

Considero fundamental insistir en que la intención de este libro no es la invocación mágica de los Ángeles, sino la de orar a través de ellos a Dios para santificarse y para solicitar su protección y bendiciones.

En ningún caso se trata de evocar a los Ángeles, esto es, incitarles a que comparezcan por fuerza ante nosotros, porque absolutamente nadie está preparado para ello y ningún cuerpo humano podría resistir su altísima vibración sin degradarse o destruirse.

Este trabajo aborda la teúrgia en la medida en que propugna encomendarse a los Ángeles para favorecer la iluminación, sin rituales para *"sacar"* algo de ellos. Los rituales para *"obligar"* a energías sobrehumanas son muy negativos y deben ser execrados totalmente.

En efecto, este libro trata exclusivamente de cómo elevar nuestro espíritu a los Ángeles y, en última instancia a Dios, lo que podemos hacer todos a condición de querer redimirnos, sea cual sea nuestro grado de desarrollo espiritual e incluso, sean cuales fueren nuestros tormentos espirituales, del mismo modo que todos podemos rezar al Eterno directamente.

Esa es la definición del misticismo, el contacto directo con Dios sin necesidad de la intervención de religiosos, iglesias o dogmas.

El Ángel al que apelemos nos envolverá con su bondad y elevará nuestra consciencia, alejando a los de abajo y afinando nuestra frecuencia vibratoria.

Y puesto que los Ángeles son nuestros asistentes celestiales, encomendarse a ellos y rezar con ellos cada día traerá beneficios perceptibles tanto físicos, como emocionales y espirituales. De modo que no hay que tener reserva alguna en orar con los Ángeles. Con los Ángeles y no a los Ángeles, como se ha dicho reiteradamente, porque siempre se reza exclusivamente a Dios, en este caso, a través de sus 72 Ángeles o Nombres Sagrados.

Sus oraciones son la invitación que ellos esperan para intervenir en su vida y cambiar las cosas para bien. Pedirles ayuda les alegrará, les dará relieve en este plano de existencia y, además, se atraerá sus bendiciones. Iniciará así una sólida relación con ellos que durará toda su existencia.

Puede creerme, y en caso de duda, pruebe, porque en cada uno de estos 72 Nombres de Dios con sus Ángeles está oculta una vibración colosal que actúa realmente y porque cada una de esas 72 combinaciones es un repelente contra la negatividad y el Mal.

Ya hemos visto en el capítulo dedicado a los Ángeles Tutelares que los Nombres de Dios con sus Ángeles nos han acompañado desde nuestro nacimiento y nos han guardado siempre. Por ello, al encomendarse a ellos como vemos a lo largo de la Biblia, tal como les sucedió a Moisés, a Josué, a David, a Eliseo y a todos los profetas, los Ángeles le guiarán para que pueda solventar sus problemas por sí mismo, en lugar de solucionarlos ellos, lo que sin duda harían si usted fuese incapaz o si fuera indispensable.

De hecho, la mayor parte de las veces le ayudarán mediante signos y por ello le aconsejo que esté pendiente de todas las señales que le traiga la vida, y muy especialmente de los mensajes recibidos en sueños, porque ahí encontrará las pistas para resolver lo que le preocupa.

Recuerde que, aunque los Ángeles le ayuden siempre en cada apuro, usted ha venido a la Tierra con la misión de construir su propia vida y que esta es su principal responsabilidad. Es su tarea y tiene usted que aprobar todos los exámenes del curso, como todos nosotros. Es el tikún.

Sin embargo, tiene suerte al tener este libro entre manos porque ahora ya sabe que los Nombres y sus Ángeles son los *"libros de texto"* a utilizar en la escuela de la vida, con lo que no dude en hacer un buen y cuantioso uso de la asistencia formidable que le brindan.

Y por encima de todo, tenga presente que la actividad sagrada en la que se embarca al rezar con los 72 Ángeles procura protección y aleja todo lo malo.

EL MÉTODO

Sabemos por los capítulos precedentes que los 72 Nombres de Dios o Ángeles de la Cábala son los canales a través de los cuales Dios nos transmite sus enseñanzas y que cada uno tiene sus características propias.

Pero ¿cómo hemos de dirigirnos a ellos eficazmente para obtener sus protecciones y bendiciones?

El método que conviene seguir es pedir con una fe inquebrantable, concentración perfecta, sinceridad y un corazón íntegro, no solo con la mente. Tenemos que poner todos nuestros sentidos físicos y sutiles en ello, esto es nuestro cuerpo, anhelos, emociones, sentimientos y pensamientos, como cuando se vive algo intensamente. En los momentos de oración, debemos funcionar como un todo, sin dudas, sin dualidad.

Eso es también lo que debemos hacer para materializar nuestros deseos o para obtener una curación instantánea, porque las peticiones que los Ángeles atienden son las que se formulan poniendo en ellas ganas, foco y afán.

Se trata de movilizar la fuerza universal que los chamanes denominan *"el intento"*.

Por ello, es importante saber que, para que la magia opere, hay que activar el cuarto chakra, el chakra del corazón. Y también reiterar las peticiones como vemos a lo largo del texto bíblico.

Y ahora, una vez finalizados los capítulos introductorios y en debido cumplimento del *"pacto de la lengua"*, que en este caso podría enunciarse como el *"pacto de la palabra escrita"*, conviene abordar en los próximos capítulos el conocimiento de los Nombres con sus Ángeles, las bendiciones que otorgan, sus Esencias, Poderes y Atributos y, en suma, lo que cada uno de ellos puede hacer por usted.

IX

LOS NOMBRES DE LOS 72 ÁNGELES

Pues él se abraza a mí, yo he de librarle, le exaltaré, pues conoce mi Nombre.
Salmo 91, 14

Los nombres de los 72 Ángeles y sus significados son los siguientes:

DOMICILIO ARIES, ELEMENTO FUEGO

1. VEHUYAH, Dios elevado y exaltado por encima de todas las cosas
2. YELIEL, Dios que socorre
3. SITAEL, Dios esperanza de todas las criaturas
4. ALAMIAH, Dios Oculto (id. Ángeles 26 y 51)
5. MAHASHIAH, Dios salvador
6. LELAHEL, Dios loable

DOMICILIO TAURO, ELEMENTO TIERRA

7. AJAIAH, Dios bueno y paciente
8. KAHETHEL, Dios Adorable
9. HAZIEL, Dios de Misericordia
10. ALADIAH, Dios Propicio
11. LAUVIAH, Dios loado y exaltado
12. HAHAIAH, Dios refugio

DOMICILIO GÉMINIS, ELEMENTO AIRE

13. YEZALEL, Dios glorificado sobre todas las cosas
14. MEBAHEL, Dios conservador
15. HARIEL, Dios creador
16. HEKAMIAH, Dios que erige el universo
17. LAUVIAH, Dios admirable
18. KALIEL, Todo es Dios

DOMICILIO CÁNCER, ELEMENTO AGUA

19. LEUVIAH, Dios que socorre a los pecadores
20. PAHALIAH, Dios redentor
21. NELJAEL, Dios único
22. YEYAYEL, La derecha de Dios
23. MELAHEL, Dios que libera de los males
24. JAHUYAH, Dios bueno

DOMICILIO LEO, ELEMENTO FUEGO

25. NITH-HAIAH, Dios que da con sabiduría
26. HAAIAH, Dios Oculto (id, Ángel 4 y 51)
27. YERATHEL, Dios que castiga a los malvados

28. SHEHEIAH, Dios que cura a los enfermos
29. REIYEL, Dios pronto a socorrer
30. OMAEL, Dios paciente

DOMICILIO VIRGO, ELEMENTO TIERRA

31. LECABEL, Dios que inspira
32. VASHARIAH, Dios Justo
33. YEJUIAH, Dios que conoce todas las cosas
34. LEHAJIAH, Dios Clemente
35. JAVAKIAH, Dios que da la alegría
36. MENADEL, Dios Adorable (id. Ángel 8)

DOMICILIO LIBRA, ELEMENTO AIRE

37. ANIEL, Dios de las Virtudes
38. JAAMIAH, Dios la esperanza de todas las criaturas de la tierra
39. REHAEL, Dios que recibe a los pecadores
40. YEYAZEL, Dios que regocija
41. HAHAHEL, Dios en Tres Personas
42. MIKAEL, ¿quién como Dios?

DOMICILIO ESCORPIO, ELEMENTO AGUA

43. VEULIAH, Rey Dominador
44. YELAHIAH, Dios Eterno (id. Ángel 55)
45. SEALIAH, Dios de la abundancia
46. ARIEL, Dios Revelador
47. ASALIAH, Dios Justo que señala la Verdad
48. MIHAEL, Dios Padre que socorre

DOMICILIO SAGITARIO, ELEMENTO FUEGO

49. VEHUEL, Dios Grande y Elevado
50. DANIEL, Juicio de Dios
51. HAJASHIAH, Dios Oculto (id. Ángel 4 y 26)
52. AMAMIAH, Dios elevado por encima de todas las cosas
53. NANAEL, Dios que rebaja el orgullo
54. NITHAEL, Rey de los cielos

DOMICILIO CAPRICORNIO, ELEMENTO TIERRA

55. MEBAHIAH, Dios Eterno (id. Ángel 44)
56. POYEL, Dios que sostiene el universo
57. NEMAMIAH. Dios loable
58. YEYALEL, Dios que lucha por nosotros
59. HARAJEL, Dios que conoce todas las cosas
60. MITZRAEL, Dios que consuela a los oprimidos

DOMICILIO ACUARIO, ELEMENTO AIRE

61. UMABEL, Dios por encima de todas las cosas
62. YAH-HEL, Ser Supremo
63. ANAUEL, Dios infinitamente bueno
64. MEJIEL, Dios que vivifica todas las cosas
65. DAMABIAH, Dios fuente de sabiduría
66. MANAKEL, Dios que secunda y mantiene todas las cosas

DOMICILIO PISCIS, ELEMENTO AGUA

67. EYAEL, Dios delicia de los niños y de los hombres
68. JABUYAH, Dios que da incondicionalmente
69. ROCHEL, Dios que lo ve todo

70. YABAMIAH, Dios que produce todas las cosas
71. HAYAYEL, Dios dueño del universo
72. MUMIAH, Dios fin de todas las cosas

TABLA DE LOS NOMBRES EN HEBREO

כהת	אכא	ללה	מהש	עלם	סיט	ילי	והו
הקם	הרי	מבה	יזל	ההע	לאו	אלד	הזי
חזהו	מלה	ייי	נלך	פהל	לוו	כלי	לאו
ושר	לכב	אום	ריי	שאה	ירת	האא	נתה
ייז	רהע	זעם	אני	מנד	כוק	להוז	יזזו
מיה	עשל	ערי	סאל	ילה	וול	מיכ	ההה
פוי	מבה	נית	גנא	עמם	ההזש	דני	והו
מזזי	ענו	יהה	ומב	מצר	הרזז	ייל	נמם
מום	היי	יבמ	ראה	זזבו	איע	מנק	דמב

Dios te bendiga y te guarde,
Dios haga resplandecer su rostro sobre ti y te sea propicio,
Dios te muestre su rostro y te conceda la paz.
Números 6, 24-26

X

BENDICIONES DE LOS 72 NOMBRES DE DIOS Y DE LOS ÁNGELES QUE LOS PORTAN

Y añadió: ¡Bendito sea Dios! ¡Bendito su gran Nombre! ¡Bendito todos sus santos Ángeles! ¡Bendito su gran Nombre por todos los siglos!

Tobías 11, 14

Y tuvo un sueño, soñó con una escalera apoyada en tierra, y cuya cima tocaba los cielos, y he aquí que los Ángeles de Dios subían y bajaban por ella.

Génesis 28, 12

1
VEHUYAH

VAV – HEI - VAV

Su nombre significa: **Dios elevado y exaltado por encima de todas las cosas**

Versículo del **Ángel***, Salmo 3, 4*
Mas Tú, Señor, eres escudo alrededor de mí, mi gloria y el que exalta mi cabeza.

Vocalización del Nombre*: Vehu, según Cordovero y Wa/He/Wa, según Abulafia.*
Esencia*: Voluntad*
Poder*: Favorece la iluminación espiritual*
Atributo*: Viaje en el tiempo para desterrar las semillas del mal*

SUS REGENCIAS

Ángel del Cuerpo Físico*: Sol del 0° al 5° de Aries, aprox. del 21 al 25 de marzo.*

Ángel del Cuerpo Astral o Emocional*: Sol en los siguientes grados,*

- *de 0° a 1° de Aries,*
- *de 12° a 13° de Géminis,*
- *de 24° a 25° de Leo,*
- *de 6° a 7° de Escorpio y*
- *de 18° a 19° de Capricornio.*

Ángel del Cuerpo Mental*: lapso entre +0:00h y +0:20h a partir de la salida del Sol.*

LAS BENDICIONES QUE OTORGA VEHUYAH

- LA ESENCIA QUE APORTA es la **Voluntad divina**, la primera Esencia emanada por el Eterno de la que surgieron la Creación y el Bien. Es el fundamento de todo lo que existe y de la acción. Su potencia es colosal y hace de VEHUYAH el mayor protector espiritual entre los 72 Nombres de Dios con sus Ángeles.
VEHUYAH marca el Equinoccio de Primavera y es el Ángel encargado de todos los comienzos. Así pues, cada vez que inicie algo en la vida, encomiéndese a él a partir de la salida del Sol para que todo le salga bien, pero, formule lo que pide con precisión con el fin de evitar imprevistos. Sí puede pedir Voluntad a VEHUYAH sin dar detalles para salir de una depresión, de un bache o de una mala racha porque su energía curará todos sus males. Cuando lo vea todo perdido, el Ángel despejará su camino. Pídale con corazón íntegro y verá cómo todo se arregla, hasta lo más difícil.
Puede que este gran Ángel haya servido de inspiración para acuñar la famosa frase de la película Star Wars *"que la fuerza te acompañe"*. En el caso de VEHUYAH podría decirse *"que la Voluntad te acompañe"* ya que la Voluntad es fuerza pura.

- SU PODER es favorecer **la iluminación espiritual** y entrar en éxtasis. Es el Ángel de los místicos.

- SU ATRIBUTO es el **viaje en el tiempo para desterrar las semillas del Mal** y borrar completamente el karma y también el de todas las personas asociadas con los hechos. Los cabalistas afirman que restaura el alma hasta dejarla tan pura como en el momento de la Creación, por lo que su Atributo atesora un poder inestimable para todos nosotros.

- VEHUYAH ayuda a **realizar hazañas y libera de la cólera.** Este Ángel hace invencible, lleva a los mayores logros, a ser el número uno, a batir récords y a convertirse en modelo o en líder. Transmite valentía y una voluntad de hierro.

LA INFLUENCIA DE VEHUYAH

DEL LADO OSCURO

Las energías que canalizan todos los Ángeles de las sombras son diabólicas, opresivas y exigen inmediata satisfacción. Por ello, lo edificado sobre el lado oscuro no suele durar. El impacto de VEHUYAH del lado oscuro es extremo por tratarse de la primera Esencia divina y cuando esté activado se manifestará de modo terrorífico al transformar la Voluntad en cólera ciega y brutal que urgirá a pasar al acto a menudo de manera atroz, dejando impasible al perpetrador por considerar que su acto está justificado. VEHUYAH de las sombras comunicará el fuego creador en exceso y la persona se transformará en un auténtico barril de pólvora. En las vidas de los dominados por este Ángel oscuro habrá agresividad y toda clase de conflictos o dramas porque el Ángel lo aplastará todo con su gigantesca fuerza de voluntad, llegando a ir contra el destino, lo que inevitablemente acarreará desastres. Por ello, podrían llegar a perderlo todo. Estarán impulsados por una ambición enorme y despiadada y pasarán del autoritarismo a la violencia. Se meterán en líos y en asuntos que acabarán mal. Se desgastarán físicamente y serán proclives a todo tipo de destrucción, también a la de su entorno. En raras ocasiones, VEHUYAH oscuro podrá aniquilar la fuerza de voluntad dejando a la persona incapaz de decidir o de actuar.

DE LUZ

Todo en este Ángel es potentísimo, por lo que los hijos de VEHUYAH de Luz vendrán al mundo bendecidos y tendrán mucha suerte, convirtiéndose en un ejemplo para los demás. Estas personas poseerán una poderosa voluntad y una inagotable energía, sana ambición, valentía, ganas de emprender, lucidez y sagacidad para descubrir engaños y evitar trampas, por lo que llevarán a cabo con éxito las empresas más difíciles.

En fin, a imagen de este Ángel, sus protegidos poseerán la virtud del **Ave Fénix** que es la de transformarse, recuperarse y regenerarse, y si fuese necesario, resucitar de sus cenizas.

Y me dijo el Ángel de Dios en aquel sueño: "¡Jacob!" Yo respondí: "Aquí estoy."
Génesis 31, 11

2
YELIEL

YOD - LAMED – YOD

Su nombre significa: **Dios que socorre**

Versículo del Ángel, Salmo 22, 20

Y Tú, Dios mío, no te alejes, fuerza mía, ayúdame, apresúrate

Vocalización del Nombre: *Yeli, según Cordovero y Ye/La/Ye, según Abulafia*
Esencia: *Amor y Sabiduría*
Poder: *Protege contra las agresiones*
Atributo: *Recobrar las chispas*

SUS REGENCIAS

Ángel del Cuerpo Físico: *Sol del 5° al 10° de Aries, aprox. del 26 al 30 de marzo.*

Ángel del Cuerpo Astral o Emocional: *Sol en los siguientes grados,*

- *de 1° a 2° de Aries,*
- *de 13° a 14° de Géminis,*
- *de 25° a 26° de Leo,*
- *de 7° a 8° de Escorpio y*
- *de 19° a 20° de Capricornio.*

Ángel del Cuerpo Mental: *lapso entre +0:20h y +0:40h a partir de la salida del Sol.*

LAS BENDICIONES QUE OTORGA YELIEL

- Durante sus grados de regencia y a sus horas, YELIEL **concederá todo lo que se le pida**. Su capacidad de materializar es tal que se puede acudir a este Ángel incluso para ser protegido contra la muerte.

- LA ESENCIA QUE APORTA es **el amor y la sabiduría** que lleva a entender el valor espiritual del amor puro, incluyendo la amistad. YELIEL es el gran pacificador, reconcilia a las parejas, asegura la fidelidad conyugal y da compasión y amor hacia todos los seres. La Esencia del Amor Universal transmuta la hostilidad en amistad y ayuda a superar diferencias y disputas. Los devotos de YELIEL gozan de excelentes relaciones con los demás, de modo que, en caso de conflicto, apele a este Ángel para que las partes se entiendan. Es conveniente encomendarse a YELIEL para tener éxito en tareas humanitarias, altruistas y de servicio público ya que el Ángel otorga inspiración y propicia asociaciones providenciales.
En la vida social, y sobre todo política, YELIEL garantiza la fidelidad de los subordinados a los gobernantes legítimos, así como el respeto a la ley. Es incluso capaz de calmar las sediciones populares.

- SU PODER es **proteger contra las agresiones** y otorgar la victoria cuando somos atacados injustamente porque, cuando el Amor está presente, todo lo bueno surge y lo malo desaparece. Así, YELIEL permite vencer a los que nos atacan judicialmente y derrotar a nuestros enemigos si la causa es justa.

- SU ATRIBUTO es **recobrar las chispas de luz espiritual.**
Los ataques de los de abajo nos privan progresivamente de nuestras chispas de Luz y el aura se desvitaliza. YELIEL las restituye, recargándonos de energía y purificándonos. Por ello, ayuda a superar los problemas psíquicos y los estados de tristeza y decaimiento. Calma la ansiedad y otorga bienestar, paz interior y equilibrio.

LA INFLUENCIA DE YELIEL

DEL LADO OSCURO

Cuando YELIEL del lado oscuro esté activado triunfará el egoísmo. Los dominados por él sólo se querrán a sí mismos y su única motivación será la de servirse y en ningún caso la de servir a los demás, actitud que acarreará consecuencias dañinas porque la vida es un flujo que no debe interrumpirse. Además, YELIEL del lado oscuro fomentará la maldad, la tiranía e inclinará al vicio, a la perversión e incluso a la corrupción. Desunirá a las parejas, introducirá la perversidad en las relaciones familiares e incitará a ser malvado en particular con los niños y más aún con los animales. Provocará separaciones en todos los ámbitos de la vida, con divorcios y problemas para tener descendencia. Es el Ángel oscuro que se opone a la transmisión sagrada de la vida como contribución a la obra de la Creación, por lo que los dominados por él rechazarán tener hijos. Hay que tener en cuenta, sin embargo, que algunas almas muy elevadas han venido a este mundo dispensadas del deber de transmitir la vida.

Con YELIEL mal aspectado habrá falta de amor y ausencia de sabiduría, lo que llevará a elegir mal las compañías, dando conflictos permanentes y peleas. YELIEL oscuro causará problemas con la sexualidad. Aún si estas personas deseasen vivir en pareja, les será difícil encontrar un cónyuge.

DE LUZ

YELIEL de Luz domina sobre los reyes y los príncipes. Al brindar el don del discernimiento, sus hijos serán capaces de distinguir desde la infancia entre lo correcto y lo incorrecto y entenderán que están en la Tierra por una razón transcendente.

Además, estas personas vendrán al mundo con los dones de oratoria y persuasión como instrumentos de pacificación. Por ser adeptos del amor universal, incondicional y fraterno, serán muy benévolos. Se distinguirán por ser amantes de los animales y de la naturaleza, como manifestaciones del esplendor divino, y podrán llegar a fundar una gran familia.

el Ángel que me ha rescatado de todo mal, bendiga a estos muchachos, sean llamados con mi nombre y con el de mis padres Abraham e Isaac, y multiplíquense y crezcan en medio de la tierra.

Génesis 48, 16

SITAEL

TET - YOD – SAMEJ

Su nombre significa: **Dios esperanza de todas las criaturas**

Versículo del Ángel, *Salmo 91, 2*
Diré al Eterno, mi refugio y fortaleza, mi Dios en quien confío.

Vocalización del Nombre: *Seyat, según Cordovero y Sa/Yo/Te, según Abulafia*
Esencia: *Voluntad de Construir*
Poder: *Actúa contra la adversidad y la mala suerte*
Atributo: *Hacer milagros*

SUS REGENCIAS

Ángel del Cuerpo Físico: *Sol del 10° al 15° de Aries, aprox. del 31 de marzo al 4 de abril.*

Ángel del Cuerpo Astral o Emocional: *Sol en los siguientes grados,*

- *de 2° a 3° de Aries,*
- *de 14° a 15° de Géminis,*
- *de 26° a 27° de Leo,*
- *de 8° a 9° de Escorpio y*
- *de 20° a 21° de Capricornio.*

Ángel del Cuerpo Mental: *lapso entre +0:40h y +1:00h a partir de la salida del Sol.*

LAS BENDICIONES QUE OTORGA SITAEL

- LA ESENCIA QUE APORTA es **la voluntad de construir**.
SITAEL permite que fructifique todo lo que se emprende, desde proyectos profesionales hasta engendrar un hijo. A partir de una sana ambición profesional, ayuda a encontrar trabajo, propicia los ascensos a empleos importantes y a responsabilidades ejecutivas. Otorga reconocimiento social y político. Además, confiere el favor de los superiores, sean autoridades o jueces, ayuda a ser fiel a la palabra dada y a no rehuir compromisos.

- SU PODER es **actuar contra la adversidad y la mala suerte**.
Por ello se apela a él en caso de infortunio y para evitarlo. Socorre frente a cualquier peligro, ataques violentos, robos, y también ante calamidades o catástrofes. SITAEL presta ayuda en los momentos de amenaza y hace salir indemne como por milagro. Permite superar las desgracias, comunicando presencia de espíritu. Protege, incluso del ataque de las fuerzas del mal, y transmite el conocimiento necesario para someter a los enemigos más feroces, sean o no humanos.

- SU ATRIBUTO es **hacer milagros**, especialmente en momentos de adversidad. El gigantesco Atributo de SITAEL solo se libera si el orante posee un cierto nivel de evolución, aunque, según los místicos, si Dios es el centro de nuestra vida todos los milagros son posibles. SITAEL transmuta todo para bien y trae los cambios deseados, inspirando actos nobles y restableciendo la armonía.

- SITAEL permite **leer los registros akáshicos** que son la memoria o biblioteca universal, o aun el *"Internet cósmico"*, que permite acceder al conocimiento de todas las líneas de tiempo, pasadas, presentes y futuras. Por ello, desarrolla la consciencia y aligera el karma, sabiendo que este no es más que un instrumento para favorecer el aprendizaje espiritual.

LA INFLUENCIA DE SITAEL

DEL LADO OSCURO

Cuando SITAEL del lado oscuro esté activado provocará mala suerte, ingratitud, hipocresía, mentira, engaño, perjurio, ruina e incluso el colapso de la sociedad. SITAEL de las sombras rige las conspiraciones. Los dominados por él carecerán de nobleza y de palabra. Serán falsos e incapaces de construir algo duradero. Vivirán de apariencias, sin autenticidad. Bajo una influencia tan negativa, sus méritos no serán reconocidos y quedarán frustrados. Además, en caso de proceso, los jueces les serán desfavorables. Al contrario de los hijos de SITAEL de Luz, cuyos actos son nobles al estar guiados por su divinidad interior, en los dominados por el del lado oscuro, la falta de nobleza será patente, serán seres guiados exclusivamente por su materialidad. SITAEL oscuro domina los rituales eróticos y los que están bajo su imperio utilizarán la sexualidad para progresar social y profesionalmente. Tendrán numerosas aventuras, caerán en excesos y vivirán motivados por la avaricia como medio inconsciente de recuperar la energía que pierden con su lujuria. Por carecer de empatía, no ayudarán a nadie, pensando que solo ellos cuentan, de modo que tendrán dificultades para concebir tanto hijos como proyectos. Su estrategia vital será a menudo diabólica.

DE LUZ

Los hijos de SITAEL de Luz serán amantes de la verdad, con respeto a la palabra dada y amor por el servicio al prójimo. Su alma será elevada, lo que resultará evidente para los demás y ello les granjeará respeto. Harán gala de nobleza, magnanimidad, honestidad y también de clemencia, que es una virtud divina. Los hijos de SITAEL serán excelentes constructores, planificadores y estrategas. Poseerán una mente práctica y una marcada capacidad de concentración. Podrían ser legisladores o elegir las profesiones que tienen por misión construir en beneficio de la sociedad, como arquitecto o ingeniero.

El Ángel del Señor se le apareció en forma de llama de fuego, en medio de una zarza. Vio que la zarza estaba ardiendo, pero que la zarza no se consumía.

Éxodo 3, 2

4
ALAMIAH

MEM - LAMED – EIN

Su nombre significa: **Dios Oculto**

Versículo del Ángel*, Salmo 34,16*
Los ojos del Eterno están sobre los justos, y atentos sus oídos a su clamor.

Vocalización del Nombre: *Alam, según Cordovero y A/La/Me, según Abulafia*
Esencia: *Poder Divino para Crear*
Poder: *Neutraliza el mal y desenmascara a los traidores*
Atributo: *Eliminar pensamientos negativos*

SUS REGENCIAS

Ángel del Cuerpo Físico: *Sol del 15° al 20° de Aries, aprox. del 5 al 9 de abril.*

Ángel del Cuerpo Astral o Emocional: *Sol en los siguientes grados,*

- *de 3° a 4° de Aries,*
- *de 15° a 16° de Géminis,*
- *de 27° a 28° de Leo,*
- *de 9° a 10° de Escorpio y*
- *de 21° a 22° de Capricornio.*

Ángel del Cuerpo Mental: *lapso entre +1:00h y +1:20h a partir de la salida del Sol.*

LAS BENDICIONES QUE OTORGA ALAMIAH

- LA ESENCIA QUE APORTA es **el poder Divino para crear**.
ALAMIAH lleva a tomar buenas decisiones y confiere creatividad haciendo que la divinidad interna se exprese para participar en la elaboración de nuestro destino. Gracias a ALAMIAH se pueden rectificar los errores cometidos en el camino de la evolución antes de que lleguen a crear un mal karma.

- SU PODER es **neutralizar el mal y desenmascarar a los traidores**, ayudando a descubrir tramas, a evitar contratiempos y a averiguar de dónde viene el mal.

- SU ATRIBUTO es **eliminar pensamientos negativos** que tan adverso efecto tienen sobre el aura y el nivel vibratorio.
Sabemos que nuestros pensamientos son el resultado de la pugna interior entre la oscuridad y la Luz y, desafortunadamente, la negatividad suele dominar, lo que trae mala suerte. ALAMIAH ayuda a pensar en positivo y atrae la buena suerte. Además, el Ángel permite ver cada crisis como una oportunidad.

- ALAMIAH **calma los tormentos de la mente** y brinda paz a las personas desesperadas y angustiadas. Ayuda a liberarse de problemas psicológicos y dudas espirituales, eliminando la inseguridad y la confusión. Encomendarse a ALAMIAH es más eficaz que tomar un calmante contra la ansiedad y el sufrimiento mental. ALAMIAH es además un guerrero de Luz por lo que concede una voluntad espiritual inquebrantable. Despeja nuestro camino, evita obstáculos y lleva al éxito.

- ALAMIAH rige **sobre los viajes y es el gran protector en toda expedición**, particularmente marítima, preservando de accidentes. Tiene a todas las búsquedas bajo su manto, intelectuales o espirituales, que son en el fondo un viaje, pero de otra índole.

LA INFLUENCIA DE ALAMIAH

DEL LADO OSCURO

Cuando ALAMIAH del lado oscuro esté activado triunfará la mala educación que hará que lo que se emprenda vaya mal y que lo que sobrevenga conlleve algún peligro.

Este Ángel oscuro es el responsable de descubrimientos peligrosos para la humanidad y el planeta como, por ejemplo, las bombas.

ALAMIAH de las sombras hará que los dominados por él sean explosivos en sus relaciones y en sus proyectos, por lo que serán capaces de destruirlo todo, sean negocios, amores, amistades e incluso ideas.

Cuando la energía de ALAMIAH de Luz se haya malogrado, el Ángel oscuro destruirá.

Con ALAMIAH de abajo el poder divino se transformará en poder diabólico y se manifestarán comportamientos egoístas, pesimistas, convulsos, inclinando a la traición, a la avidez y al abuso de poder.

DE LUZ

Los hijos de ALAMIAH de Luz recibirán inspiración divina y carisma para identificar los dones con los que han venido a este mundo, lo que les ayudará a cumplir su misión.

ALAMIAH dará la capacidad de trabajar en varios proyectos al mismo tiempo.

Además, este Ángel consolará a los afligidos, aportando serenidad y esperanza.

Los hijos de ALAMIAH de Luz podrán hacer descubrimientos útiles porque, tanto intelectual como profesionalmente, estarán siempre en vanguardia y serán muy innovadores. Serán además muy trabajadores, tendrán suerte en sus empresas, pasión por construir y por los viajes, sobre todo por mar. Su afición por los viajes abarcará las expediciones internas como los análisis psicológicos o el aprendizaje del esoterismo.

He aquí que yo voy a enviar un Ángel delante de ti, para que te guarde en el camino y te conduzca al lugar que te tengo preparado.
Éxodo 23, 20

5

MAHASHIAH

SHIN – HEI – MEM

Su nombre significa: **Dios Salvador**

Versículo del Ángel, *Salmo 80, 20*

¡Oh Señor, Dios de los Ejércitos, haznos volver, haz resplandecer Tu rostro y seremos salvos!

Vocalización del Nombre: *Mehash según Cordovero y Me/He/Shi, según Abulafia*

Esencia: *Vitriol, la capacidad de rectificar*

Poder: *Permite vivir en paz con su entorno*

Atributo: *Curación*

SUS REGENCIAS

Ángel del Cuerpo Físico: *Sol del 20° a 25° de Aries, aprox. del 10 al 15 de abril.*

Ángel del Cuerpo Astral o Emocional: *Sol en los siguientes grados,*

- *de 4° a 5° de Aries,*
- *de 16° a 17° de Géminis,*
- *de 28° a 29° de Leo,*
- *de 10° a 11° de Escorpio y*
- *de 22° a 23° de Capricornio.*

Ángel del Cuerpo Mental: *lapso entre +1:20h y +1:40h a partir de la salida del Sol.*

LAS BENDICIONES QUE OTORGA MAHASHIAH

- LA ESENCIA QUE APORTA es **la capacidad de rectificar** lo que va mal antes de que se materialice, restableciendo el orden divino. Actúa como la tecla de borrar en el ordenador. Es el **Vitriol** en la alquimia.
Con MAHASHIAH, **desear es poseer**, especialmente en temas espirituales, y lo transforma todo para bien de la noche a la mañana. Aumenta la resistencia espiritual y refuerza el aura, protegiendo del contagio con larvas espirituales.

- SU PODER es **vivir en paz con el entorno**. Confiere serenidad y equilibrio, libera de los sufrimientos y ayuda a mantener la cabeza fría en el momento de la prueba. Procura buenas relaciones con los demás y permite superar cada bache.

- SU ATRIBUTO es **la curación** de todo lo que no va bien, sea una enfermedad, el estado de escasez o cualquier otra dificultad. Todo lo arregla y enmienda porque contiene la energía de sanación al nivel más profundo. Devuelve la salud incluso a los desahuciados, trayéndoles consuelo, paz y armonía.
MAHASHIAH produce una sanación completa conectándonos con la divinidad interior, sabiendo que, para activar el poder de sanar, es conveniente curar a otros porque la energía que nos recorre nos cura primero.
MAHASHIAH **lleva a alcanzar una mayor belleza física y de carácter**. Elimina los malos hábitos y vicios, que son fuente de sufrimiento.
Posee la capacidad del **Ave Fénix**, que es renacer de sus cenizas.

- MAHASHIAH permite **aprender con facilidad**, por lo que es indicado encomendarse a él para pasar exámenes y oposiciones. Ayuda a hablar un nuevo idioma en poco tiempo, a aprender música, medicina, a curar por intuición e incluso a interpretar los signos que trae la vida.

LA INFLUENCIA DE MAHASHIAH

DEL LADO OSCURO

Cuando MAHASHIAH del lado oscuro esté activado triunfarán la ignorancia, el libertinaje, el vicio y el descuido corporal que son producto de la ignorancia espiritual y degradan los cuerpos físico, emocional y espiritual. Este Ángel oscuro rebajará a la persona, fomentará la bulimia, el alcoholismo y los trastornos psicológicos. Los dominados por él rechazarán la trascendencia e incluso abordar cualquier tema espiritual, aunque, por tener una profunda necesidad de ser aceptados socialmente, podrán llegar a enrolarse en prácticas religiosas dogmáticas vacías de espiritualidad. Serán también los que abusen del prójimo practicando profesionalmente la magia negra o la adivinación. Tenderán al autoritarismo, convencidos de su superioridad y podrían llegar a ser malvados y dañinos. Este Ángel inclinará a equivocarse en todo tipo de elecciones y a padecer una salud precaria. Dará dificultad para rectificar, reconocer los errores cometidos o perdonar. Al abundar en ellos las actitudes de resentimiento, prejuicio o arrogancia, tenderán a buscar venganza.

DE LUZ

La pasión de los hijos de MAHASHIAH de Luz será aprender, por lo que sus placeres serán rectos y fundamentalmente intelectuales. Nacerán con la capacidad de sentir la influencia divina y complacerse con ella. Estarán en contacto con la trascendencia y las altas ciencias. Serán personas generosas, con sentido de la justicia, equilibrio y sabiduría, y estarán comprometidas con el crecimiento espiritual. Su tendencia natural será vivir en paz con todos y valorarán enormemente la armonía.

MAHASHIAH da facilidad de aprendizaje por lo que sus hijos podrán hablar idiomas con rapidez e incluso poseer el don de lenguas, además de conservar recuerdos de otras rencarnaciones.

En fin, tendrán la rara habilidad de renacer de sus cenizas, como el **Ave Fénix** y en su vida atravesarán por varias de estas transformaciones tanto materiales como mentales.

Clamamos entonces al Eterno, y escuchó nuestra voz: envió un Ángel, y nos sacó de Egipto. Ahora estamos en Cadés, ciudad fronteriza de tu territorio.

Números 20, 16

6
LELAHEL

HEI – LAMED – LAMED

Su nombre significa: **Dios Loable**

Versículo del Ángel*, Salmo 86, 3*

Ten misericordia de mí, oh, Señor, porque a Ti clamo todo el día

Vocalización del Nombre: *Lelah, según Cordovero y La/La/He, según Abulafia*

Esencia: *Luz, Entendimiento, Consciencia*

Poder: *Permite aumentar los conocimientos y tratar los males*

Atributo: *El Estado de Ensueño*

SUS REGENCIAS

Ángel del Cuerpo Físico: *Sol del 25° a 30° de Aries, aprox. del 15 al 20 de abril.*

Ángel del Cuerpo Astral o Emocional: *Sol en los siguientes grados,*

- *de 5° a 6° de Aries,*
- *de 17° a 18° de Géminis,*
- *de 29° a 30° de Leo,*
- *de 11° a 12° de Escorpio y*
- *de 23° a 24° de Capricornio.*

Ángel del Cuerpo Mental: *lapso entre +1:40h y +2:00h a partir de la salida del Sol.*

LAS BENDICIONES QUE OTORGA LELAHEL

- LELAHEL es **el Ángel del amor, de la celebridad y del renombre.** Y para que LELAHEL otorgue renombre, debemos acumular Luz. Concede talento, don de oratoria, así como fama y fortuna por ellos. Atrae riquezas materiales y procura además el amor o el favor de personas adineradas. Protege contra la tentación de enriquecerse por medios ilícitos, contra la ambición excesiva y la codicia.

- LELAHEL es muy protector y a él se apela para obtener **la gracia de Dios** y la merced del reino de los Ángeles. Conduce a los mundos superiores y protege de las personas mal intencionadas. Además, contribuye a aumentar la belleza por medios naturales o artificiales.

- LA ESENCIA QUE APORTA es **Luz, entendimiento, consciencia**. Al acumular Luz, todo lo bueno sigue, aumentando la consciencia que guarda todo lo aprendido a lo largo de nuestras encarnaciones. De modo que, LELAHEL incrementa la capacidad espiritual y da iluminación profética, visión penetrante y comprensión de las cosas. Los artistas obtienen de este Ángel una profunda y bella inspiración.

- SU PODER es **aumentar los conocimientos y tratar los males.** LELAHEL cura las enfermedades y corta el mal de raíz al canalizar la Luz. La Luz permite aprender rápidamente y da facilidad de expresión, aunque, las personas que viven en la oscuridad deberán aprender con esfuerzo. La Luz interior procura el afecto de las gentes de bien, sin embargo, repele a los dominados por la oscuridad hasta el punto de despertar en ellos odio y deseo de destruir a los que la poseen.

- SU ATRIBUTO es **el estado de ensueño** por ser uno de los Ángeles de los sueños y de las visiones inspiradas. Protege mientras estamos dormidos y nos revela profundas verdades. Además, aporta renovación física y espiritual.

LA INFLUENCIA DE LELAHEL

DEL LADO OSCURO

Cuando LEHALEL del lado oscuro esté activado suscitará una ambición descomunal e inclinará a emplear medios ilícitos para obtener lo que se desea. Es pues el Ángel de la ambición desbocada, atizada por los de abajo. Esta faceta del Ángel atraerá la oscuridad y a las fuerzas oscuras.

Este Ángel de las sombras está muy presente en nuestra sociedad y la influye decisivamente porque en ella se valora enormemente la ambición desmedida como prueba de valía y de talento.

LEHALEL de las sombras rige el fraude, el plagio, la extorsión. Si los dominados por él acumulan riqueza será ilegalmente o mediante dinero sucio. Serán materialistas, vivirán por encima de sus recursos y podrían arriesgarlo todo en negocios ilusorios o temerarios.

Los dominados por él podrían tener una personalidad múltiple, sin criterio personal, siendo proclives a los errores. Provocarán situaciones inestables, por ser peligrosos y carecer de equilibrio.

DE LUZ

Puesto que LELAHEL de Luz rige el amor, el renombre, las ciencias, las artes y la fortuna, sus hijos tendrán facilidad para las ciencias y las artes, y a través de ellas accederán a la abundancia y serán admirados por su labor.

Además, y esto es muy importante, los hijos de LELAHEL tendrán la capacidad de vencer el Mal gracias a su fuerte vinculación con la Luz.

Recordemos siempre que los cabalistas afirman que la fortuna y el Bien acompañan a aquellos que poseen la Luz.

Se dice de los hijos de LELAHEL que sienten la presencia de los Ángeles y que a menudo organizan su actividad profesional en torno a temas transcendentes.

Dijo entonces Balaam al Ángel del Eterno: "He pecado, pues no sabía que tú te habías puesto en mi camino. Pero ahora mismo, si esto te parece mal, me vuelvo."

Números 22, 34

7

AJAIAH

ALEF – KAF – ALEF

Su nombre significa: **Dios bueno y paciente**

Versículo del Ángel, Salmo 3, 6

Yo me acosté y dormí, desperté porque el Eterno me sostiene.

Vocalización del Nombre: *Aka, según Cordovero y A/Ja/A según Abulafia*
Esencia: *Paciencia, Dotes de Observación*
Poder: *Permite desvelar los misterios de la naturaleza*
Atributo: *El código del alma, su ADN*

SUS REGENCIAS

Ángel del Cuerpo Físico: *Sol del 0° a 5° de Tauro, aprox. del 21 al 25 de abril.*

Ángel del Cuerpo Astral o Emocional: *Sol en los siguientes grados,*

- *de 6° a 7° de Aries,*
- *de 18° a 19° de Géminis,*
- *de 0° a 1° de Virgo,*
- *de 12° a 13° de Escorpio y*
- *de 24° a 25° de Capricornio.*

Ángel del Cuerpo Mental: *lapso entre +2:00h y +2:20h a partir de la salida del Sol.*

LAS BENDICIONES QUE OTORGA AJAIAH

- LA ESENCIA QUE APORTA es **la paciencia acompañada de dotes de observación**, por lo que protege todas las actividades vinculadas con la investigación. Permite atravesar momentos difíciles y ayuda a combatir la pereza, la negligencia y la despreocupación.

- SU PODER es **desvelar los misterios de la naturaleza.**
Da la facultad de introspección y de discernimiento para descubrir lo secreto y las leyes ocultas del universo. Por su profunda visión de la realidad, ayuda a encontrar soluciones originales.

- SU ATRIBUTO es **el código base del alma** que representa el retorno a la perfección original. Para volver al origen, los cabalistas utilizan las 22 letras hebreas que, además de entes espirituales, son códigos. Gracias a los Nombres con sus Ángeles, regresamos al orden divino y todo se arregla reinicializando el código del alma. Se recurre pues a AJAIAH para que devuelva el sentido a la vida cuando estamos confusos o hemos perdido la fe y el Ángel efectúa la necesaria restauración desvelándonos nuestra misión última. Además, ayuda a que la verdad se convierta en nuestra ética personal.

- AJAIAH impulsa a **compartir el saber y aporta visión de futuro.**
Ayuda a aprobar exámenes, a resolver problemas y a progresar en el trabajo. Facilita el aprendizaje de todo lo abstracto y da éxito en profesiones relacionadas con la informática, la televisión, la radio, la prensa y las publicaciones.
AJAIAH es el Ángel de los medios de comunicación, de la información y de Internet. Da acceso a los registros akáshicos para solventar dificultades tanto individuales como colectivas.

LA INFLUENCIA DE AJAIAH

DEL LADO OSCURO

AJAIAH de Luz rige la paciencia y el de las sombras despierta la pereza, la negligencia, la dejadez, la impaciencia, la resignación y el inmovilismo. AJAIAH de abajo es enemigo del conocimiento. Cuando esté activado provocará cerrazón, oscurantismo y desgana para aprender o estudiar. Educarse será un calvario y se fracasará en el intento, provocando angustia ante el futuro y ante todo nuevo reto. La persona dominada por él desactivará su mente. Es un Ángel temible porque utiliza la pereza para neutralizar intelectualmente a la persona, la estanca e impedirá que sepa hacer frente a las dificultades, haciendo que se paralice fácilmente ante la adversidad. Los dominados por él se autoexcluirán de puestos de autoridad a causa de su actitud vital. A menudo, se aislarán volviéndose adictos a los mundos virtuales, alienándose mediante Internet, la televisión o la música, cerrándose al mundo exterior, lo que obstaculizará el flujo de energía, atraerá la oscuridad y atará al pasado.

DE LUZ

Los hijos de AJAIAH de Luz amarán instruirse y aprender, sobre todo en materias prácticas. Poseerán numerosos talentos, incluso para realizar los trabajos más difíciles, siendo capaces de innovar y de penetrar todos los aspectos de una cuestión con visión panorámica y profunda. Ello les conducirá a descubrir técnicas y nuevos procedimientos que serán muy útiles para la sociedad. Serán personas realistas provistas de un espíritu luminoso, lo que les permitirá avanzar en su vida profesional, sabiendo que la Luz conduce al éxito en todos los ámbitos.

Vendrán al mundo provistos de una aguda intuición. Serán tenaces, pacientes y comprensivos. AJAIAH producirá e inspirará a los profesionales de los medios de comunicación, la informática, la edición, la imprenta y las publicaciones.

El Ángel del Eterno subió de Guilgal a Betel y dijo: "Yo os hice subir de Egipto y os introduje en la tierra que había prometido con juramento a vuestros padres. Yo dije: No romperé jamás mi alianza con vosotros".

Jueces 2, 1

8

KAHETHEL

TAV – HEI – KAF

Su nombre significa: **Dios Adorable**

***Versículo del Ángel**, Salmo 119, 75*
Yo sabía, Señor, que tus juicios son justos, y acepté con fe cuando me afligiste.

Vocalización del Nombre: *Kehath, según Cordovero y Ka/He/Tza según Abulafia*
Esencia: *Bendición de Dios*
Poder: *Favorece la elevación hacia Dios y ayuda al crecimiento de las siembras*
Atributo: *Desactivar la energía negativa y el estrés*

SUS REGENCIAS

Ángel del Cuerpo Físico: *Sol del 5° a 10° de Tauro, aprox. del 25 al 30 de abril.*

Ángel del Cuerpo Astral o Emocional: *Sol en los siguientes grados,*

- *de 7° a 8° de Aries,*
- *de 19° a 20° de Géminis,*
- *de 1° a 2° de Virgo,*
- *de 13° a 14° de Escorpio y*
- *de 25° a 26° de Capricornio.*

Ángel del Cuerpo Mental: *lapso entre +2:20h y +2:40h a partir de la salida del Sol.*

LAS BENDICIONES QUE OTORGA KAHETHEL

- LA ESENCIA QUE APORTA es **la bendición de Dios** que expresa Su Voluntad, expulsa a los malos espíritus, atrae buena suerte, tiene un efecto multiplicador y hace que todo vaya bien. A KAHETHEL se acude para recibir la bendición del Eterno que otorga la victoria tanto individual como colectivamente.

- SU PODER es **favorecer la elevación hacia Dios y ayudar al crecimiento de las siembras.** KAHETHEL conecta con la divinidad interna, lleva a sentir la presencia de Dios, haciéndonos comprender que somos Sus instrumentos. Refuerza la gratitud al Eterno, lo que hace que todo cambie para mejor y evita calamidades y desgracias. Domina las producciones agrícolas, da abundantes cosechas y éxito en profesiones vinculadas con la agricultura. También ayuda, tanto a concebir, como a dar a luz.

- SU ATRIBUTO es **desactivar la energía negativa y el estrés.**
Neutraliza además la ansiedad, la tristeza, el miedo y la incertidumbre, limpiando el aura. El estrés es muy negativo y, además de ser consecuencia de la carga de trabajo o de las preocupaciones, lo es de fuerzas oscuras que nos rodean, que se han adherido al aura para perjudicarnos. La Luz de KAHETHEL libera, rodeándonos de energía positiva. Es un formidable protector contra los espíritus malignos y anula decretos formulados en la tierra y en el cielo. Neutraliza los sortilegios, sobre todo, los destinados a provocar esterilidad en personas y en la naturaleza.
Tanto KAHETHEL como NELJAEL, el Ángel número 21, expulsan a los malos espíritus y les alejan para que nuestro espacio interior se llene de Ángeles de Luz que nos regenerarán a todos los niveles. Por el penoso estado del mundo en el que vivimos, conviene orar a menudo a estos dos poderosos Ángeles.

- KAHETHEL **brinda éxito profesional y progreso**. Da una importante capacidad de trabajo, larga vida activa y riqueza material.

LA INFLUENCIA DE KAHETHEL

DEL LADO OSCURO

Cuando KAHETHEL del lado oscuro esté activado prosperará todo lo contrario a lo divino y fomentará lo perjudicial para la agricultura. Si la persona dominada por KAHETHEL de abajo se dedicase a la agricultura carecerá de respeto por la naturaleza, por lo que producirá a destajo, explotando la tierra y contaminándola. Su influencia será nociva para la colectividad, teniendo únicamente el lucro como propósito, lo que incluirá, por ejemplo, producir plantas alucinógenas o defraudar vendiendo tierras estériles. KAHETHEL de las sombras infringirá la ley, corromperá y aplastará a otros. A escala planetaria provocará lluvias torrenciales, inundaciones, aguas contaminadas, desordenes del clima, desastres naturales e incendios.

KAHETHEL oscuro inclina a blasfemar contra Dios y a transgredir el orden universal, con lo que estimulará el orgullo, el ateísmo y la corrupción. Este Ángel provoca un excesivo egocentrismo. Los dominados por él estarán endiosados y se dejarán llevar por una lógica luciferina. Esta actitud es peligrosísima porque la soberbia siempre se paga.

Los cabalistas afirman que KAHETHEL de abajo podría inclinar a la homosexualidad que ellos estiman contraria a las leyes universales. No hay juicio moral en este aspecto, sino una evaluación energética, ya que, para alcanzar la unidad, la Cábala considera necesario el intercambio entre las polaridades femenina y masculina, positiva y negativa.

DE LUZ

KAHETHEL de Luz es el Ángel encargado de producir los alimentos necesarios para el sustento de la humanidad. Sus hijos amarán el trabajo, la agricultura, la naturaleza, el campo y serán muy activos. Respetarán el orden en general y procurarán formar una familia sólida, sana y virtuosa. Serán muy protectores del bienestar de los que les rodean y vivirán con armonía y equilibrio.

Baraq le respondió: "Si vienes tú conmigo, voy. Pero si no vienes conmigo, no voy, porque no sé en qué día me dará la victoria el Ángel del Eterno."

Jueces 4, 8

9

HAZIEL

YOD - ZEIN – HEI

Su nombre significa: **Dios de Misericordia**

Versículo del Ángel, *Salmo 88, 15*

¿Por qué, oh Señor, desechas mi alma? ¿Por qué escondes de mí tu rostro?

Vocalización del Nombre: *Hazai, según Cordovero y He/Za/Ye, según Abulafia*
Esencia: *Misericordia de Dios*
Poder: *Favorece la ayuda de los superiores y el cumplimiento de las promesas*
Atributo: *Influencias angelicales*

SUS REGENCIAS

Ángel del Cuerpo Físico: *Sol del 10° al 15° de Tauro, aprox. del 1 al 5 de mayo.*

Ángel del Cuerpo Astral o Emocional: *Sol en los siguientes grados,*

- *de 8° a 9° de Aries,*
- *de 20° a 21° de Géminis,*
- *de 2° a 3° de Virgo,*
- *de 14° a 15° de Escorpio y*
- *de 26° a 27° de Capricornio.*

Ángel del Cuerpo Mental: *lapso entre +2:40h y +3:00h a partir de la salida del Sol.*

LAS BENDICIONES QUE OTORGA HAZIEL

- LA ESENCIA QUE APORTA es **la misericordia de Dios** que transforma la negatividad en pura Luz. HAZIEL conecta con los Ángeles buenos y erradica a los oscuros, repele los ataques de los de abajo y anula el autosabotaje, eliminando los obstáculos a la buena suerte. Por ello, conviene encomendarse a él cada día.
HAZIEL nos prepara a cumplir el destino último de convertirnos en un Ángel al final de nuestro camino evolutivo.

- SU PODER es **atraer el favor de gente importante y de los superiores.**
Conviene encomendarse a HAZIEL al solicitar una promoción o los favores de los grandes, también para que se cumplan o cumplir las promesas porque estas nos vinculan espiritualmente, sean materiales o espirituales, como es el caso de los votos religiosos, y si se rompen, se traiciona a Dios. No existe peor pecado.

- SU ATRIBUTO es **influir a los Ángeles.** HAZIEL nos rodea de Ángeles buenos y aparta a los malos y esto es importantísimo porque el universo está repleto de Ángeles que atraemos constantemente y en función de los que atraemos, nos ocurren cosas buenas o malas. Una racha de mala suerte debería incitarnos a acudir a HAZIEL para quedar libres de la influencia de los caídos y beneficiarnos de la fuerza de los Ángeles de Luz.

- HAZIEL es el Ángel de **la buena fe y de la bondad que absuelve** y también del perdón que purifica. Perdona nuestras culpas, repara el karma y lleva a superar las experiencias dolorosas. Conduce a la reconciliación, cura las ofensas, inclina a la benevolencia y protege contra el odio y el engaño. Por ello, HAZIEL nos ayudará si necesitamos reconciliarnos con alguien.
En asuntos materiales, HAZIEL permite descubrir tesoros escondidos. En épocas de mucho trabajo, alivia y permite comprender la finalidad de la experiencia.

LA INFLUENCIA DE HAZIEL

DEL LADO OSCURO

Inevitablemente, el reflejo de un Ángel muy poderoso es un Ángel terrorífico, por lo que HAZIEL del lado oscuro es espantoso, en justa correspondencia con lo maravilloso que es el de Luz. Es el Ángel del odio y provocará resentimiento, maldad, hostilidad y en casos extremos, guerra. El amor y la benevolencia serán aniquilados por el odio destructor. Cuando esté activado triunfará lo contrario a la buena fe y a la sinceridad, imponiendo la hipocresía y la mentira. Producirá enemigos irreconciliables y hará del engaño su modo de vida. Los dominados por él vivirán con rabia, arrogancia, embustes y por ello, serán rechazados por su conducta. Manipularán para obtener lo que ambicionan, especialmente el favor de los poderosos. Serán desgraciados en amor o padecerán por su falta y este será remplazado por afectos llenos de pasión, rabia, rencor, celos, rupturas y odio sin reconciliación posible. Si tiene a HAZIEL mal aspectado en su carta natal, exprese amor para neutralizarlo, sabiendo que el remedio contra un Ángel oscuro es siempre potenciar la fuerza de su opuesto.

DE LUZ

Por ser HAZIEL de Luz el coordinador de los Ángeles buenos, sus hijos serán benevolentes, puros y de buena fe. Creerán en la bondad intrínseca del ser humano y en su sinceridad, con independencia de las faltas pasadas. Serán altruistas, desinteresados y serios, respetando la palabra dada. En su evolución espiritual estarán protegidos por su elevada consciencia y por ello, obtendrán a menudo buenos resultados en cualquier situación. A imagen de HAZIEL, sus hijos serán extraordinarios mediadores por su talante conciliador. Poseerán nobleza de espíritu y, profesionalmente, podrán ser políticos, abogados, jueces o escritores. Los devotos de HAZIEL vehicularán una energía muy positiva para la sociedad y contarán con el favor de la justicia durante los juicios, sentencias o cumplimiento de penas. Mediante la benevolencia y el perdón, HAZIEL transforma a la persona y transmuta el karma.

cuando el Ángel del Señor se le apareció y le dijo: "El Eterno contigo, valiente guerrero."

Jueces 6, 12

10
ALADIAH

DALET – LAMED – ALEF

Su nombre significa: **Dios Propicio**

Versículo del Ángel, *Salmo 88, 2*
Oh, Señor, Dios de mi salvación, de día clamé y en la noche delante de Ti

Vocalización del Nombre: *Alad, según Cordovero y A/La/Da, según Abulafia*
Esencia: *Gracia Divina*
Poder: *Protege contra la justicia de los humanos*
Atributo: *Las miradas pueden matar. Protección contra el mal de ojo*

SUS REGENCIAS

Ángel del Cuerpo Físico: *Sol del 15° a 20° de Tauro, aprox. del 6 al 11 de mayo.*

Ángel del Cuerpo Astral o Emocional: *Sol en los siguientes grados,*

- *de 9° a 10° de Aries,*
- *de 21° a 22° de Géminis,*
- *de 3° a 4° de Virgo,*
- *de 15° a 16° de Escorpio y*
- *de 27° a 28° de Capricornio.*

Ángel del Cuerpo Mental: *lapso entre +3:00h y +3:20h a partir de la salida del Sol.*

LAS BENDICIONES QUE OTORGA ALADIAH

- ALADIAH es **un arma de guerra poderosa e invencible.**
Otorga numerosos dones, abundancia espiritual y material, provechosas relaciones sociales y da acceso al poder. Además, ayuda a saldar cuentas con los enemigos.
ALADIAH posee la capacidad de regeneración, por lo que es un excelente sanador. Mantiene una salud floreciente. Renueva física y moralmente al restablecer la circulación de la Luz. Alivia durante la enfermedad y lleva hacia los médicos competentes, protegiéndonos de la negligencia en temas de salud.

- LA ESENCIA QUE APORTA es **la Gracia Divina** que absuelve y perdona todas las faltas. Elimina el karma porque la Gracia de Dios no precisa para aplicarse de arrepentimiento ni cambio de actitud y lo borra todo instantáneamente. Además, limpia totalmente a la persona de lo que los ocultistas llaman "peste", esto es, de la influencia de los de abajo.

- SU PODER es **proteger contra la justicia** (o la injusticia) **de los humanos.** Es este un enorme poder en el mundo luciferino y prevaricador en el que vivimos.
ALADIAH favorece la reinserción en la sociedad después de haber cumplido condena, brindando una segunda oportunidad.
Este Ángel parte de la inocencia primordial de cada uno de nosotros, por lo que protege a aquellos que esconden crímenes o secretos.

- SU ATRIBUTO es **la protección contra el mal de ojo y la envidia.**
Los cabalistas afirman que las miradas envidiosas son fuerzas muy destructoras que debilitan nuestras defensas espirituales, tanto que pueden llegar a matar. ALADIAH levanta un blindaje de energía positiva que impide la penetración del mal de ojo y la envidia con lo que se erige en poderoso escudo contra el Mal y las energías negativas. Además, aparta de las situaciones dramáticas y allana el camino de vida.

LA INFLUENCIA DE ALADIAH

DEL LADO OSCURO

Cuando ALADIAH de las sombras esté activado llevará a actitudes y comportamientos que provocarán conflictos y causarán problemas. En ausencia de la Gracia Divina, aparecen la negligencia, el desinterés y la dejadez en formas tales como la bulimia, el alcoholismo, los excesos sexuales y la lujuria e incluso el derroche o despilfarro. A los dominados por él les saldrán mal las cosas y tendrán que luchar en permanencia contra un destino desfavorable. Sentirán una indiferencia enfermiza hacia casi todo, lo que podría conducir al delito o al crimen. Pasarán al acto con facilidad y romperán sus promesas.

Es el Ángel de los errores a repetición, lo que siempre encierra una connotación diabólica, en línea con la cita atribuida a Seneca: *Errare humanum est, perseverare, diabolicum*. Su influencia inclinará a comprometerse con formas de espiritualidad peligrosas y a seguir a falsos gurúes que son encarnaciones luciferinas de la mentira y del culto a la personalidad. Los remedios contra ALADIAH de abajo son el perdón y la generosidad, cualidades que demuestran superioridad espiritual y que deberían concederse con independencia de los méritos o deméritos de los destinatarios por ser las virtudes que activan la Gracia Divina, restablecen la salud y la buena marcha de los asuntos.

DE LUZ

Los hijos de ALADIAH de Luz serán bondadosos, agradables y gozarán de salud, armonía y fortuna. Al ser personas muy positivas, serán capaces de reinventarse y empezar de nuevo cuando sea necesario. ALADIAH es uno de los Ángeles instructores en alquimia y Cábala. Sus hijos dominarán el uso de las plantas medicinales y se orientarán profesionalmente hacia la medicina en todas sus variantes, pero también hacia la administración hospitalaria y la asistencia social. ALADIAH ayudará a entender tanto la anatomía humana cómo las causas ocultas de las enfermedades.

Entonces Gedeón se dio cuenta de que era el Ángel de Dios y dijo: "¡Ay de mí, Señor! ¡Pues he visto al Ángel del Eterno cara a cara!"

Jueces 6, 22

11
LAUVIAH

VAV – ALEF – LAMED

Su nombre significa: **Dios loado y exaltado**

Versículo del Ángel, *Salmo 27, 13*
Si no hubiese creído que veré la bondad del Eterno en la tierra de los vivos.

Vocalización del Nombre: *Lav, según Cordovero y La/A/Wa según Abulafia*
Esencia: *Victoria*
Poder: *Protege contra las tempestades y el rayo y otorga la victoria*
Atributo: *Disipar los vestigios del Mal*

SUS REGENCIAS

Ángel del Cuerpo Físico: *Sol del 20° al 25° de Tauro, aprox. del 12 al 16 de mayo.*

Ángel del Cuerpo Astral o Emocional: *Sol en los siguientes grados,*

- *de 10° a 11° de Aries,*
- *de 22° a 23° de Géminis,*
- *de 4° a 5° de Virgo,*
- *de 16° a 17° de Escorpio y*
- *de 28° a 29° de Capricornio.*

Ángel del Cuerpo Mental: *lapso entre +3:20h y +3:40h a partir de la salida del Sol.*

LAS BENDICIONES QUE OTORGA LAUVIAH

- LA ESENCIA QUE APORTA es **la Victoria en los combates de la vida.**

Los cabalistas denominan a LAUVIAH *"el abogado de los Ángeles"* porque asesora, representa y conduce a la victoria, preservando de fraudes y estafas materiales o morales. Sin embargo, LAUVIAH interviene solo si el orante tiene una meta y desea el triunfo. Conviene encomendarse a él para lograr el éxito ante cualquier reto, aunque, si no se ambiciona la victoria, la esencia del Ángel se malogrará. LAUVIAH indica que desear la Victoria es legítimo y conforme a la Voluntad Divina, por lo que conviene integrar ese objetivo en nuestras vidas.

LAUVIAH lleva además al renombre, a la fama, al éxito y a la obtención de cargos mediante el talento. Favorece a los que se dedican a la política y permite influir sobre las altas personalidades y obtener sus favores. Por la grandeza de alma, que es la impronta de este Ángel, comunica el don de liderazgo y la autoridad natural. Ayuda a vencer el orgullo y la ambición desmesurada haciendo entender que el poder espiritual proviene de la entrega total a la Voluntad Divina. Es un Ángel muy protector.

- SU PODER refuerza su Esencia puesto que consiste en **proteger contra los desastres personales y naturales y otorgar la Victoria.**

Da los medios para vencer a los enemigos y calmar las tormentas de la vida. Además, protege del rayo.

- SU ATRIBUTO es **disipar los vestigios del Mal** y neutralizar su fuerza.

Cuando las cosas van mal es casi siempre debido a la negatividad que nos rodea. LAUVIAH tiene la capacidad de purificar los lugares y espacios donde quedan vestigios de maldad, perversidad, odio, atrocidades y oscuridad espiritual, expulsando las fuerzas negativas incrustadas, porque la Luz de este Ángel desintegra la energía negativa. Por ello, apelar a LAUVIAH es sumamente útil cuando nos instalamos en un nuevo domicilio y constatamos que allí suceden fenómenos extraños.

LA INFLUENCIA DE LAUVIAH

DEL LADO OSCURO

Cuando LAUVIAH del lado oscuro esté activado se despertarán la ambición desmedida, el orgullo, los celos y las calumnias, lo que impedirá la victoria justa. Los dominados por él serán altamente materialistas y malgastarán la energía de la sociedad, que es el dinero, en banalidades. Su ambición se reducirá a pura avidez de poder, utilizando toda clase de estratagemas para alcanzar el éxito. No respetarán la victoria ajena y podrán recurrir a la calumnia para eliminar a sus competidores. Si llegasen a alcanzar el éxito, será efímero. Para ellos las amistades serán solo utilitarias. Padecerán de una clara hipertrofia de la autoestima, llegando al narcisismo.

En fin, LAUVIAH oscuro inclinará a la perversidad, a la dependencia y a los arrebatos emocionales. Los dominados por él tendrán dificultades para confiar en los demás.

DE LUZ

Los hijos de LAUVIAH de Luz serán portadores de victoria y darán suerte a los que les rodeen, pudiendo convertirse en mecenas o benefactores de la humanidad. Alcanzarán la estabilidad financiera, éxitos materiales y podrán incluso acceder a la celebridad. Serán fuertes, fiables y determinados. En su recorrido vital deberán hacer frente a varios desafíos y librarán batallas constantes para obtener la victoria, aunque estarán bendecidos para lograrla. Por ser imparables ante todo obstáculo, cosecharán a menudo éxitos en cualquier actividad. Serán muy valientes y hábiles, tanto en la vida social como en política.

LAUVIAH inclinará a una vida de devoción, altruismo y bondad porque mediante la protección de este Ángel se recibe la Luz, que hace irradiar confianza, entusiasmo y alegría.

El Ángel otorgará sabiduría práctica y pericia en actividades que serán útiles para la colectividad.

Al desaparecer el Ángel del Señor de la vista de Manóaj y de su mujer, Manóaj se dio cuenta de que era el Ángel de Dios.

Jueces 13, 21

12
HAHAIAH

EIN – HEI – HEI

Su nombre significa: **Dios Refugio**

Versículo del Ángel, *Salmo 6, 5*

Vuélvete, oh Señor, libra mi alma, sálvame por Tu Misericordia.

Vocalización del Nombre: *Haha, según Cordovero y He/He/Aa, según Abulafia*
Esencia: *Refugio, Aislamiento Protector*
Poder: *Orienta los sueños y revela los secretos ocultos*
Atributo: *Amor Incondicional*

SUS REGENCIAS

Ángel del Cuerpo Físico: *Sol del 25° al 30° de Tauro, aprox. del 17 al 21 de mayo.*

Ángel del Cuerpo Astral o Emocional: *Sol en los siguientes grados,*

- *de 11° a 12° de Aries,*
- *de 23° a 24° de Géminis,*
- *de 5° a 6° de Virgo,*
- *de 17° a 18° de Escorpio y*
- *de 29° a 30° de Capricornio.*

Ángel del Cuerpo Mental: *lapso entre +3:40h y +4:00h a partir de la salida del Sol.*

LAS BENDICIONES QUE OTORGA HAHAIAH

–	LA ESENCIA QUE APORTA es **el refugio o aislamiento protector** que permite cobijarse **en Dios** frente a toda adversidad, lo que otorga una protección completa. Bloquea las tendencias destructoras y negativas y anula las agresiones. HAHAIAH canaliza un potente rayo de Luz que libera de las ataduras sin tener que luchar.

–	SU PODER es **orientar los sueños y revelar los secretos ocultos.** Por ello, da la facultad de interpretar los mensajes oníricos, propios y ajenos. Permite entender los signos y las revelaciones e incluso provocarlas durante sus regencias. Por ser uno de los Ángeles encargados del sueño, ayuda a conciliarlo, a reponerse, a restablecer la energía y el equilibrio. HAHAIAH aumenta las habilidades psíquicas y se manifiesta a través de visiones místicas y sueños proféticos.

Se apela a este Ángel para que nos guie en nuestra búsqueda de conocimientos y para que revele los misterios que queramos desentrañar. Nos pondrá frente a la información que necesitemos y nos hará asimilarla rápidamente, manteniendo discretas nuestras actividades, especialmente si son de índole espiritual.

–	SU ATRIBUTO es **el amor incondicional** que nos aproxima al del Creador, por lo que erradica todas las formas de oscuridad.

Transforma el odio en amor, blinda contra la adversidad y es capaz de convertir a los enemigos en amigos. Encomendarse a HAHAIAH rodea de energía positiva y neutraliza toda negatividad. El efecto extremadamente protector de este Ángel hace que todos los que nos rodean queden protegidos de sus propias tendencias destructoras. Protege específicamente contra los abusos de confianza, las mentiras y las indiscreciones.

–	En fin, y no es su don menor, se apela a HAHAIAH para que **ayude a crecer a los niños abandonados** en un clima armonioso y fraternal.

LA INFLUENCIA DE HAHAIAH

DEL LADO OSCURO

Cuando HAHAIAH del lado oscuro esté activado expondrá a mentiras, indiscreciones y abusos de confianza.

En los dominados por él suscitará tendencias destructivas y, además, hará que se enreden en problemas por estrechez de miras.

Los hijos de HAHAIAH de las sombras tendrán tendencia a la alienación, al escapismo, a la huida, a la retirada y al rechazo a asumir responsabilidades.

El motor de estas personas será su pulsión destructiva y se convertirán en maestros de la ocultación de sus crímenes por los que no conocerán expiación.

DE LUZ

Los hijos de HAHAIAH de Luz serán los pacificadores por excelencia, incluso en las situaciones más violentas. Estas personas serán encarnaciones de la calma y la paz.

Al ser este Ángel un refugio, protegerá contra todo lo que destruye, contra los abusos y la desesperación.

Además, los hijos de HAHAIAH de Luz se caracterizarán por ser sagaces, discretos y positivos. Estas personas entrarán fácilmente en contacto con sus Ángeles Tutelares y estarán particularmente dotados para el esoterismo y la magia.

Profesionalmente, podrían dedicarse a actividades orientadas a ayudar a los demás, como el asesoramiento o consejo, la psicología y la medicina.

Tu sierva dice: "Que la palabra de mi señor el rey traiga la paz, pues mi señor el rey es como el Ángel de Dios para discernir el bien y el mal. Y que el Eterno tu Dios sea contigo".

II Samuel 14, 17

13
YEZALEL

LAMED – ZEIN – YOD

Su nombre significa: **Dios glorificado sobre todas las cosas**

Versículo del Ángel, Salmo 104, 16

Se sacian los árboles del Eterno, los cedros del Líbano que Él plantó

Vocalización del Nombre: *Yezal, según Cordovero y Ye/Za/La, según Abulafia*
Esencia: *Fidelidad*
Poder: *Favorece las relaciones amistosas y conyugales*
Atributo: *El Cielo en la Tierra*

SUS REGENCIAS

Ángel del Cuerpo Físico: *Sol del 0° a 5° de Géminis, aprox. del 22 al 26 de mayo.*

Ángel del Cuerpo Astral o Emocional: *Sol en los siguientes grados,*

- *de 12° a 13° de Aries,*
- *de 24° a 25° de Géminis,*
- *de 6° a 7° de Virgo,*
- *de 18° a 19° de Escorpio y*
- *de 0° a 1° de Acuario.*

Ángel del Cuerpo Mental: *lapso entre +4:00h y +4:20h a partir de la salida del Sol.*

LAS BENDICIONES QUE OTORGA YEZALEL

-   LA ESENCIA QUE APORTA es **la fidelidad** a las virtudes del amor, que es la sabiduría primordial y, al regir la fidelidad conyugal, transmite la energía de la reconciliación. YEZALEL es una bendición en caso de embarazo y para tener descendencia. Los cabalistas dicen que puede determinarse el sexo del bebé meditando este Nombre y que al meditarlo sin vocales atrae a un hijo varón.

-   SU PODER es **favorecer las relaciones amistosas y conyugales**, uniendo a las personas espiritualmente afines. Estos son los afectos que superan el tiempo y el espacio. YEZALEL, tanto por su Esencia como por su Poder, domina la amistad, la reconciliación y la fidelidad conyugal y hace que prevalezcan sobre todo lo demás. Ayuda a eliminar conflictos y disputas, protegiendo la vida familiar.

-   SU ATRIBUTO es **el cielo en la Tierra o el paraíso en la Tierra.** Encarna la luz del Mesías, que en la Cábala representa un estado de consciencia personal que permite entrar en contacto con Dios y vivir en epifanía. Restablece la paz, también colectivamente, y la plenitud, por lo que el ideal del cielo en la Tierra se vuelve alcanzable.

-   YEZALEL es de **gran ayuda para escritores y artistas** al otorgar una inteligencia clara y una memoria perfecta. Permite conseguir favores de los superiores, saber a quién debemos dirigirnos para obtenerlos y cómo elevar la petición.

-   YEZALEL da **el don de comprensión** y ayuda a entender todas las situaciones con sagacidad. Protege contra el error, la ignorancia y la mentira. Revelará verdades en el momento justo y lo que nuestros enemigos están preparando en secreto. Si tenemos que indagar en temas complejos, conviene apelar a este Ángel.

LA INFLUENCIA DE YEZALEL

DEL LADO OSCURO

Cuando YEZALEL del lado oscuro esté activado propiciará la mentira, el error y la ignorancia que marcarán las vidas de aquellos dominados por él.

Este Ángel oscuro tiende a llenar los medios de comunicación de ignorantes, mentirosos y mistificadores. Son los *"todólogos"* que hablan de cualquier tema cuando en realidad lo ignoran y con ello intoxican el debate. A menudo, su influencia se percibirá también en aquellos que rehúsen aprender o ejercer actividad alguna. Son los llamados *"Ninis"*, que ni estudian ni trabajan.

YEZALEL de abajo producirá mala memoria y mente obtusa, lo que conducirá a frecuentes desacuerdos sobre todo en pareja que podrían llevar al adulterio por inclinar este Ángel a los caprichos y a la incoherencia.

Además, los que estén bajo su imperio practicarán lo que los alemanes denominan *Schadenfreude*, esto es, alegrarse de la desgracia ajena, y se regocijarán especialmente cuando se enteren de separaciones, divorcios y rupturas familiares.

La negatividad de los sometidos a YEZALEL de las sombras ejercerá una mala influencia sobre las personas más cercanas a ellos y sobre sus círculos sociales.

DE LUZ

Los hijos de YEZALEL de Luz estarán particularmente dotados para el aprendizaje, tendrán una excelente memoria y poseerán numerosas habilidades. A menudo se consagrarán a trabajos que beneficiarán a la colectividad o a asociaciones de familia. En la sociedad, serán estupendos mediadores que facilitarán las reconciliaciones y los acuerdos, lo que les granjeará reconocimiento en su trabajo.

Su actitud vital será positiva, privilegiando siempre la concordia y la amistad. Tendrán un fuerte sentido de la familia y valorarán la unión familiar y la fidelidad.

Se acostó y se durmió bajo una retama, pero un Ángel le tocó y le dijo: "Levántate y come."
I Reyes 19, 5

Volvió segunda vez el Ángel del Señor, le tocó y le dijo: "Levántate y come, porque el camino es
demasiado largo para ti."
I Reyes 19, 7

14
MEBAHEL

HEI – BET – MEM

Su nombre significa: **Dios conservador**

Versículo del Ángel, *Salmo 9, 10*

¡Y será el Eterno ciudadela para el oprimido, ciudadela para tiempos de angustia!

Vocalización del Nombre: *Mabah, según Cordovero y Me/Ve/He, según Abulafia*

Esencia: *Verdad, Libertad, Justicia*

Poder: *Hace triunfar la verdad y protege a los oprimidos*

Atributo: *Adiós a las armas*

SUS REGENCIAS

Ángel del Cuerpo Físico: *Sol del 5° al 10° de Géminis, aprox. del 27 al 31 de mayo.*

Ángel del Cuerpo Astral o Emocional: *Sol en los siguientes grados,*

- *de 13° a 14° de Aries,*
- *de 25° a 26° de Géminis,*
- *de 7° a 8° de Virgo,*
- *de 19° a 20° de Escorpio y*
- *de 1° a 2° de Acuario.*

Ángel del Cuerpo Mental: *lapso entre +4:20h y +4:40h a partir de la salida del Sol.*

LAS BENDICIONES QUE OTORGA MEBAHEL

- LA ESENCIA QUE APORTA es triple, **la verdad, la libertad y la justicia.**
Por ella MEBAHEL da a conocer la verdad en los juicios, desenmascara a los enemigos, ayuda a los que han perdido la esperanza y restablece la paz. Además, otorga protección contra la calumnia, los falsos testimonios, los pleitos y protege al inocente. Ayuda muy significativamente a obtener justicia gracias a la imparcialidad benevolente de un tribunal. Permite recuperar lo injustamente perdido y preserva de aquellos que tratan de usurpar lo nuestro. También da facilidades oratorias para la autodefensa. Se apela a MEBAHEL para obtener esas bendiciones.

- SU PODER es **hacer triunfar la verdad y proteger a los oprimidos.** Rige la Justicia y la Verdad, por lo que ampara a los inocentes y a las víctimas, ayuda a obtener la victoria ante la justicia de los hombres y permite que se ganen las causas justas. Libera a los oprimidos y a los prisioneros. Al hacer triunfar la verdad, la revela a aquellos que están preparados para conocerla.
Ahuyenta las fuerzas de abajo y es uno de los Ángeles experto en exorcismos. Por ello, dispensa una ayuda providencial si necesitamos desembarazarnos de los tenebrosos. Libera de hábitos destructores y se puede apelar a él para dejar de beber, fumar, drogarse o de comer en exceso, por ejemplo.
Los estudiantes de temas transcendentes, ciencias ocultas, alta magia o alquimia encontrarán apoyo en MEBAHEL para profundizar en sus conocimientos.

- SU ATRIBUTO es **decir adiós a las armas**.
MEBAHEL contribuye a la paz mundial a través de la paz interior que establece por medio de la Luz. La Cábala considera que el estado del mundo es la suma total de la interacción humana, con lo que la paz colectiva empieza por nosotros. Por ello, se apela a MEBAHEL para resolver conflictos sin violencia y recuperar la paz. Puesto que somos creadores, cuando nosotros cambiamos, todo cambia, esta es una regla invariable.

LA INFLUENCIA DE MEBAHEL

DEL LADO OSCURO

Cuando MEBAHEL del lado oscuro esté activado provocará pleitos, calumnias y falsos testimonios. Sustituirá la verdad por la calumnia y elaborará falsas verdades por su habilidad para mentir, por ello, los dominados por él, tendrán tendencia a difamar. En justa retribución, serán denigrados y si tienen procesos, los perderán. En casos extremos, utilizarán dinero para incriminar a inocentes y favorecer a culpables. Si trabajasen en política, promoverán medidas económicas de rigor y austeridad que empobrecerán a la mayoría. Tendrán dificultades para comprometerse y sus vidas amorosas serán complejas. Probablemente se divorciarán, incluso varias veces, y para ganar esos procesos no dudarán en comprometer al cónyuge con falsas acusaciones. Ignorarán la palabra dada y no cumplirán sus promesas pudiendo llegar a infringir la ley e incluso a perderse en la criminalidad. En algunos casos, podrían consagrarse a la magia negra. Mal aspectado, este Ángel puede conducir al encarcelamiento, porque las fuerzas diabólicas, que siempre buscan la destrucción de la persona, rodean a los dominados por MEBAHEL de las sombras.

DE LUZ

Los nacidos bajo la influencia de MEBAHEL de Luz tendrán pasión por la verdad y lucharán por restablecerla cuando esté en peligro, consagrándose a menudo a las profesiones vinculadas al derecho: la judicatura, la jurisprudencia, la abogacía, la mediación, en las que destacarán pudiendo llegar a ser célebres. Podrán dedicarse a los derechos humanos y a la liberación de oprimidos y prisioneros de todas clases. Estarán inclinados al altruismo, a realizar labores humanitarias y serán adalides del medio ambiente. Este Ángel de Luz influye en nuestra sociedad dando acceso a la información veraz gracias a Internet y a las redes sociales.

Sus hijos serán excelentes exorcistas. Sus vidas serán una transformación hacia la regeneración espiritual y podrán tener recuerdos de otras encarnaciones o visiones de otras dimensiones.

El Ángel del Señor dijo a Elías: "Baja con él y no temas ante él." Se levantó y bajó con él donde el rey.

II Reyes 1, 15

15
HARIEL

YOD – RESH – HEI

Su nombre significa: **Dios Creador**

Versículo del Ángel, *Salmo 128, 4*
Y he aquí, que así será bendecido el hombre que teme al Eterno.

Vocalización del Nombre: *Heri, según Cordovero y He/Re/Yo, según Abulafia*
Esencia: *Purificación*
Poder: *Favorece las reglas morales y las buenas costumbres*
Atributo: *Visión de largo alcance*

SUS REGENCIAS

Ángel del Cuerpo Físico: *Sol del 10° a 15° de Géminis, aprox. del 1 al 6 de junio.*

Ángel del Cuerpo Astral o Emocional: *Sol en los siguientes grados,*

- *de 14° a 15° de Aries,*
- *de 26° a 27° de Géminis,*
- *de 8° a 9° de Virgo,*
- *de 20° a 21° de Escorpio y*
- *de 2° a 3° de Acuario.*

Ángel del Cuerpo Mental: *lapso entre +4:40h y +5:00h a partir de la salida del Sol.*

LAS BENDICIONES QUE OTORGA HARIEL

- LA ESENCIA QUE APORTA es **la purificación** que brinda protección contra los espíritus malignos y las huestes del lado oscuro. Limpia la mente y refuerza la bondad. HARIEL protege de la crítica destructiva y de los pensamientos negativos, propios o ajenos.

- SU PODER es **favorecer las reglas morales y las buenas costumbres.**
Ello permite eliminar los vicios personales y liberarse de malos hábitos, de todas las formas de adicción como tabaco, drogas, alcohol, pasiones y dependencias que son una forma de parálisis que impide el desarrollo personal y la acción. Tanto los vicios como las malas costumbres son cadenas, esclavizan, limitan y por ello hacen sufrir. Una vez superados, la creatividad reaparece. Este es pues un Ángel de alivio y liberación. Cuando HARIEL actúa, purifica por dentro y el modo de vivir se enmienda.

- SU ATRIBUTO es **la visión de largo alcance**, que permite comprender las señales que trae la vida y ayuda a tomar decisiones correctas, indicándonos si lo que decidimos tendrá consecuencias negativas. Por ello, antes de resolver algo importante, conviene encomendarse a él para saber la opción elegida podría traer problemas.
También se apela a HARIEL para que revele el sentido de las visiones y para aprender la magia, la Cábala y la filosofía oculta, porque este Ángel permite ver el mundo causal, el mundo en el que existen todas las posibilidades de lo que puede llegar a existir y acontecer.

- HARIEL rige **las ciencias y las artes.**
Da inspiración, agudeza y discernimiento para lograr descubrimientos útiles e idear nuevos métodos profesionales. Protege contra las ideas erróneas.
Además, para aprender a meditar con los Ángeles, HARIEL es el perfecto instructor.

LA INFLUENCIA DE HARIEL

DEL LADO OSCURO

Cuando HARIEL del lado oscuro esté activado habrá problemas religiosos, las sectas prosperarán, tanto como todas las formas de impiedad, provocando incluso cismas. Este Ángel oscuro domina las guerras de religión, potencia a los impíos y a los que propagan falsas espiritualidades. Hará que lo antinatural parezca tan auténtico y deseable, que los dominados por él estén dispuestos a luchar o a morir por defenderlo o imponerlo, pudiendo llegar a agredir, y en casos extremos a matar, a quienes no compartan sus creencias.

HARIEL oscuro inspirará principios sociales invertidos para entronizar *"el pensamiento único"* que debe ser acatado para no quedar excluidos del grupo o incluso para evitar ser eliminados. Es el patrón de todas las religiones e iglesias que claman que solo su dios es verdadero y que los demás deben estar prohibidos y ser proscritos.

Los dominados por él podrán llegar a convertirse en cómplices de las fuerzas de la oscuridad. En algunos casos, su acusado fanatismo en la defensa de dogmas, creencias o principios podría desembocar en terrorismo.

DE LUZ

Los hijos de HARIEL de Luz se caracterizarán por ser gentes de bien en todos los sentidos y estarán protegidos de los oscuros porque el Ángel es fuente de purificación.

Estas personas se sentirán atraídas por los estudios esotéricos, así como por las asociaciones que trabajan para contribuir a la propagación de la espiritualidad. Combatirán el materialismo para mejorar la existencia humana. Poseerán un fuerte sentimiento de justicia, encontrando siempre la inspiración necesaria para descubrir el camino a seguir.

HARIEL ayudará a alcanzar un estado de santidad y de beatitud, cuyos beneficios se extenderán a la consciencia colectiva. Este Ángel dará el don de la fe y talento para las operaciones de alta magia que es la que conecta con Dios.

Ornán, que estaba trillando el trigo, se volvió y, al ver al Ángel, él y sus cuatro hijos se escondieron.
I Crónicas 21, 20

16
HEKAMIAH

MEM – KOF – HEI

Su nombre significa: **Dios que erige el universo**

Versículo del Ángel, *Salmo 10, 1*

¿Por qué estás lejos, oh Señor, y Te escondes en el tiempo de la tribulación?

Vocalización del Nombre: *Hekam, según Cordovero y He/Qo/Me, según Abulafia*
Esencia: *Lealtad*
Poder: *Otorga la victoria. Protege a los dirigentes*
Atributo: *Deshacerse de la depresión*

SUS REGENCIAS

Ángel del Cuerpo Físico: *Sol desde el 15° al 20° de Géminis, aprox. del 7 al 11 de junio.*

Ángel del Cuerpo Astral o Emocional: *Sol en los siguientes grados,*

- *de 15° a 16° de Aries,*
- *de 27° a 28° de Géminis,*
- *de 9° a 10° de Virgo,*
- *de 21° a 22° de Escorpio y*
- *de 3° a 4° de Acuario.*

Ángel del Cuerpo Mental: *lapso entre +5:00h y +5:20h a partir de la salida del Sol.*

LAS BENDICIONES QUE OTORGA HEKAMIAH

- HEKAMIAH es el Ángel de la guerra y se apela a él para obtener **la victoria sobre los enemigos de toda índole** y sobre los maltratadores, traidores y opresores, incluso cuando no conocemos al agresor, como es el caso de los ataques por espíritus oscuros. Erige una férrea defensa contra la adversidad y da éxito frente a toda clase de agresiones, humanas o astrales.

- LA ESENCIA QUE APORTA es **la lealtad** hacia los demás o hacia nosotros mismos, es decir, a nuestros principios, valores, ideas y a las promesas dadas. HEKAMIAH da coraje y fidelidad. Y es además el Ángel de la imaginación.

- SU PODER es otorgar **la victoria y proteger a los dirigentes**.
Se apela a HEKAMIAH para pedir protección para reyes, altos mandatarios y líderes, o para solicitar sus favores. Domina sobre las cabezas coronadas y los personajes eminentes, otorga la victoria y previene las sediciones. Da asimismo capacidad de liderazgo con nobleza y prestigio, y ayuda a vivir con dignidad y prosperidad.

- SU ATRIBUTO es **liberarse de la depresión** por lo que permite dejar atrás la tristeza. Reconecta con la Luz y da la fuerza emocional necesaria para resistir las pruebas y para levantarnos cuando hemos caído. Estos momentos de *"noche oscura del alma"* son muy importantes en el desarrollo espiritual y superarlos genera una Luz resplandeciente porque la verdadera grandeza reside en levantarse después de un enorme tropiezo. Cuando vencemos la depresión, la energía positiva que nos envuelve trae grandes bendiciones y alegría. HEKAMIAH nos mantiene en pie y nos asiste para resistir cuando el camino parece insoportable. Con este propósito, se alía con VEHUYAH, el primer Ángel que permite vislumbrar la luz al final del túnel y empezar de nuevo.

LA INFLUENCIA DE HEKAMIAH

DEL LADO OSCURO

Cuando HEKAMIAH del lado oscuro esté activado habrá traiciones, espionaje e incluso se producirán sediciones. Este es el Ángel de los espías.

Por ello, los dominados por él serán traidores, infieles, rebeldes, intrigantes y sediciosos, siempre provocando líos, desacuerdos y disensiones. Serán también los pérfidos que envían cartas anónimas.

HEKAMIAH de las sombras llevará a actitudes de revuelta y a obtener el dinero de modo ilegal mediante el tráfico de drogas o por trapicheos diversos.

Tenderán al materialismo excesivo y al esnobismo, lo que inevitablemente obstruirá su elevación espiritual.

En casos extremos, inclinará a mancillar, a desacralizar y a arruinar todo lo considerado santo.

DE LUZ

Los hijos de HEKAMIAH de Luz serán de una lcaltad tan extrema que preferirán morir antes que traicionar.

Emanarán paz, nobleza, autoridad y tendrán un prestigio natural. Poseerán un perfecto sentido del honor y respetarán la palabra dada.

Serán excelentes en familia y sus hijos serán siempre su mayor prioridad, teniendo un vivo sentido de la transmisión de la vida y de la importancia de la educación.

HEKAMIAH otorgará la victoria a sus protegidos y les dará ideas brillantes para alcanzar el éxito.

Entonces el Eterno ordenó al Ángel que volviera la espada a la vaina.
I Crónicas 21, 27

17
LAUVIAH

VAV – ALEF – LAMED

Su nombre significa: **Dios admirable**

Versículo del Ángel, *Salmo 105, 1*
Alabad al Eterno, invocad Su Nombre, dad a conocer Sus obras en los pueblos.

Vocalización del Nombre: *Leú, según Cordovero y La/A/Wa, según Abulafia*
Esencia: *Revelación interna de la Verdad*
Poder: *Protege contra los trastornos mentales y las decepciones*
Atributo: *El gran escape*

SUS REGENCIAS

Ángel del Cuerpo Físico: *Sol del 20° al 25° de Géminis, aprox. del 12 al 16 de junio.*

Ángel del Cuerpo Astral o Emocional: *Sol en los siguientes grados,*

- *de 16° a 17° de Aries,*
- *de 28° a 29° de Géminis,*
- *de 10° a 11° de Virgo,*
- *de 22° a 23° de Escorpio y*
- *de 4° a 5° de Acuario.*

Ángel del Cuerpo Mental: *lapso entre +5:20 y +5:40h a partir de la salida del Sol.*

LAS BENDICIONES QUE OTORGA LAUVIAH

- Mediante la protección de LAUVIAH **se obtiene todo lo que se desea sin esfuerzo**.

- LA ESENCIA QUE APORTA es **la revelación interna de la Verdad** que comunica mediante sueños proféticos, premoniciones e intuiciones. También lleva a percibir la verdad en la vida cotidiana y a distinguir lo auténtico de lo falso.
LAUVIAH faculta para comunicar por telepatía, para leer los registros akáshicos y comprender las leyes cósmicas durante los sueños y la meditación.

- SU PODER es **proteger contra los trastornos mentales y las decepciones**, ello permite superar la tristeza y los tormentos del espíritu y devuelve la razón en caso de enfermedad mental. Si nos sentimos encerrados, confinados, limitados, la Luz de este Nombre con su Ángel tiene la capacidad de liberarnos.
LAUVIAH sana los trastornos del sueño, como el insomnio, las pesadillas, los terrores nocturnos e incluso la agitación.

- SU ATRIBUTO es **el gran escape** que permite desembarazarse de los deseos esclavizantes del ego. Este Ángel posee el poder de ampliar la estrecha perspectiva del yo personal hasta una visión colectiva, sabiendo que solo las almas elevadas piensan en función de los intereses de la colectividad. Además, anteponer el bien ajeno al propio lleva a superar la desesperación y a transformar la tristeza en alegría y comprensión.

- LAUVIAH concede el **éxito a músicos, poetas, escritores y filósofos**. Se puede apelar a este Ángel para recibir inspiración en todas las profesiones vinculadas a las letras, como el periodismo, la literatura, la filosofía, la poesía.
También ayuda a realizar inventos tecnológicos.

LA INFLUENCIA DE LAUVIAH

DEL LADO OSCURO

Cuando LAUVIAH del lado oscuro esté activado inclinará a la falta de fe y al bloqueo creativo. Este Ángel de las sombras rige sobre el ateísmo, los que atacan a Dios y la filosofía impía. Los dominados por él vivirán de ilusiones, sumidos en la ignorancia con falsas percepciones, conductas erróneas y toda clase de renuncias. Serán personas sin principios.

LAUVIAH de las sombras provocará errores en aquellos sujetos a su influencia, alucinaciones, engaños y causará comportamientos desaprensivos, promesas incumplidas, falta de confianza en sí mismos y en los demás.

Bajo el dominio de este Ángel oscuro se vivirá con ansiedad, depresión y tristeza. Además, producirá insomnio y se sufrirá de angustia existencial.

DE LUZ

Los hijos de LAUVIAH de Luz serán amantes de la música, de la literatura, de la poesía y de la filosofía. Verán el arte como una forma de transcendencia. Sus sueños serán premonitorios y llegarán a realizarse durante su existencia. También harán vaticinios certeros y serán capaces de manifestar gracias a su Luz interior y a su talento para la magia.

Serán personas luchadoras e indefectibles apoyos para sus familias.

Obtendrán su sustento mediante un trabajo honrado y a través del esfuerzo.

Profesionalmente, podrán dedicarse a la medicina, a la filosofía, a la comunicación e incluso al esoterismo. Intelectualmente se distinguirán por su gran cultura y por su atracción hacia los temas transcendentes y profundos.

pero David no se había atrevido a presentarse delante de Dios para consultarle, porque estaba aterrado ante la espada del Ángel del Eterno.

I Crónicas 21, 30

18
KALIEL

YOD - LAMED– KAF

Su nombre significa: **Todo es Dios**

***Versículo del Ángel**, Salmo 103, 21*
Bendecid al Eterno, todas Sus huestes, servidores Suyos, ejecutores de Su Voluntad.

Vocalización del Nombre: *Kili/Keli, según Cordovero y Ka/La/Ye, según Abulafia*
Esencia: *Justicia, la verdad y la justicia*
Poder: *Favorece la memoria y la inteligencia*
Atributo: *Fertilidad*

SUS REGENCIAS

Ángel del Cuerpo Físico: *Sol del 25° al 30° de Géminis, aprox. del 17 al 21 de junio.*

Ángel del Cuerpo Astral o Emocional: *Sol en los siguientes grados,*

- *de 17° a 18° de Aries,*
- *de 29° a 30° de Géminis,*
- *de 11° a 12° de Virgo,*
- *de 23° a 24° de Escorpio y*
- *de 5° a 6° de Acuario.*

Ángel del Cuerpo Mental: *lapso entre +5:40 y +6:00h a partir de la salida del Sol.*

LAS BENDICIONES QUE OTORGA KALIEL

- LA ESENCIA QUE APORTA es **la Justicia.** Influye en los asuntos legales, haciendo que triunfe la verdad durante los juicios, que se descubra al culpable, se confunda a los falsos testigos y gane el inocente. KALIEL es la garantía de conseguir un juicio justo porque representa la victoria de la verdad ante la justicia humana. También protege contra los escándalos y las personas viles y malvadas. Apelando a KALIEL, lo injusto fracasa y los inocentes triunfan.

- SU PODER es **favorecer la memoria y la inteligencia**, por lo que permite entender la interacción entre el Bien y el Mal. Da la extraordinaria capacidad de ver a través de las intenciones ajenas.

- SU ATRIBUTO es **la fertilidad**, que es una fuerza divina, la fuerza de la vida.
Por ello, KALIEL comunica la energía de la madre en sentido amplio. Toda creación parte de la fertilidad y entrar en sintonía con ella atrae abundancia y permite procrear, así como concebir nuevas ideas y maneras de enfocar los problemas. Se apela a este Ángel para tener hijos y también para desvelar al niño interior que está en nosotros ya que este tiene el poder de curar nuestro subconsciente.

- KALIEL es **la Vasija de Dios** que permite recibir la Luz y conectar con el poder del corazón lo que se aplica a numerosos ámbitos y aspectos de la vida y, quien pida su guía, podrá alcanzar la genialidad artística. Enseña las virtudes de las plantas, de los cristales y piedras preciosas

- KALIEL **socorre en situaciones de emergencia.** Cuando se le pide auxilio en momentos de adversidad, proporciona una ayuda rápida e inspira fórmulas poderosas para protegerse de los enemigos.
Además, y esto no es menor, protege a los débiles y desamparados.

LA INFLUENCIA DE KALIEL

DEL LADO OSCURO

Cuando KALIEL del lado oscuro esté activado se multiplicarán los golpes bajos, los procesos escandalosos y se podrá ser víctima de gente abyecta. Por ello, este Ángel oscuro producirá personas viles y rastreras que tratarán de aprovecharse y de enriquecerse a costa de los demás.

KALIEL de las sombras rige la intriga, la magia negra, la perversidad y el gusto por el escándalo, por lo que los propiciará, tanto como los líos y complicaciones. Entre los dominados por él se encuentran los aduladores, los juristas corruptos y las víctimas de leyes injustas. Son los expertos en embrollos de todo tipo. Utilizarán la justicia con el único propósito de enriquecerse y no dudarán en prestar falso testimonio. Moralmente, tenderán a la depravación, a la bajeza, a la corrupción, a la deshonestidad y a la falsedad. Vivirán en perpetua confusión y todo lo enredarán por estar alejados de la verdad.

DE LUZ

Los hijos de KALIEL de Luz serán mensajeros y encarnaciones de lo justo, serán íntegros y amarán la justicia y la verdad. Por ello, se sentirán atraídos hacia las profesiones del derecho, especialmente hacia la magistratura, abogacía, notaría, legisladores o registradores de la propiedad y además se distinguirán en ellas. Si tiene a KALIEL entre sus tres Ángeles Custodios o bien en su carta natal se encuentran planetas en sus puntos de dominio, es altamente recomendable que estudie leyes porque destacará en este terreno. Los hijos de KALIEL serán inteligentes y carismáticos. Tendrán un fuerte magnetismo personal y una intuición extraordinaria para descubrir la verdad, leer a las personas y conocer sus intenciones. Serán sagaces, lógicos, objetivos, incorruptibles e íntegros. Desde el punto de vista transcendente, serán magos capaces de alcanzar grandes realizaciones gracias a su poderosa fe.

No pienses tal cosa ni te atormentes por ellos, hermana, porque un Ángel bueno le acompañará, le dará un viaje fácil y le devolverá sano.

Tobías 5, 22

19
LEUVIAH

VAV – VAV – LAMED

Su nombre significa: **Dios que socorre a los pecadores**

Versículo del Ángel, Salmo 40, 2

Esperé en el Eterno y Él se inclinó hacia mí y oyó mi grito de socorro

Vocalización del Nombre: *Levú, según Cordovero y La/Wa/Wa, según Abulafia*
Esencia: *Inteligencia Expansiva y Fructífera*
Poder: *Hace triunfar la inocencia y la verdad*
Atributo: *Conectar con Dios*

SUS REGENCIAS

Ángel del Cuerpo Físico: *Sol del 0° al 5° de Cáncer, aprox. del 22 al 27 de junio.*

Ángel del Cuerpo Astral o Emocional: *Sol en los siguientes grados,*

- *de 18° a 19° de Aries,*
- *de 0° a 1° de Cáncer,*
- *de 12° a 13° de Virgo,*
- *de 24° a 25° de Escorpio y*
- *de 6° a 7° de Acuario.*

Ángel del Cuerpo Mental: *lapso entre +6:00h y +6:20h a partir de la salida del Sol.*

LAS BENDICIONES QUE OTORGA LEUVIAH

- LEUVIAH es **el guardián de los archivos akáshicos**, esto es, de la biblioteca universal o Internet cósmico, en los que se guardan los registros de todos los tiempos y todas las vidas, pasadas, presentes y futuras, siendo ROCHEL, el Ángel 69, su rector. Por ello, LEUVIAH permite navegar en las reencarnaciones, recordar las vidas pasadas y vislumbrar las futuras.

- LA ESENCIA QUE APORTA es **la inteligencia expansiva y fructífera.**
Rige la memoria, la estimula y permite recuperarla si se ha deteriorado, recordando lo olvidado. También despierta los recuerdos de vidas pasadas. Por ello, conviene apelar a LEUVIAH para todas las cuestiones relativas a la memoria y para la curación de las enfermedades ligadas a sus trastornos, como la amnesia o la demencia senil.

- SU PODER es **procurar el triunfo de la inocencia y la verdad** con el objetivo de redimirse.

- SU ATRIBUTO es **conectar con Dios.**
Al dar un vínculo directo y constante con Dios, elimina los obstáculos que impiden el acceso de nuestras oraciones al Eterno. LEUVIAH hace que la Luz se manifieste instantáneamente y, además, mantiene abierto el nexo con la Divinidad, lo que imprime una presencia radiante.
LEUVIAH es uno de los Ángeles que concede la Gracia de Dios y canaliza la bendición de la providencia. Por ello, ayuda a enfrentarse a las pruebas de la vida sin caer en la desesperación, aportando consuelo en momentos de adversidad, tanto como paciencia y resistencia.

LA INFLUENCIA DE LEUVIAH

DEL LADO OSCURO

Cuando LEUVIAH del lado oscuro esté activado surgirán la desesperación y el abandono moral. Este Ángel traerá penas, pérdidas y mortificaciones, dará incapacidad para resolver problemas y provocará degeneración en las costumbres. Por su influencia, la vida se volverá penosa y amarga, los dominados por él perderán la alegría y hallarán placer en mortificarse. Entre ellos, están los masoquistas y también los libertinos sumidos en su indignidad moral.

LEUVIAH de abajo inclinará a perder las facultades intelectuales, por olvido, descuidos, pérdidas de memoria, pensamientos parásitos, amnesia, ausencias, lapsus que a menudo serán debidos a malas acciones cometidas en vidas pasadas. Profesionalmente serán excesivamente perfeccionistas y únicamente interesados en el dinero. Emocionalmente serán fríos e incapaces de expresar sus sentimientos. Tendrán tendencia a la manipulación y a culpabilizar a los demás. Podrían llegar a servir a las fuerzas del mal.

DE LUZ

Los hijos de LEUVIAH de Luz tendrán una memoria prodigiosa que les hará destacar profesional y socialmente. Soportarán las adversidades con resignación sabiendo que son oportunidades para progresar en el camino espiritual. Tendrán mucha curiosidad intelectual, serán cultos y estarán dispuestos a ayudar a los necesitados. Tendrán las cualidades necesarias para animar y motivar a grupos de personas. LEUVIAH les otorgará el don de las relaciones públicas y un excelente criterio, lo que les granjeará numerosas amistades.

Además, LEUVIAH dará una fuerte protección contra los adversarios, contra los que quieran perjudicarles y los que usen su nombre inadecuadamente. Al poseer la gracia de Dios, serán capaces de controlar los acontecimientos que se produzcan en sus vidas.

Ellos se levantaron, pero ya no le vieron más. Alabaron a Dios y entonaron himnos, dándole gracias por aquella gran maravilla de habérseles aparecido un Ángel de Dios.

Tobías 12, 21

20
PAHALIAH

LAMED – HEI – PE

Su nombre significa: **Dios Redentor**

Versículo del Ángel, *Salmo 119, 108*
Las ofrendas de mi boca acepta, por favor, Señor, y Tus estatutos enséñame

Vocalización del Nombre: *Pehil, según Cordovero y Pe/He/La, según Abulafia*
Esencia: *Redención, Discernimiento y Rectificación*
Poder: *Protege a los que siguen la vía de la piedad*
Atributo: *Victoria sobre las adicciones*

SUS REGENCIAS

Ángel del Cuerpo Físico: *Sol del 5° al 10° de Cáncer, aprox. del 28 de junio al 2 de julio.*

Ángel del Cuerpo Astral o Emocional: *Sol en los siguientes grados,*

- *de 19° a 20° de Aries,*
- *de 1° a 2° de Cáncer,*
- *de 13° a 14° de Virgo,*
- *de 25° a 26° de Escorpio y*
- *de 7° a 8° de Acuario.*

Ángel del Cuerpo Mental: *lapso entre +6:20h y +6:40h a partir de la salida del Sol.*

LAS BENDICIONES QUE OTORGA PAHALIAH

-   LA ESENCIA QUE APORTA es **la redención, el discernimiento y la rectificación**.

PAHALIAH proporciona una enorme fortaleza y ayuda divina para salir triunfante de cualquier batalla. Al representar al Dios salvador y redentor, lleva a atravesar las pruebas de la vida con coraje y a construir sobre bases sólidas. Permite comprender las leyes que rigen el universo y estimula el despertar espiritual. Enmienda los errores diferenciando entre el Bien y el Mal, que es una capacidad inapreciable y escasa en el mundo en que vivimos. También desvela nuestra utilidad sobre la Tierra.

PAHALIAH alerta mediante corazonadas cuando algo no va a salir como debiera. Es el temor de Dios que nos guía para conectar con la Voluntad Divina.

-   SU PODER es **proteger a los que siguen la vía de la piedad** y ayudar a los que practican la castidad y la abstinencia sexual.

PAHALIAH es el Ángel de la religión y de los religiosos. Rige la vocación, las obras de caridad, la teología y la moral. Ayuda a respetar la castidad y la abstinencia sexual como instrumentos de desarrollo espiritual. Protege además contra el libertinaje y da fortaleza para mantener un comportamiento moral irreprochable.

PAHALIAH canaliza la fuerza necesaria para plegarse a la voluntad de Dios, lo que significa hacer lo que Él desea para nosotros, lo que no siempre es fácil.

Este Ángel es el más firme apoyo para entregarse a la Divinidad sin reservas.

Es también el Ángel de los grandes iniciados y asiste a los que guían a colectivos enteros hacia formas sanas de espiritualidad con la voluntad de unirse al Eterno.

-   SU ATRIBUTO es **otorgar la victoria sobre las adicciones**.

Ello representa una liberación porque las adiciones esclavizan, hacen sufrir y, al atar a la carne, impiden el desarrollo espiritual.

LA INFLUENCIA DE PAHALIAH

DEL LADO OSCURO

Cuando PAHALIAH de las sombras esté activado triunfará el libertinaje y las formas de vida contrarias a las leyes divinas, a la espiritualidad y a la religión. Obstaculizará la dimensión espiritual de la vida, con lo que hará imperar la maldición de la carne.

Entre los dominados por él abundarán los ateos, apostatas, renegados y fanáticos religiosos, también los libertinos y aquellos que ejercerán la prostitución. Para ellos, solo contará el placer y el bienestar individual, por lo que tenderán al vicio y a las adicciones. No tendrán religión, ni creencias, rechazarán a Dios y transgredirán las leyes divinas, aunque podrán llegar a fingir religiosidad según sus intereses y en ese caso serán dogmáticos, fanáticos y abusivos.

Estas personas vendrán al mundo con destinos difíciles, sufrirán enfermedades, incluso de índole sexual, y deberán enfrentarse al fracaso. Será el precio que tendrán que pagar por estar disociados de Dios.

Los dominados por PAHALIAH oscuro podrían llegar a la violencia extrema.

DE LUZ

Los hijos de PAHALIAH de Luz se beneficiarán de la considerable fortaleza de este Ángel, especialmente respecto a su desarrollo espiritual que se verá acelerado.

Recordarán experiencias de otras vidas y llevarán una vida ordenada y ejemplar. Serán grandes intelectuales y luchadores natos, siempre peleando por sus ideales. Se caracterizarán por su optimismo y se esforzarán por vivir en paz con todos.

PAHALIAH es el Ángel que produce el mayor número de religiosos.

Ella respondió: "Te he visto, Señor, como a un Ángel de Dios y mi corazón se turbó ante el temor de tu gloria"

Ester 15, 16

21
NELJAEL

KAF – LAMED – NUN

Su nombre significa: **Dios Único**

***Versículo del Ángel**, Salmo 18, 50*

Por lo tanto, yo Te loaré entre las naciones, oh, Señor, y cantaré Tu Nombre

Vocalización del Nombre: *Nalaj, según Cordovero y Nu/La/Ja, según Abulafia*

Esencia: *Afán de aprender*

Poder: *Proteger a los artistas*

Atributo: *Erradicar la plaga*

SUS REGENCIAS

Ángel del Cuerpo Físico: *Sol del 10° al 15° de Cáncer, aprox. del 3 al 7 de julio.*

Ángel del Cuerpo Astral o Emocional: *Sol en los siguientes grados,*

- *de 20° a 21° de Aries,*
- *de 2° a 3° de Cáncer,*
- *de 14° a 15° de Virgo,*
- *de 26° a 27° de Escorpio y*
- *de 8° a 9° de Acuario.*

Ángel del Cuerpo Mental: *lapso entre +6:40h y +7:00h a partir de la salida del Sol.*

LAS BENDICIONES QUE OTORGA NELJAEL

- LA ESENCIA QUE APORTA es **el afán de aprender.**

Otorga lucidez y preserva de la ignorancia, de los prejuicios y de los errores. Facilita cualquier aprendizaje para lo que trabaja en colaboración con LELAHEL, el Ángel número 6, que contribuye a la formación de la consciencia en la que se guarda lo aprendido. En particular fomenta la abstracción y ayuda a aprender las matemáticas, la geografía, la astronomía y las ciencias. Enseña también las ciencias herméticas, los poderes de las plantas y de los cristales, y permite leer los registros akáshicos. Los cabalistas afirman que, en último término, NELJAEL lleva a adquirir un conocimiento enciclopédico sobre el universo.

- SU PODER es **proteger a los artistas,** a los que otorga talento y energía para llevar a cabo sus proyectos y a los que da ánimo a cada paso.

- SU ATRIBUTO es **erradicar la plaga**, que en la Cábala designa a los del lado oscuro, apelando a la fuerza de la Luz.

NELJAEL permite desintegrar las energías negativas que son preponderantes en nuestro mundo. De todos los Ángeles, es el mejor remedio contra los de las sombras y elimina su impacto en nuestra vida. También acaba con plagas terrenales como la contaminación o los desechos nucleares e incluso personales, como el odio o la depresión.

NELJAEL es un protector formidable que otorga la victoria absoluta sobre las fuerzas del mal y ayuda a destruir a los enemigos, lo que incluye a los malos espíritus que causan las posesiones, embrujamientos o se activan con los rituales oscuros. Blinda muy eficazmente contra la magia negra y es radical e imbatible en caso de exorcismo. Es pues el Ángel al que debemos apelar en prioridad para defendernos de adversarios y engaños, para neutralizar el poder de las tinieblas, contra las calumnias o los que nos lanzan sortilegios. A él se recurre también para liberarse de toda situación opresiva, de inquietud, a cualquier nivel.

NELJAEL conecta además con nuestro propósito de vida.

LA INFLUENCIA DE NELJAEL

DEL LADO OSCURO

Cuando NELJAEL del lado oscuro esté activado dominarán la ignorancia, el error y los prejuicios, pero también la violencia y la agresividad. Suprimirá el buen juicio y lo remplazará por ideas preconcebidas, lo que inevitablemente conducirá al error.

Con tal bagaje, los dominados por NELJAEL de las sombras fracasarán a menudo y encontrarán numerosos obstáculos en sus proyectos. Tendrán tendencia a vivir estresados y a liberarse de la tensión o a evadirse con medicamentos y drogas.

En los estudios, dará dificultades de aprendizaje y exámenes fallidos. Sin embargo, estas personas buscarán el éxito a toda costa, aunque estudiarán solo por ambición, no por amueblar su intelecto o armarse para la vida.

Profesionalmente, despreciarán el capital humano y preferirán las máquinas.

Si se dedicasen al derecho, lo pervertirán y podrían llegar a establecer leyes aberrantes.

DE LUZ

Los hijos de NELJAEL de Luz serán excelentes estudiantes, dotados para todas las áreas de conocimiento, tanto para la tecnología, las letras o las artes como para las ciencias, específicamente para la geometría, astronomía, astrología y matemáticas.

Serán excelentes pedagogos y estudiantes apasionados de los textos antiguos y podrán ser poetas, literatos o ensayistas. Respetarán las reglas y las leyes.

La acumulación del conocimiento lleva a la voluntad de transmisión y este Ángel apoya decisivamente en ese paso.

Los hijos de NELJAEL de Luz serán imaginativos e inteligentes, hábiles por igual en materias concretas y abstractas. Podrán desenvolverse fácilmente en lo que se propongan por sus capacidades intelectuales a las que aliarán serenidad, moderación, autocontrol y paciencia.

Podrían llegar a ser célebres artistas.

Si hay entonces junto a él un Ángel, un Mediador escogido entre mil, que declare al hombre su deber.
Job 33, 23

22
YEYAYEL

YOD – YOD – YOD

Su nombre significa: **La derecha de Dios**

Versículo del Ángel, *Salmo 147, 11*
Se complace el Eterno en los que le temen, y en los que esperan Su Misericordia

Vocalización del Nombre: *Yeyai, según Cordovero y Ye/Ye/Ye, según Abulafia*
Esencia: *Renombre, Éxito y Fortuna*
Poder: *Favorece el éxito de las empresas y protege de los accidentes marinos*
Atributo: *Detener la atracción fatal*

SUS REGENCIAS

Ángel del Cuerpo Físico: *Sol del 15° al 20° de Cáncer, aprox. del 8 al 12 de julio.*

Ángel del Cuerpo Astral o Emocional: *Sol en los siguientes grados,*

- *de 21° a 22° de Aries,*
- *de 3° a 4° de Cáncer,*
- *de 15° a 16° de Virgo,*
- *de 27° a 28° de Escorpio y*
- *de 9° a 10° de Acuario.*

Ángel del Cuerpo Mental: *lapso entre +7:00h y +7:20h a partir de la salida del Sol.*

LAS BENDICIONES QUE OTORGA YEYAYEL

- LA ESENCIA QUE APORTA es triple: **el renombre, el éxito y la fortuna.**
Con ella concede, además, el respeto del prójimo y dotes diplomáticas. Este Ángel es portador de buena suerte, de modo que, los proyectos que se inicien bajo su influencia conducirán al éxito.
Si deseamos fortuna, fama y renombre, YEYAYEL es el gran especialista.

- SU PODER es **favorecer el éxito de las empresas y proteger de los accidentes marinos** y también de los naufragios morales y físicos. Así pues, cuando se emprende un viaje por mar, conviene apelar a este Ángel.
YEYAYEL ayuda con las actividades de comercio y a mantener los negocios a flote. También fomenta los descubrimientos y toda clase de viajes con fines comerciales. El Ángel protege contra los piratas de toda índole que son aquellos que quieren despojarnos de nuestras legítimas posesiones.

- SU ATRIBUTO es **detener la atracción fatal.**
Ello significa bloquear a las personas negativas y destructivas que suelen presentarse como amigos y aliados, pero acaban robándonos energía y disminuyendo nuestra Luz espiritual. Estos vampiros psíquicos quebrantan nuestras defensas y nos debilitan física, mental, emocional y espiritualmente. YEYAYEL viene al rescate recargándonos de energía divina, lo que ahuyenta a la mala gente y la hace desaparecer de nuestra presencia.
YEYAYEL otorga protección frente a temibles potencias, salva del peligro y canaliza una potente proyección de Luz. Es fuente de toda bendición, hace descender los favores del cielo y, con ello, se irradia paz.
Los cabalistas afirman que hace dos mil años los sumos sacerdotes del templo de Jerusalén utilizaron este poderoso Nombre y su Ángel para desintegrar la energía negativa y restablecer la Luz espiritual.

LA INFLUENCIA DE YEYAYEL

DEL LADO OSCURO

Cuando YEYAYEL del lado oscuro esté activado proliferarán toda clase de ladrones y piratas de los que hacen esclavos y también de los que saquean. Son los que se apoderan de los bienes ajenos, reduciendo sus víctimas a la impotencia y a veces a la esclavitud. Así, este Ángel oscuro expondrá a pérdidas y a ser despojados por otros. Al regir las actividades marítimas, propiciará los naufragios, también simbólicos. Los dominados por YEYAYEL de abajo serán usurpadores y oportunistas que sacarán provecho de los demás para conseguir sus fines. Serán narcisistas, megalómanos e incluso tiranos. Podrían perder su reputación y tendrán que hacer frente a numerosas dificultades en asuntos de comercio, empresas y negocios.

DE LUZ

Los hijos de YEYAYEL de Luz accederán fácilmente a la fama por tenerla inscrita en su destino. Cuando una fuerza angélica nos impulsa a alcanzar algo, y en este caso es la fama, conviene acomodarse y convertir esa motivación en un objetivo vital. Por ello, será bueno que los hijos de YEYAYEL la persigan porque el Ángel les dará fortuna y renombre. La fama que concede este Ángel podrá obtenerse mediante los negocios, el comercio, la política, las artes, pero también a través de la medicina y la abogacía.

Estas personas se apasionarán por el comercio, la industria y se distinguirán por sus ideas liberales. También destacarán por su visión altruista y filantrópica, serán generosos, detestarán el sufrimiento humano y trabajarán por el bien común. Podrían ser cooperantes por su necesidad de viajar y por su interés en las culturas de otros países. Además, el Ángel les hará viajar a menudo y en seguridad, ya que YEYAYEL protege contra tempestades y naufragios, incluyendo a los de la vida.

Los hijos de YEYAYEL de Luz estarán dotados para la telepatía y en algunos casos serán grandes médiums, pudiendo llegar a ser famosos por ello.

Te doy gracias, Señor, de todo corazón, pues tú has escuchado las palabras de mi boca. En presencia de los
Ángeles salmodio para ti.
Salmos 138, 1

23
MELAHEL

HEI – LAMED – MEM

Su nombre significa: **Dios que libera de los males**

Versículo del Ángel, *Salmo 118, 24*
Este es el día que el Eterno ha hecho, exultémonos y alegrémonos en él.

Vocalización del Nombre: *Melah, según Cordovero y Me/La/He, según Abulafia*
Esencia: *Capacidad Sanadora*
Poder: *Aumenta los efectos de las plantas medicinales*
Atributo: *Compartir la llama*

SUS REGENCIAS

Ángel del Cuerpo Físico: *Sol del 20° al 25° de Cáncer, aprox. del 13 al 18 de julio.*

Ángel del Cuerpo Astral o Emocional: *Sol en los siguientes grados:*

- *de 22° a 23° de Aries,*
- *de 4° a 5° de Cáncer,*
- *de 16° a 17° de Virgo,*
- *de 28° a 29° de Escorpio y*
- *de 10° a 11° de Acuario.*

Ángel del Cuerpo Mental: *lapso entre +7:20h y +7:40h a partir de la salida del Sol.*

LAS BENDICIONES QUE OTORGA MELAHEL

- MELAHEL **separa el Bien del Mal**. Esta es una capacidad fundamental que permite discernir entre la buena y la mala inclinación (AMALEK) y nos acerca a los Ángeles. Con esta bendición la persona actúa en consciencia y se vuelve alérgica a la corrupción que impera en este mundo, lo que puede provocar cierto rechazo social porque ser distinto a la mayoría hace impopular y genera odios.

- LA ESENCIA QUE APORTA es **la capacidad sanadora** que canaliza abundantemente y produce a los grandes curanderos. Protege contra enfermedades, limpia la negatividad y aleja de lo que es nocivo.

- SU PODER es **aumentar los efectos de las plantas medicinales.** MELAHEL es el patrón de la botánica, para la que da talento. Hace que todos los remedios surtan un efecto óptimo y rige sobre el agua que constituye el 70% de nuestro cuerpo. Es el pensamiento de amor proyectado en el agua que todo lo cura, lo que demostró el doctor Masaru Emoto con sus experimentos. MELAHEL favorece la lluvia, la fecundidad de los campos, protege el medio ambiente y la naturaleza.

- SU ATRIBUTO es **compartir la llama** que es una manifestación de la Luz. Los cabalistas afirman que comunicar la sabiduría de los 72 Nombres es como encender una vela en la oscuridad del mundo y cuanto más la difundamos, mayor será el beneficio para todos. Este es el propósito del presente trabajo.
Dios creó mediante la palabra y MELAHEL da la capacidad de influir en nuestro devenir por el mismo procedimiento porque la palabra manifiesta.

- MELAHEL es especialista en **la protección contra la violencia.** Ayuda a salir airoso de ataques con armas, atentados y asaltos y hace que el agresor retroceda. Da valor y protege para viajar con seguridad. Es un Ángel apaciguador.

LA INFLUENCIA DE MELAHEL

DEL LADO OSCURO

Cuando MELAHEL del lado oscuro esté activado los dominados por él se pondrán al servicio de todo lo que es nocivo, contagioso o que provoque enfermedades.

Utilizarán lo que es perjudicial para la vegetación, lo que cause polución o plagas, infecciones y peste.

En agricultura, emplearán especialmente los pesticidas más tóxicos y perniciosos.

Estas personas serán dañinas, sirviendo la causa de la mentira, que es diabólica, de la charlatanería, haciendo un uso indebido de sus conocimientos sobre la naturaleza.

Podrían llegar incluso a formar parte de sectas que prediquen el consumo de drogas o trafiquen con ellas, que vendan falsos remedios o cultiven plantas alucinógenas y también que propicien con sus prácticas la diseminación de enfermedades venéreas.

MELAHEL de las sombras está muy presente en la actualidad porque la contaminación provocada por la industria está acabando con el medio ambiente, con la vegetación y, por ende, con las plantas medicinales.

DE LUZ

Los hijos de MELAHEL de Luz serán excelentes médicos, terapeutas y curanderos, también farmacéuticos, investigadores, naturópatas o herboristas respetados por su actividad y contribución profesional. Estas personas estarán al servicio de la esencia de curación a través de las plantas medicinales y propugnarán todas las maneras de alimentarse sanamente y cultivar tierras sanas, respetando el planeta tal y como Dios lo confió al ser humano desde el principio de los tiempos.

Apelemos pues a MELAHEL para adquirir la capacidad de curarnos y de curar, particularmente gracias a las plantas.

alabadle, Ángeles suyos todos, todas sus huestes, ¡alabadle!
Salmos 148, 2

24
JAHUYAH

VAV – HEI – JET

Su nombre significa: **Dios Bueno**

Versículo del Ángel, *Salmo 95, 6*

Venid, adoremos y postrémonos, arrodillémonos delante del Eterno, nuestro Hacedor

Vocalización del Nombre: *Jahú, según Cordovero y Je/He/Wa, según Abulafia*
Esencia: *Protección*
Poder: *Protege de los animales dañinos y de los malhechores*
Atributo: *Eliminar los celos*

SUS REGENCIAS

Ángel del Cuerpo Físico: *Sol del 25° al 30° de Cáncer, aprox. del 19 al 23 de julio.*

Ángel del Cuerpo Astral o Emocional: *Sol en los siguientes grados,*

- *de 23° a 24° de Aries,*
- *de 5° a 6° de Cáncer,*
- *de 17° a 18° de Virgo,*
- *de 29° a 30° de Escorpio y*
- *de 11° a 12° de Acuario.*

Ángel del Cuerpo Mental: *lapso entre +7:40h y +8:00h a partir de la salida del Sol.*

LAS BENDICIONES QUE OTORGA JAHUYAH

-   LA ESENCIA QUE APORTA es **la protección** que incluye la gracia y la misericordia de Dios. JAHUYAH clausura los períodos difíciles y a él se acude para finalizar con bien cualquier mala racha por la que estemos pasando.
JAHUYAH es especialista en resguardar de la venganza y proteger providencialmente a los exiliados, inmigrantes, fugitivos, prisioneros y a los que, por un motivo u otro, se ven obligados a huir. Su capacidad de protección es muy amplia. Permite escapar de situaciones difíciles o embarazosas y encontrar la solución a los problemas que plantee la vida. Preserva de robos, ladrones, asesinos y malhechores. Guía a los prófugos para que puedan regresar sin encontrar problemas con la justicia y también a los que llevan sobre sí crímenes secretos para comparecer únicamente ante la justicia divina. Otorga el perdón inmediato cuando las malas acciones han sido involuntarias y hace justicia. En fin, concede los deseos espirituales y es un excelente instructor en magia y Cábala.

-   SU PODER es **proteger de los animales dañinos o plagas** que son las fuerzas del lado oscuro. El Ángel también preserva de los malhechores, lo que equivale a resguardarse de los rigores del destino ya que ese tipo de desgracias proceden de vidas anteriores. JAHUYAH bloquea el Mal, advierte del peligro y pone al abrigo de las fuerzas diabólicas y los hechizos. También de las emociones negativas propias o ajenas.

-   SU ATRIBUTO es **eliminar los celos y trascender la envidia.** Curar sentimientos nocivos es clave para erradicar la oscuridad y el caos de la existencia. Hacerlo, permite disminuir el dolor personal y el sufrimiento en el mundo.

-   JAHUYAH **conecta con la Fuente de la Vida y comunica vitalidad y salud**.
Por ello conviene encomendarse a este Ángel en caso de salud precaria y cuando fallan las fuerzas. Refleja la energía de la Madre y gracias a JAHUYAH se consigue mejorar la relación con los padres.

LA INFLUENCIA DE JAHUYAH

DEL LADO OSCURO

Cuando JAHUYAH del lado oscuro esté activado expondrá individual y colectivamente al Mal y bajará las defensas espirituales. Rige sobre los seres nocivos y llevará a cometer crímenes y actos ilícitos. Provocará indiscreciones e intrigas en las que podría haber pillaje. Los dominados por él serán auténticos depredadores y cuando nos crucemos con ellos, nos perjudicarán. Con ellos el Mal penetrará en nuestra vida y a veces incluso nos persuadirán para cometerlo. JAHUYAH oscuro provocará que los que deben protegernos hagan todo lo contrario y conducirá a la corrupción y abusos de poder en policías, militares y jueces. Este Ángel causará dificultades con la justicia, que a menudo será denegada. Estos individuos tenderán a vivir por medios ilícitos y a cometer actos ilegales. Podrán llegar a ser violentos, caer en la delincuencia e incluso ser encarcelados.

DE LUZ

JAHUYAH de Luz comunicará a sus hijos una fuerte intuición y capacidad de saber de antemano lo qué les sucederá, ayudándoles a entender el sentido de las pruebas en la vida. Serán fieles a la verdad en palabras y acciones, lo que les hará ser honestos hasta la exageración e incluso incorruptibles, porque este Ángel aleja del materialismo y preserva de la tentación de vivir por medios ilícitos. Producirá policías, militares, abogados y jueces honestos. Además, dará suerte en los negocios e interés por la política y las ciencias exactas.

JAHUYAH rige sobre los exiliados, los prisioneros, los fugitivos, los condenados en rebeldía. Impide que los crímenes secretos sean descubiertos, haciendo que los que los han cometido escapen a la justicia humana. Ayudará a regresar a los emigrados y exiliados que deseen volver a su país.

Si tenemos planetas en los grados de regencia de este Ángel, la protección de JAHUYAH en los asuntos gobernados por esos planetas será de por vida.

Pues mi Ángel está con vosotros: él tiene cuidado de vuestras vidas.

Baruc 6, 6

25
NITH-HAIAH

HEI – TAV – NUN

Su nombre significa: **Dios que da con sabiduría**

Versículo del Ángel, *Salmo 34, 5*
He invocado al Eterno y Él me respondió, y me libró de todos mis temores.

Vocalización de Nombre: *Netha, Neta, según Cordovero y Nu/Tza/He según Abulafia*
Esencia: *Sabiduría*
Poder: *Favorece la razón y los sueños*
Atributo: *Decir la verdad*

SUS REGENCIAS

Ángel del Cuerpo Físico: *Sol del 0° al 5° de Leo, aprox. del 24 al 28 de julio.*

Ángel del Cuerpo Astral o Emocional: *Sol en los siguientes grados,*

- *de 24° a 25° de Aries,*
- *de 6° a 7° de Cáncer,*
- *de 18° a 19° de Virgo,*
- *de 0° a 1° de Sagitario y*
- *de 12° a 13° de Acuario.*

Ángel del Cuerpo Mental: *lapso entre +8:00h y +8:20h a partir de la salida del Sol.*

LAS BENDICIONES QUE OTORGA NITH-HAIAH

- LA ESENCIA QUE APORTA es **la sabiduría**.

Fue este el único don que solicitó Salomón al Eterno cuando sucedió a su padre el rey David, como relata el Libro Primero de los Reyes 3, 9: *"Da, pues, a tu siervo un corazón con entendimiento para juzgar a tu pueblo y para discernir entre el bien y el mal."* Y Dios le otorgó la sabiduría y todo lo demás por añadidura, con lo que llegó a ser el más poderoso de los reyes y el mayor de los magos que han existido.

NITH-HAIAH es pues el Ángel de los magos, depositarios del supremo amor y de la sabiduría y a él se apela para obtenerla. Instruye en alta magia, en ciencias ocultas y en el estudio de la Cábala. Por estar totalmente vinculado a la magia, también como camino de vida, ayuda a penetrar los misterios de la Creación y de la naturaleza del tiempo. Da poderes para desembrujar, permite incluso dar caza al Mal remplazándolo por la Luz, por lo que este es específicamente el Ángel de los exorcistas. Sella el aura contra lo maligno y contra los ataques de los magos negros, brujas y demonios. NITH-HAIAH da poderes psíquicos y dominio sobre las fuerzas espirituales para contemplar a Dios. Ayuda a obtener revelaciones y a alcanzar paz, serenidad y tranquilidad.

A este poderoso Ángel **se le puede pedir todo y todo lo concede**.

- SU PODER es **favorecer la razón y los sueños**. Es el gran especialista de las revelaciones durante el sueño y por ello, durante sus regencias, conviene prestar atención a los mensajes oníricos que contendrán importantes revelaciones, a menudo a escala colectiva o cósmica. NITH-HAIAH da una enorme intuición para descubrir los misterios ocultos.

- SU ATRIBUTO es **decir la verdad**, siguiendo el precepto del Eclesiástico 8, 28 *"Hasta la muerte por la verdad combate y el Señor tu Dios peleará por ti."*. Por ello, impulsa a decir siempre la verdad y a conocerla, aun cuando sea difícil o esté mal visto. Aporta una integridad intelectual y una honestidad perfectas. Además, aumenta el arrojo en situaciones difíciles y conflictivas.

LA INFLUENCIA DE NITH-HAIAH

DEL LADO OSCURO

NITH-HAIAH de las sombras es un Ángel estremecedor que inclina a hacer daño a los demás. Domina la magia negra que exige un pacto con el diablo por el cual la persona jura renunciar a Dios, pervertir a las almas puras y hacer el mal a sus semejantes, a los animales y a la naturaleza. Cuando NITH-HAIAH oscuro esté activado imperarán la ignorancia y el oscurantismo que conducirán al Mal. Los dominados por él serán ateos y abominarán a Dios, negando su existencia. Al faltarles la sabiduría que da el conocimiento de Dios, podrían llegar a ser víctimas de posesión diabólica o de hechizos. Vivirán sumidos en falsedades, ilusiones y quimeras, persistiendo en el error, creyendo poseer la razón absoluta y defendiendo posiciones inamovibles por su ambición excesiva. Serán materialistas y egocéntricos, con conductas incoherentes e impulsivas y capaces de hacer cualquier cosa para obtener lo que desean, pudiendo llegar a ser estafadores espirituales. En lugar de revelaciones en el sueño, dará pesadillas. Podrán acabar en la ruina, física o moral, y en la desesperación.

DE LUZ

NITH-HAIAH de Luz otorgará sabiduría, revelaciones y sueños proféticos a sus hijos que serán videntes y poseerán una visión penetrante para analizar todos los aspectos de la vida. Al ser el Ángel de los magos, les hará acceder a realidades superiores, estudiarán las ciencias ocultas y la Cábala como ciencia del Todo, tendrán poderes psíquicos y entenderán la naturaleza del tiempo. Practicarán la magia de los sabios, que es la de Dios. Estarán bendecidos en su camino de evolución y podrán ser como Ángeles al ser capaces de penetrar los misterios ocultos de la Creación. Tendrán carisma espiritual y podrán materializar lo que deseen o curar mediante la imposición de manos o por la palabra. Rechazarán el materialismo y buscarán la paz y la armonía en soledad y silencio. Serán respetados por su halo y sus dones y tendrán una perfecta integridad en lo que a la verdad respecta.

Mi Dios ha enviado a su Ángel, que ha cerrado la boca de los leones y no me han hecho ningún mal, porque he sido hallado inocente ante él. Y tampoco ante ti, oh rey, he cometido falta alguna.

Daniel 6, 23

26
HAAIAH

ALEF – ALEF – HEI

Su nombre significa: **Dios Oculto**

Versículo del Ángel, *Salmo 97, 1*
El Eterno reina, regocíjese la Tierra, alégrense las muchas islas.

Vocalización del Nombre: *Haia, según Cordovero y He/A/A, según Abulafia*
Esencia: *Ciencia Política*
Poder: *Inspira a los investigadores*
Atributo: *Orden a partir del Caos*

SUS REGENCIAS

Ángel del Cuerpo Físico: *Sol del 5° al 10° de Leo, aprox. del 29 de julio al 2 de agosto.*

Ángel del Cuerpo Astral o Emocional: *Sol en los siguientes grados:*

- *de 25° a 26° de Aries,*
- *de 7° a 8° de Cáncer,*
- *de 19° a 20° de Virgo,*
- *de 1° a 2° de Sagitario y*
- *de 13° a 14° de Acuario.*

Ángel del Cuerpo Mental: *lapso entre +8:20h y +8:40h a partir de la salida del Sol.*

LAS BENDICIONES QUE OTORGA HAAIAH

- HAAIAH encarna **la ley y la aplicación de la justicia recta, equitativa y benevolente**. Por ello, ayuda a ganar un juicio si la causa es justa, haciendo que los magistrados nos sean propicios durante el proceso. En ese contexto, el Ángel protege durante la búsqueda de la verdad y permite descubrir por intuición lo que la parte contraria esconde.

- LA ESENCIA QUE APORTA es **la ciencia política** y rige tanto la política, como la diplomacia y el comercio. A él se le puede pedir protección en esas materias y en los sectores de actividad que de ellas derivan.

- SU PODER es **inspirar a los investigadores en todos los ámbitos** y conducir al éxito donde sea preciso indagar en secretos y descubrir maquinaciones y tramas. Por su extraordinaria sagacidad y capacidad de penetración, HAAIAH permite desmontar las traiciones, venciendo a los enemigos. Así pues, protege contra las vilezas, intrigas y conspiraciones basadas en mentiras.

- SU ATRIBUTO es **poner orden a partir del caos**, esto es, reordenar y recomponer la vida sean cuales sean las circunstancias.
Por ello, conviene encomendarse a HAAIAH antes de tomar grandes decisiones para asegurarnos de que estas serán acertadas y contribuirán a nuestro bienestar, al de los nuestros y al bien común.

LA INFLUENCIA DE HAAIAH

DEL LADO OSCURO

Cuando HAAIAH del lado oscuro esté activado prosperarán los traidores, los ambiciosos y los conspiradores, porque este Ángel rige la codicia que se manifiesta en la ambición desmedida. Así pues, los dominados por HAAIAH de las sombras tendrán mentalidad de depredadores y vivirán obsesionados por el poder y la riqueza. Su conducta estará guiada por los celos, la envidia, el orgullo, la avaricia y la vanidad. Podrán tener problemas con la justicia o bien ser víctimas de abusos por parte de traidores o conspiradores. Este Ángel privará de diplomacia o llevará a hacer mal uso de ella, faltando a la verdad, traicionando y engañando.

La activación de HAAIAH de abajo limitará las posibilidades de ostentar un cargo público y dará dificultades en el ámbito político.

DE LUZ

Los hijos de HAAIAH de Luz serán buenos líderes y ejercerán el poder con justicia y respeto por la ley. Por su voluntad de servicio y sentido del deber, aceptarán los cargos que se les ofrezcan sin ambición personal, aunque podrían llegar a hacerse ricos mediante su actividad profesional. En la política y la diplomacia, su acción será conforme a destino y tendrán éxito. Estas personas no violarán ni las reglas, ni las leyes y respetarán el orden superior. HAAIAH produce embajadores y diplomáticos particularmente dotados para concluir tratados, acuerdos y pactos. Dará asimismo la capacidad de gestionar secretos de Estado, archivos confidenciales y acceder a la información clasificada. También serán excelentes administradores, dirigentes de empresa y magistrados.

HAAIAH protegerá a los que buscan la verdad y a los que llevan una vida contemplativa, dándoles conocimiento y aptitudes para acceder a las cosas divinas.

Este Ángel otorgará una fuerte protección a los nacidos en sus grados.

Entonces el Ángel del Señor le agarró por la cabeza y, llevándole por los cabellos, le puso en Babilonia, encima del foso, con la rapidez de su soplo.

Daniel 14, 36

27
YERATHEL

TAV – RESH – YOD

Su nombre significa: **Dios que castiga a los malvados**

Versículo del Ángel, *Salmo 140, 2*
Líbrame, Señor, del hombre malo, del hombre violento guárdame.

Vocalización del Nombre: *Irat, según Cordovero y Ye/Re/Tza, según Abulafia*
Esencia: *Propagación de la Luz, la Civilización y la Libertad*
Poder: *Permite confundir a un culpable*
Atributo: *Socio silencioso*

SUS REGENCIAS

Ángel del Cuerpo Físico: *Sol del 10° al 15° de Leo, aprox. del 3 al 7 de agosto.*

Ángel del Cuerpo Astral o Emocional: *Sol en los siguientes grados,*

- *de 26° a 27° de Aries,*
- *de 8° a 9° de Cáncer,*
- *de 20° a 21° de Virgo,*
- *de 2° a 3° de Sagitario y*
- *de 14° a 15° de Acuario.*

Ángel del Cuerpo Mental: *lapso entre +8:40h y +9:00h a partir de la salida del Sol.*

LAS BENDICIONES QUE OTORGA YERATHEL

- LA ESENCIA QUE APORTA es **propagar la Luz, la civilización y la libertad**, dando esa misión de vida. YERATHEL ayuda especialmente a los escritores a los que puede hacer famosos porque gobierna la difusión del conocimiento e impulsa a transmitirlo. Trae prosperidad y abundancia material y espiritual. Da gracia y bendición y expande todo proyecto. Enseña a ver lo positivo en todas las situaciones, cambiando la severidad por la armonía y permitiendo vivir en paz.

- SU PODER es **confundir al culpable**, esto es, a malvados y calumniadores, para desembarazarnos de enemigos.
YERATHEL **protege contra los espíritus oscuros a los que ahuyenta**. Por ello, es uno de los Ángeles a los que se puede acudir para que libere en casos de posesión y durante los exorcismos. Resguarda de todo mal, neutralizando a los inicuos y permitiendo captar a través de la memoria cósmica lo que traman los adversarios. Ayuda a protegerse de los que provocan, difaman y atacan injustamente. También libera de los impulsos que nos incitan a actuar en sentido contrario al orden universal. YERATHEL conduce a abandonar los vicios y hábitos perjudiciales para la salud, las creencias erróneas, las dependencias, incluso a las personas tóxicas.

- SU ATRIBUTO es el denominado **socio silencioso**, esto es, la obligada elección entre la Luz o la oscuridad ya que todos estamos abocados a elegir un socio silencioso: la fuerza oscura o la Luz del Creador y nuestra vida depende de lo que hayamos elegido. Si elegimos la oscuridad, seremos ricos y poderosos, pero perderemos casi toda nuestra Luz. Sin embargo, si elegimos la Luz, conservaremos nuestra Luz y nuestra riqueza, con la excepción del diezmo que es debido a la caridad. YERATHEL nos ayuda a asociarnos con la Luz para merecer bendiciones y protección.
La noción cabalista del socio silencioso recuerda el antiguo cuento cherokee acerca de los dos lobos que llevamos dentro, uno bueno y uno malo. Su moraleja es que, dependiendo del que alimentemos, así será nuestra vida.

LA INFLUENCIA DE YERATHEL

DEL LADO OSCURO

Cuando YERATHEL del lado oscuro esté activado los dominados por él servirán a las tres esencias negativas que se oponen a la Luz, la civilización y la libertad, que son la ignorancia, la esclavitud y la intolerancia. Podrá tratarse de esclavitud en sentido propio o figurado, como el abandono de la propia voluntad frente a una ideología, secta o hábito. Los dominados por YERATHEL de las sombras estarán dispuestos a hacer cualquier cosa para tener éxito, para ser reconocidos y respetados, impulsados por un deseo compulsivo de complacer, lo que les debilitará.

Respecto a la salud, este Ángel oscuro es el de los anoréxicos que tan erróneamente perciben su propio cuerpo, con fanatismo y hostilidad hacia sí mismos. Además, producirá ludópatas y jugadores compulsivos y los sometidos a él se sentirán atraídos por todo tipo de adicciones. En casos extremos, expondrá a la posesión diabólica, que es la peor forma de esclavitud.

DE LUZ

Los hijos de YERATHEL de Luz serán amantes de la paz, la justicia, las ciencias, las artes y podrán distinguirse en la literatura. Serán seres luminosos que irradiarán Luz sobre su entorno social.

YERATHEL producirá al mediador por excelencia, al civilizador y hará más libres a las personas. Sus hijos serán inteligentes, equilibrados y maduros. Sus capacidades y su lucidez les ayudarán a alcanzar el éxito y la fama. Obrarán por la instauración de una sociedad justa y solidaria, en la que haya circulación y redistribución de la riqueza. Poseerán una gran fuerza para luchar contra la oscuridad.

Los hijos de YERATHEL de Luz se verán liberados de aquellos que se opongan a sus proyectos y el Ángel les conducirá al éxito. Además, hará que reciban amor durante sus vidas.

Yo dije: "¿Quiénes son éstos, Señor mío?" El Ángel que hablaba conmigo me dijo: "Yo te enseñaré quiénes son éstos."

Zacarías 1, 9

28
SHEHEIAH

HEI - ALEF – SHIN

Su nombre significa: **Dios que cura a los enfermos**

Versículo del Ángel, *Salmo 35, 24*
Júzgame conforme a Tu Justicia, Señor ¡Dios mío, no se rían de mí!

Vocalización del Nombre: *Shah, según Cordovero y Shi/A/He según Abulafia*
Esencia: *Longevidad*
Poder: *Protege contra los incendios y las enfermedades*
Atributo: *Alma gemela*

SUS REGENCIAS

Ángel del Cuerpo Físico: *Sol del 15° al 20° de Leo, aprox. del 8 al 13 de agosto.*

Ángel del Cuerpo Astral o Emocional: *Sol en los siguientes grados,*

- *de 27° a 28° de Aries,*
- *de 9° a 10° de Cáncer,*
- *de 21° a 22° de Virgo,*
- *de 3° a 4° de Sagitario y*
- *de 15° a 16° de Acuario.*

Ángel del Cuerpo Mental: *lapso entre +9:00 y +9:20h a partir de la salida del Sol.*

LAS BENDICIONES QUE OTORGA SHEHEIAH

-   La intervención de SHEHEIAH **provoca la huida de las fuerzas del lado oscuro**. Este es también el caso de YERATHEL, el Ángel número 27, por lo que ambos trabajan juntamente con este propósito. SHEHEIAH otorga la invulnerabilidad mágica en todos los planos, contra todas las fuerzas adversas u ocultas. Protege contra los rigores del propio destino y aporta una protección providencial. Por ello SHEHEIAH es considerado un seguro celestial.

-   LA ESENCIA QUE APORTA es **la longevidad** y la protección contra la enfermedad para llegar al final del ciclo de vida en buenas condiciones físicas, de forma equilibrada y natural. Entre los Ángeles expertos en curación, SHEHEIAH es el sanador por excelencia. Gracias a su intervención, se obtienen curaciones milagrosas y la completa recuperación de dolencias muy graves y estados de salud desesperados.
Regula las emociones, lo que es capital sabiendo que la negatividad, que es una manifestación de AMALEK, acaba produciendo la muerte.
SHEHEIAH hace que la Luz penetre en nosotros, restablece la salud y el organismo vuelve a funcionar. Según la Cábala, la enfermedad es siempre un bloqueo de la Luz por la influencia de los tenebrosos a los que debemos vencer. Se apela a SHEHEIAH con este propósito.

-   SU PODER es **proteger contra los incendios, las enfermedades** y la ruina de los edificios. También preserva de las catástrofes, rayos y truenos, de las caídas y accidentes. Y en cuestiones de salud, de la mala circulación y la parálisis.

-   SU ATRIBUTO es **el alma gemela** en sentido amplio, esto es, las almas pertenecientes a la misma alma raíz. El concepto de alma gemela abarca desde la pareja hasta las relaciones, amigos, compañeros y socios de todo tipo. SHEHEIAH atrae la energía del alma gemela y enriquece las relaciones al transmitir la fuerza del Amor Divino que es la fuerza cósmica de liberación.

LA INFLUENCIA DE SHEHEIAH

DEL LADO OSCURO

Cuando SHEHEIAH del lado oscuro esté activado se producirán las catástrofes, en sentido real o figurado, y toda clase de accidentes o enfermedades. Dará una vida corta, ansiedades y miedos.

Los dominados por SHEHEIAH oscuro traerán mala suerte y serán gafes, pudiendo llegar a provocar desastres, por lo que convendrá mantenerse alejado de ellos.

Estas personas tendrán miedo a la muerte, lo que demuestra falta de espiritualidad. Mitigarán ese temor con actividades superficiales y, aun así, vivirán angustiados. Su fuerza de voluntad será aplastante, tendrán un temperamento agitado, turbulento y estarán siempre enfadados. Serán inconstantes, con una actitud de descuido generalizado y sin previsión, por lo que actuarán irreflexiva e irracionalmente, cometiendo errores que les apartarán del orden natural y les conducirán al caos.

DE LUZ

Al ser SHEHEIAH el sanador por excelencia, sus hijos serán los mejores curanderos e incluso tendrán una influencia terapéutica en su entorno. Además, estarán dotados de clarividencia por lo que vivirán con serenidad.

SHEHEIAH les dará premoniciones e intuiciones protectoras. Gracias a ello, podrán presentir acertadamente lo que va a ocurrir a nivel global y poseerán una conciencia colectiva.

SHEHEIAH protegerá a los suyos contra los excesos y los extremos, y también contra los fanatismos, dándoles prudencia, circunspección y un juicio certero.

El Eterno respondió al Ángel que hablaba conmigo palabras buenas, palabras de consuelo.

Zacarías 1, 13

29
REIYEL

YOD – YOD – RESH

Su nombre significa: **Dios pronto a socorrer**

Versículo del Ángel*, Salmo 9, 12*

Cantad alabanzas al Eterno, que se sienta en Sion, proclamad entre los pueblos sus hazañas

Vocalización del Nombre: *Reyi, según Cordovero y Re/Ye/Ye según Abulafia*
Esencia: *Liberación*
Poder: *Protege la fe*
Atributo: *Eliminar el odio*

SUS REGENCIAS

Ángel del Cuerpo Físico: *Sol del 20° al 25° de Leo, aprox. del 14 al 18 de agosto.*

Ángel del Cuerpo Astral o Emocional: *Sol en los siguientes grados,*

- *de 28° a 29° de Aries,*
- *de 10° a 11° de Cáncer,*
- *de 22° a 23° de Virgo,*
- *de 4° a 5° de Sagitario y*
- *de 16° a 17° de Acuario.*

Ángel del Cuerpo Mental: *lapso entre +9:20h y +9:40h a partir de la salida del Sol.*

LAS BENDICIONES QUE OTORGA REIYEL

- LA ESENCIA QUE APORTA es **la liberación**. REIYEL otorga la protección divina, que es infalible. Rescata de las fuerzas oscuras y de los enemigos, visibles o invisibles a los que desenmascara mediante una abundante canalización de Luz. Protege incluso de brujos, mal de ojo, maleficios, encantos, sortilegios, del Mal, y no permite que las malas influencias astrales entren en el aura.

- SU PODER es **proteger la fe** contra el fanatismo y la hipocresía. Actúa contra los impíos y los enemigos de Dios. Da celo en la propagación de la verdad ya sea mediante la palabra o por escrito. REIYEL es el Ángel de la espiritualidad.

- SU ATRIBUTO es **eliminar el odio**. REIYEL permite despojarse y borrar ese sentimiento tan negativo y además blinda contra la envidia. Los cabalistas dicen que, tanto las catástrofes naturales como las enfermedades, tienen relación con el odio colectivo que genera la humanidad. Por ello, si aborrecemos a alguien, con razón o sin ella, contribuiremos a atraer destrucción al mundo, pero si conseguimos liberarnos del odio, nos purificaremos y saldremos ganando ya que la negatividad se volverá de retruque contra el ofensor.

- A REIYEL se le puede pedir que **desaparezcan los obstáculos de nuestra vida**. Desatasca y aleja de etiquetas reductoras como el activismo al servicio de razas, pueblos, banderas, ciudades y nos da la libertad de convertirnos en ciudadanos libres. Además, independiza de lo material.

- REIYEL rige sobre los sentimientos religiosos, la filosofía divina, la meditación y da inspiración para redactar discursos y plegarias. Protege de los impíos y de los enemigos de la religión. REIYEL **eleva a un alto estado de consciencia**, revela secretos sobre las fuerzas cósmicas y establece una conexión con los guías espirituales.

LA INFLUENCIA DE REIYEL

DEL LADO OSCURO

Cuando REIYEL del lado oscuro esté activado estimulará la ambición, la avaricia, la manipulación y la voluntad enfermiza de destacar en todo.

Al ser REIYEL de Luz el Ángel de la espiritualidad en sentido amplio, su reflejo oscuro producirá fanáticos, hipócritas y propagandistas contra la verdadera espiritualidad. Serán los misioneros perversos, los que predican fraudulentamente la transcendencia e incluso los que popularizan el ateísmo. Por ello, REIYEL de abajo es el Ángel de la propagación de ideas religiosas falsas y peligrosas, y es también el Ángel de la Inquisición.

El Evangelio de Mateo recoge las palabras de Jesús sobre los falsos religiosos:

¡Ay de vosotros, escribas y fariseos, hipócritas!, porque sois semejantes a sepulcros blanqueados, que por fuera parecen hermosos, pero por dentro están llenos de huesos de muertos y de toda inmundicia.
Mateo 23, 27

DE LUZ

REIYEL de Luz rige sobre la meditación, la espiritualidad y la religión e inclina a profundizar en los misterios de la obra divina. Inspirará a los que desean consagrarse a la transcendencia en todas sus modalidades, a los buscadores de la verdad que luchan contra las falsas creencias. Durante sus regencias, la espiritualidad se verá estimulada, disipando la oscuridad interna.

Los hijos de REIYEL de Luz serán militantes de la propagación de la verdad, por la palabra, dicha o escrita, o por el ejemplo. Estas personas estarán armadas en la vida con el extraordinario don del discernimiento entre el Bien y el Mal que permite actuar correctamente. Y ya sabemos que este don es de importancia capital para evitar males mayores.

En esto, salió el Ángel que hablaba conmigo, y otro Ángel salió a su encuentro
Zacarías 2, 7

30
OMAEL

MEM – VAV – ALEF

Su nombre significa: **Dios Paciente**

Versículo del Ángel, *Salmo 7, 18*

¡Alabaré al Eterno, conforme a Su Justicia, y cantaré el Nombre de Dios el Altísimo!

Vocalización del Nombre: *Avam, Om, según Cordovero y A/Wa/Me, Abulafia*
Esencia: *Multiplicación*
Poder: *Protege contra la tristeza y la desesperación*
Atributo: *Construir puentes*

SUS REGENCIAS

Ángel del Cuerpo Físico: *Sol del 25° al 30° de Leo, aprox. del 19 al 23 de agosto.*

Ángel del Cuerpo Astral o Emocional: *Sol en los siguientes grados,*

- *de 29° a 30° de Aries,*
- *de 11° a 12° de Cáncer,*
- *de 23° a 24° de Virgo,*
- *de 5° a 6° de Sagitario y*
- *de 17° a 18° de Acuario.*

Ángel del Cuerpo Mental: *lapso entre +9:40h y +10:00h a partir de la salida del Sol.*

LAS BENDICIONES QUE OTORGA OMAEL

- OMAEL comunica **la energía de la felicidad, de la abundancia material y espiritual**. Se le conoce como *"píldora de felicidad"* porque otorga plenitud en todos los sentidos y construye un puente hacia los mundos superiores. Permite ver lo invisible y prever las oportunidades que brindarán el éxito. Ayuda a adquirir fortuna a través del talento y a tener ideas brillantes y prósperas.

- LA ESENCIA QUE APORTA es **la multiplicación** que da abundantes cosechas en todos los ámbitos de la vida. Lo que se siembra bajo su influencia resultará muy productivo, desde la vegetación hasta los embarazos. Otorga fecundidad a las parejas y bendice con partos normales. Además, y no es esto menor, concede la posibilidad de dar vida a un alma elevada, de traer al mundo a un elegido. También actúa contra el aborto, la eutanasia, la eugenesia y la disminución de la población al ser el conservador de la vida por excelencia y el continuador de la humanidad, de las especies animales y vegetales. OMAEL rige específicamente sobre el reino animal, da instinto para curar a los animales y produce magníficos veterinarios. También asiste a los cirujanos y ginecólogos y lleva al éxito en los estudios de medicina, cirugía y química.
Este Ángel porta la energía de la Madre y hace resurgir el niño interior, que es muy sanador.

- SU PODER es **proteger contra la tristeza y la desesperación**. Da paciencia en los avatares de la vida y ayuda a los desesperados a recuperar la alegría de vivir.

- SU ATRIBUTO es **construir puentes**. Este Ángel porta el sonido "OM" que corresponde al mantra raíz y representa un enlace con la dimensión espiritual que es la verdadera fuente de alegría y satisfacción. Cuando atravesamos un periodo oscuro, en el que todo se tuerce y en el que no hay respuesta a las plegarias, es que se ha interrumpido nuestra conexión con la Luz. OMAEL tiene la capacidad de restablecerla.

LA INFLUENCIA DE OMAEL

DEL LADO OSCURO

Cuanto más altas son las virtudes del Ángel de Luz, más terrible es la versión del lado oscuro, y cuando OMAEL de las sombras esté activado surgirá un Ángel terrorífico que será el enemigo de la vida, representará la cultura de la muerte e intentará dejar la menor cantidad posible de seres humanos sobre la Tierra. Entre sus obras destacan los mensajes escritos en las piedras guía de Georgia, en Estados Unidos. En ellas está grabado: *"Mantener la humanidad a menos de 500.000.000 en equilibrio perpetuo con la naturaleza"*. En la actualidad, 7.500 millones de personas habitamos el planeta. Reducir la población a 500 millones supondría un genocidio de tal magnitud que no admite comentarios.

Los dominados por OMAEL serán partidarios de decimar a la humanidad por todos los medios posibles, desde el aborto, la eutanasia, la esterilización, el suicidio y hasta el genocidio. Su militancia contra la vida será radical y desearán la aniquilación general. Esto podría llegar a producir fenómenos monstruosos en su existencia, trayendo al mundo niños deformes o retrasados. Odiarán a los animales y a la agricultura y podrían trabajar en mataderos, ensañarse con los animales, destrozar cosechas o contaminarlas. La encarnación de OMAEL oscuro será el gran exterminador y un peligro para quienes tengan trato con él, porque donde vaya, irá acompañado de la muerte. Su encarnación será corta por efecto de las fuerzas negativas que le invaden. Malos aspectos planetarios sobre los grados de regencia de OMAEL podrían despertar al Ángel del exterminio y entonces la persona afectada estará dispuesta a todo para poder masacrar.

DE LUZ

OMAEL de Luz rige sobre los médicos, los veterinarios, los químicos, los biólogos y los que investigan y trabajan en temas de salud. Producirá a los descubridores de medicamentos y vacunas que constituirán avances notables en beneficio de la humanidad. Transmitirán amor a todas las criaturas y realizarán buenas obras.

Volvió el Ángel que hablaba conmigo y me despertó como a un hombre que es despertado de su sueño.

Zacarías 4, 1

31
LECABEL

BET – KAF – LAMED

Su nombre significa: **Dios que inspira**

Versículo del Ángel, Salmo 31, 15

Mas yo en Ti confío, oh Señor, digo: Tú eres mi Dios.

Vocalización del Nombre: *Lecav, según Cordovero y La/Ja/Ve, según Abulafia*

Esencia: *Talento Resolutivo*

Poder: *Protege la vegetación*

Atributo: *Concluir lo empezado*

SUS REGENCIAS

Ángel del Cuerpo Físico: *Sol del 0° al 5° de Virgo, aprox. del 24 al 28 de agosto.*

Ángel del Cuerpo Astral o Emocional: *Sol en los siguientes grados,*

- *de 0° a 1° de Tauro,*
- *de 12° a 13° de Cáncer,*
- *de 24° a 25° de Virgo,*
- *de 6° a 7° de Sagitario y*
- *de 18° a 19° de Acuario.*

Ángel del Cuerpo Mental: *lapso entre +10:00h y +10:20h a partir de la salida del Sol.*

LAS BENDICIONES QUE OTORGA LECABEL

- LECABEL **ayuda a pasar del mundo de la carencia al mundo de la abundancia,** otorgando fortuna y plenitud. Da inspiración e ideas brillantes generadoras de prosperidad por lo que, con este Ángel, la fortuna se adquiere gracias al talento. Además, protege y libera del acoso de avariciosos y usureros.

- LA ESENCIA QUE APORTA es **el talento resolutivo** que confiere un intelecto poderoso para solventar enigmas y misterios.
LECABEL capacita en particular para las ciencias exactas, la astronomía y la geografía. Ayuda a resolver problemas, otorga inspiraciones oportunas y permite llevar a buen término los proyectos. Se apela pues a este Ángel para tener ideas brillantes que solucionarán problemas difíciles e incluso extraordinariamente complicados. También conviene encomendarse a LECABEL para encontrar métodos útiles al oficio que se ejerce y para captar la Luz ya que talento resolutivo aplicado a la profesión da brillantes estrategas.

- SU PODER es **proteger la vegetación,** la agricultura y la abundancia en las cosechas.

- SU ATRIBUTO es **concluir lo que se empieza,** también en el terreno espiritual. Este Ángel permite entender que los obstáculos en nuestra misión y en nuestra vida son solo pruebas y que no tienen existencia real.

- LECABEL **transmite conocimientos transcendentes.** Enseña a prolongar la propia vida por medios espirituales, otorga el don de clarividencia y puede ayudar a descubrir tesoros por métodos psíquicos.

LA INFLUENCIA DE LECABEL

DEL LADO OSCURO

Cuando LECABEL del lado oscuro esté activado se estimulará la voluntad de obtener todo por medios ilícitos y se potenciará la corrupción. Entonces triunfarán la avaricia, la usura y los métodos ilegales.

Los dominados por él serán los explotadores, los que blanquean dinero, los delincuentes de cuello blanco y todos los que ensucian con sus corruptelas la sangre de la sociedad que es el dinero. En casos severos, podrán llegar a ser traficantes de drogas, de armas e incluso de personas. En justa reciprocidad con la corrupción consustancial de su ser, tendrán constantes altibajos en su existencia y encajarán fuertes golpes del destino. En algunos casos, la mala relación con el dinero dará tacañería o, por el contrario, descuido y negligencia, provocando pérdidas importantes e incluso quiebras. Estas personas buscarán forzar el destino y podrían llegar a ser jugadores compulsivos.

DE LUZ

Los hijos de LECABEL de Luz serán dirigentes natos, estrategas militares, excelentes organizadores y probados intelectuales. Brillarán como responsables de recursos humanos y también serán capaces de hacer reflotar empresas en crisis por tener una clara visión de futuro, lo que les permitirá diseñar lo que conviene hacer. También destacarán como capitanes de industria. LECABEL inclinará a estudiar las ciencias exactas y ayudará a entenderlas con facilidad. Estas personas serán capaces de resolver los problemas más difíciles y tendrán ideas brillantes, haciendo fortuna gracias a su talento. Serán aficionados a la astronomía, las matemáticas, la geometría, la arqueología, la historia y en general, al estudio del pasado.

Apelar a LECABEL será particularmente benéfico para los deportistas a los que dará superioridad física, coraje y resistencia.

Proseguí y dije al Ángel que hablaba conmigo: "¿Qué es esto, Señor mío?"
Zacarías 4, 4

32

VASHARIAH

RESH – SHIN – VAV

Su nombre significa: **Dios Justo**

Versículo del Ángel, *Salmo 116, 4*
Y el Nombre del Eterno invoqué: ¡Oh, Señor, salva mi alma!

Vocalización del Nombre: *Veshar, según Cordovero y Wa/Shi/Re, según Abulafia*
Esencia: *Clemencia. Justicia Clemente.*
Poder: *Inspira a la justicia*
Atributo: *Recordar los errores*

SUS REGENCIAS

Ángel del Cuerpo Físico: *Sol del 5° al 10° de Virgo, aprox. del 29 de agosto al 2 de septiembre.*

Ángel del Cuerpo Astral o Emocional: *Sol en los siguientes grados,*

- *de 1° a 2° de Tauro,*
- *de 13° a 14° de Cáncer,*
- *de 25° a 26° de Virgo,*
- *de 7° a 8° de Sagitario y*
- *de 19° a 20° de Acuario.*

Ángel del Cuerpo Mental: *lapso entre +0:20 y +10:40h a partir de la salida del Sol.*

LAS BENDICIONES QUE OTORGA VASHARIAH

-   LA ESENCIA QUE APORTA es **la clemencia y más exactamente la justicia clemente.** La justicia divina es clemente y la humana debe serlo para evitar que se manifiesten las tinieblas. La clemencia es una virtud divina basada en la benevolencia y la compasión al juzgar, sin ignorar la culpa. VASHARIAH concede una justicia perfecta y otorga la gracia y clemencia de los tribunales. Los juicios nos serán favorables e incluso puede que no tengan lugar por no ser admitidas las quejas a trámite o porque algo intervenga para exonerarnos. Este Ángel fomenta asimismo la actitud de clemencia hacia nosotros mismos porque es importante tratarnos bien para que los demás también lo hagan. Además, ayuda a alcanzar la nobleza.
VASHARIAH representa la energía de la redención del mundo y puede despertar en nosotros la consciencia del Mesías para iniciar nuestra redención. Permite acceder a la memoria cósmica y otorga el conocimiento del Bien y del Mal.

-   SU PODER es **inspirar a la justicia** a nuestro favor, lo que permite hacer valer nuestros derechos y obtener la clemencia de los jueces. Canaliza el auxilio divino frente a todo ataque, hace invulnerables a las armas, protege de todo lo injusto, de la corrupción de los abogados y ayuda con las peticiones a todos los poderes, incluyendo la justicia. VASHARIAH ayuda a encontrar un buen abogado y nos asiste con los magistrados para que sean benevolentes y honestos con nosotros. También con los poderosos, personas influyentes, altos dirigentes y con las peticiones de gracia en los recursos dirigidos a las autoridades.
Para quedar protegidos contra los que nos atacan, los cabalistas afirman que se debe pronunciar el nombre o nombres de los atacantes, citar el tipo y el motivo del ataque, pronunciar después este Nombre y el de su Ángel y, en fin, recitar el versículo del Ángel.

-   SU ATRIBUTO es **recordar los errores cometidos** para no repetirlos y borrar los malos recuerdos vinculados con ellos. Se puede apelar a VASHARIAH para que refuerce la memoria y dé facilidad de palabra.

LA INFLUENCIA DE VASHARIAH

DEL LADO OSCURO

Cuando VASHARIAH del lado oscuro esté activado la justicia clemente será sustituida por el abuso de poder, la prevaricación y la judicialización de los problemas por lo que abundarán los litigios. La marcada influencia negativa de VASHARIAH de las sombras afectará tanto a los dominados por él, que acabará perjudicando su salud. Además, les dejará expuestos a toda clase de acusaciones.

Las personas dominadas por VASHARIAH de las sombras podrán tener problemas de elocución, serán ariscas, presuntuosas, materialistas y a menudo mezquinas. Frecuentemente, albergarán sentimientos de culpa y tendrán malas intenciones hacia los demás porque en ausencia de la clemencia, aparece el rigor, la nobleza deja paso a lo innoble y la memoria sana es remplazada por los recuerdos tóxicos.

DE LUZ

Los hijos de VASHARIAH de Luz serán clementes, bondadosos, benevolentes, magnánimos y perdonarán fácilmente. Tendrán una profunda comprensión del significado de las pruebas en la vida, lo que les hará modestos.

VASHARIAH de Luz ayudará a sus hijos a liberarse de los sentimientos de culpa.

Hemos visto que VASHARIAH influye sobre la nobleza, sobre todo la interna. Cuando se posee la nobleza interior, se atrae la nobleza exterior, por ello, estas personas evolucionarán muy probablemente en un ambiente noble.

Los hijos de VASHARIAH de Luz estarán bendecidos con una buena memoria y facilidad de palabra. Serán además buenos planificadores y estrategas.

Por ser este Ángel uno de los especialistas en materia de justicia, produce magistrados, abogados y también nobles. Los nacidos durante sus grados de regencia y con planetas bien aspectados serán perfectos para representarnos frente a la justicia.

Ángeles del Señor, bendecid al Señor, cantadle, exaltadle eternamente.

Daniel 3, 58

33
YEJUIAH

VAV – JET – YOD

Su nombre significa: **Dios que conoce todas las cosas**

Versículo del Ángel, *Salmo 92, 6*
¡Qué grandes son Tus Obras, oh Señor, qué hondos Tus pensamientos!

Vocalización del Nombre: *Yejú, según Cordovero y Ye/Je/Wa, según Abulafia*
Esencia: *Subordinación*
Poder: *Permite desvelar lo oculto*
Atributo: *Revelar el lado oscuro*

SUS REGENCIAS

Ángel del Cuerpo Físico: *Sol del 10° al 15° de Virgo, aprox. del 3 al 8 de septiembre.*

Ángel del Cuerpo Astral o Emocional: *Sol en los siguientes grados,*

- *de 2° a 3° de Tauro,*
- *de 14° a 15° de Cáncer,*
- *de 26° a 27° de Virgo,*
- *de 8° a 9° de Sagitario y*
- *de 20° a 21° de Acuario.*

Ángel del Cuerpo Mental: *lapso entre +10:40 y +11:00h a partir de la salida del Sol.*

LAS BENDICIONES QUE OTORGA YEJUIAH

- YEJUIAH es un Ángel poderoso y **representa la protección superior.** Puede materializarlo todo y resolver los problemas más difíciles que obstaculicen nuestro destino. Bloquea todo lo nocivo, imperfecto o indeseable. Da energía para progresar espiritualmente y resistencia para encarar las pruebas de la vida.

- LA ESENCIA QUE APORTA es **la subordinación,** enseñando su razón de ser espiritual. Es la subordinación a la jerarquía inmanente y a lo que nos supera, por lo que da buenas relaciones tanto con los superiores como con los subordinados. Favorece la lealtad a valores y principios y conduce a aceptar el lugar que se nos ha asignado por destino. Protege contra la tentación de rebelarse y de combatir el poder legítimo, confiriendo el sentido del deber y la fuerza necesaria para cumplir con nuestras obligaciones.

- SU PODER es **desvelar lo oculto,** por lo que ayuda a desenmascarar a los traidores, a conocer y destruir sus intrigas y a protegerse de sus acechanzas. Permite adivinar las maquinaciones de los demás y representa la protección superior contra las trampas y confabulaciones de los malvados.

- SU ATRIBUTO es **revelar nuestro lado oscuro y eliminarlo,** lo que ayuda a cumplir el propósito de la encarnación que es fundirnos con la Luz. Por ello, conviene conocer nuestra Sombra, es decir, nuestra parte negativa, en el sentido que le da Carl Jung, porque de lo contrario la vida nos enfrentará a ella y la experiencia no será agradable. Cuando no entendamos la razón de nuestras desdichas, encomendémonos a YEJUIAH ya que este Ángel permite conocer todas las cosas.

- YEJUIAH **apoya las iniciativas desinteresadas y filantrópicas.** Si apelamos a él, nos ayudará a encontrar a patrocinadores y aliados para lanzar esos proyectos.

LA INFLUENCIA DE YEJUIAH

DEL LADO OSCURO

Cuando YEJUIAH del lado oscuro esté activado fomentará revueltas contra lo establecido, insubordinaciones, sediciones y rebeliones.

Los dominados por él se situarán vitalmente a contracorriente, lucharán contra el sistema y serán desobedientes. Semejante actitud causará problemas con todas las formas de autoridad, familiar, social o profesional.

YEJUIAH oscuro se encarnará en el rebelde, sistemáticamente opuesto a todo lo que signifique orden y autoridad. Son estos los insurrectos crónicos contra cualquier imagen de poder constituido. No podrán soportar la jerarquía, por lo que se autoexcluirán o serán apartados de las posiciones de mando.

En casos extremos YEJUIAH de las sombras podrá conducir al alcoholismo y a la drogadicción como modo de evasión de un sistema que le repele y que contesta. También inclinará a una actitud vital de abandono de todo y de todos.

DE LUZ

Los hijos de YEJUIAH de Luz tendrán sentido del deber y amor al servicio. Por ello, trabajarán gustosamente con sus superiores, en buena colaboración y espíritu de equipo. Serán capaces de soportar mucha presión en el trabajo. Tendrán la reputación de ser empleados leales y de confianza. Semejantes cualidades les granjearán el aprecio y el reconocimiento por parte de su jerarquía.

Además, poseerán una visión global de la empresa o del lugar en que trabajen con capacidad para planificar y llevar a cabo proyectos importantes, cumplir con los compromisos y asumir responsabilidades.

Los hijos de YEJUIAH de Luz harán buen uso de las relaciones en su carrera profesional. Sabrán ser flexibles y serán apreciados por su apoyo a iniciativas altruistas.

El Príncipe del reino de Persia me ha hecho resistencia durante veintiún días, pero Miguel, uno de los Primeros Príncipes, ha venido en mi ayuda.

Daniel 10, 13

34
LEHAJIAH

JET – HEI – LAMED

Su nombre significa: **Dios clemente**

Versículo del Ángel, *Salmo 98, 4*
Aclamad con júbilo al Señor, toda la tierra, prorrumpid y cantad con gozo, cantad salmos

Vocalización del Nombre: *Lehaj, según Cordovero y La/He/Je según Abulafia*
Esencia: *Obediencia*
Poder: *Calma el odio*
Atributo: *Olvidarse de sí mismo*

SUS REGENCIAS

Ángel del Cuerpo Físico: *Sol del 15° al 20° de Virgo, aprox. del 9 al 13 de septiembre.*

Ángel del Cuerpo Astral o Emocional: *Sol en los siguientes grados,*

- *de 3° a 4° de Tauro,*
- *de 15° a 16° de Cáncer,*
- *de 27° a 28° de Virgo,*
- *de 9° a 10° de Sagitario y*
- *de 21° a 22° de Acuario.*

Ángel del Cuerpo Mental: *lapso entre +11:00 y +11:20h a partir de la salida del Sol.*

LAS BENDICIONES QUE OTORGA LEHAJIAH

- LEHAJIAH **otorga una suerte extraordinaria.** Ayuda con las peticiones hechas a autoridades y superiores. También a obtener importantes distinciones como condecoraciones, títulos, honores y donaciones. Si desea recibir un gran premio o un honor insigne, encomiéndese a este Ángel.

- LA ESENCIA QUE APORTA es **la obediencia**, que debe distinguirse de la subordinación, transmitida por del Ángel precedente, YEJUIAH, el número 33.
La subordinación es más general y duradera, mientras que la obediencia puede ser puntual porque obedecemos órdenes, pero estamos subordinados a la voluntad del rey. LEHAJIAH comunica la virtud espiritual de la obediencia que es la actitud de plegarse a la autoridad recibida por derecho divino. Esa es la naturaleza del voto religioso de obediencia en las diferentes iglesias. Además, LEHAJIAH nos enseña que, en caso de desacuerdo vital, la actitud correcta no es la rebelión, sino el desapego.

- SU PODER es **calmar el odio, aplacar la cólera**, las pasiones exacerbadas, propias y ajenas y también la depresión, que es una forma de cólera interiorizada. LEHAJIAH forma un escudo de energía positiva a nuestro alrededor. Es un guardián y concede las virtudes del guerrero que son el coraje, la disciplina, la lealtad, la capacidad de sacrificio y el espíritu de servicio, protegiendo contra la tentación de declarar guerras de todas clases ya que su misión es defender las leyes divinas. También resguarda a quienes viajan por mar y calma las tormentas.

- SU ATRIBUTO es **olvidarse de sí mismo y vencer el ego**. Cuando nos desprendemos del ego y de sus exigencias dejamos de ser nuestro propio enemigo y un obstáculo para nuestra evolución. La grandeza espiritual consiste en olvidarse de sí para alcanzar la trascendencia. LEHAJIAH representa el *"hágase Tu Voluntad"* y la acción desapegada de los resultados que elimina la ilusión.

LA INFLUENCIA DE LEHAJIAH

DEL LADO OSCURO

Cuando LEHAJIAH del lado oscuro esté activado provocará discordias, sediciones y traiciones, la ruina de colectividades o hasta de naciones e incluso la guerra.

Contrariamente al Ángel de Luz, suscitará conflictos con los superiores e incluso luchas contra los poderes establecidos.

A aquellos que estén bajo su influjo les producirá una intensa cólera, lo que podría desembocar en actividades delictivas.

Contrariamente a la guerra santa, la de LEHAJIAH de abajo es demoníaca y destruirá a los que se asocien o participen en ella.

DE LUZ

Los hijos de LEHAJIAH de Luz podrán acceder a la celebridad por su talento y sus realizaciones.

Gozarán de la confianza y los favores de sus superiores que merecerán ampliamente por su entrega, fidelidad y por los servicios prestados. Serán personas totalmente fiables, lo que les procurará buenos puestos de trabajo.

Dedicarán su vida al servicio del orden establecido y del sistema en vigor. Podrán ser líderes o dirigentes, pero también miembros de las fuerzas del orden.

LEHAJIAH de Luz es un antídoto contra la cólera y, gracias a la influencia del Ángel, esta se aplaca. Sus hijos serán pues pacificadores, buenos consejeros y personas de bien.

LEHAJIAH rige sobre las cabezas coronadas, los príncipes y los nobles.

Así sucederá al fin del mundo: saldrán los Ángeles, separarán a los malos de entre los justos
Mateo 13, 49

35
KAVAKIAH

KUF – VAV – KAF

Su nombre significa: **Dios que da alegría**

Versículo del Ángel, Salmo 88, 14

Mas yo, a ti pido auxilio, Señor, y mi oración llega ante ti por la mañana

Vocalización del Nombre: *Kevaq, según Cordovero y Ka/Wa/Ke, según Abulafia*
Esencia: *Reconciliación*
Poder: *Permite reparar las ofensas*
Atributo: *Energía Sexual*

SUS REGENCIAS

Ángel del Cuerpo Físico: *Sol del 20° al 25° de Virgo, aprox. del 14 al 18 de septiembre.*

Ángel del Cuerpo Astral o Emocional: *Sol en los siguientes grados,*

- *de 4° a 5° de Tauro,*
- *de 16° a 17° de Cáncer,*
- *de 28° a 29° de Virgo,*
- *de 10° a 11° de Sagitario y*
- *de 22° a 23° de Acuario.*

Ángel del Cuerpo Mental: *lapso entre +11:20 y +11:40h a partir de la salida del Sol.*

LAS BENDICIONES QUE OTORGA KAVAKIAH

- LA ESENCIA QUE APORTA es **la reconciliación**. KAVAKIAH es uno de los Ángeles encargados de la reconciliación conyugal, misión que comparte principalmente con YELIEL, el número 2. Brinda paz a las familias y comprensión entre padres e hijos, haciendo entender lo sagrado de los lazos familiares. Evita caer en la tentación de provocar discordias y convierte a los enemigos en amigos. Aporta armonía en las relaciones sociales y ayuda a reanudar felizmente con el pasado.
KAVAKIAH facilita el reparto amistoso durante los procesos testamentarios, donaciones y sucesiones. Evita caer en la tentación de lanzarse en procesos injustos y ruinosos. Da la energía necesaria para alcanzar objetivos y llevar a cabo cualquier proyecto sin litigar.

- SU PODER es **reparar las ofensas causadas o sufridas**. Neutraliza a quien quiere ofendernos, así como los embates de las entidades negativas. Al activar la energía del perdón y de la reconciliación se eleva la Luz en nosotros y nos eleva a los mundos superiores. Se apela a KAVAKIAH pues para obtener el perdón y el favor de las personas a las que hemos ofendido, y ello se hace nombrando a la persona o personas agraviadas y formulando la petición de disculpa.

- SU ATRIBUTO es **la energía sexual**, conectando con el propósito espiritual del sexo que es elevar la consciencia mediante la alta energía que genera. Al apelar a KAVAKIAH, el acto sexual se transforma en un acto sagrado, en un gesto místico. Es el Hieros Gamos en el que la unión de lo masculino y lo femenino vincula el plano físico con los planos superiores y trae Luz a la existencia. Siempre a condición de que se trate de un acto de amor, porque el sexo por mero placer no permite establecer conexión espiritual alguna.

- KAVAKIAH es el Ángel de **los niños abandonados y de los ancianos** a los que protege y mejora sus condiciones de vida.

LA INFLUENCIA DE KAVAKIAH

DEL LADO OSCURO

Cuando KAVAKIAH del lado oscuro esté activado fomentará los problemas familiares, las disputas y la desunión. La discordia en la familia podrá sobrevenir por cuestiones de herencia o de costumbres. Provocará antipatía, discriminación, confusión y a veces litigios injustificados y perjudiciales.

KAVAKIAH de abajo expondrá a la ingratitud, a los procesos injustos, a la pérdida de bienes e incluso a la ruina personal o de empresas y proyectos. Los dominados por él serán propensos a hacer juicios morales y a maltratar a sus empleados, intentando esclavizarlos. Serán posesivos y egoístas, buscarán controlar a los demás y carecerán de bondad.

Estas personas vivirán en un estado de dependencia emocional y material de su familia a la que tendrán un apego excesivo e insano. Se aferrarán al pasado, perpetuarán patrones ancestrales de costumbres y de comportamientos familiares. En sus vidas podría llegar a producirse un matrimonio forzado.

DE LUZ

Los hijos de KAVAKIAH de Luz serán expertos en reconciliaciones y mediaciones. Procurarán vivir en paz con todo el mundo, incluso sacrificando sus intereses. La paz, la conciliación y la concordia serán sus objetivos supremos.

Muchos de los mediadores profesionales han nacido durante los grados de regencia de este Ángel. Gracias a la protección de KAVAKIAH, sus hijos destacarán en labores orientadas al bienestar social apoyándose en su capacidad de resolver problemas y de tomar decisiones, también en su carácter asertivo.

Además, serán buenos jefes y recompensarán la fidelidad y el trabajo de los que están a su servicio.

El Ángel del Señor le respondió: "¿Por qué me preguntas el Nombre, si es maravilloso?"
Jueces 13, 18

36
MENADEL

DALET – NUN – MEM

Su nombre significa: **Dios Adorable**

Versículo del Ángel, *Salmo 26, 8*
Señor, la habitación de Tu casa he amado, y el lugar de la morada de Tu Gloria.

Vocalización del Nombre: *Menad, según Cordovero y Me/Nu/Da, según Abulafia*
Esencia: *Trabajo*
Poder: *Permite conseguir la estabilidad*
Atributo: *Sin Temor*

SUS REGENCIAS

Ángel del Cuerpo Físico: *Sol del 25° al 30° de Virgo, aprox. del 19 al 23 de septiembre.*

Ángel del Cuerpo Astral o Emocional: *Sol en los siguientes grados,*

- *de 5° a 6° de Tauro,*
- *de 17° a 18° de Cáncer,*
- *de 29° a 30° de Virgo,*
- *de 11° a 12° de Sagitario y*
- *de 23° a 24° de Acuario.*

Ángel del Cuerpo Mental: *lapso entre +11:40h y +12:00h a partir de la salida del Sol.*

LAS BENDICIONES QUE OTORGA MENADEL

-   LA ESENCIA QUE APORTA es **el trabajo**, de la que depende la actividad. Ayuda a encontrar trabajo, a conocer las propias cualidades profesionales y a conservar el empleo. Enseña el significado espiritual de la actividad profesional que conduce a la libertad y a la verdad, a través del servicio y la acción.

-   SU PODER es **conseguir la estabilidad** a través del trabajo. Ayuda a obtener un aumento de sueldo, a preservar el empleo o a incrementar los recursos. Da fuerza de voluntad para ponerse a trabajar y dedicación en el ejercicio de la profesión.

-   SU ATRIBUTO es **vivir sin temor**. MENADEL es el antídoto contra el miedo. En el ciclo de toda existencia, antes de alcanzar la felicidad y la libertad, hay que recorrer un camino arduo y atravesar la oscuridad. Ante cada prueba, por terrible que sea, recordemos que la hemos elegido antes de nacer o que nos llega por tikún, por tanto, a lo que hay que temer es al miedo, que es el único obstáculo para superarla. MENADEL vence el miedo y transforma profundamente por la valentía que infunde.

-   MENADEL **protege contra los chismes, los calumniadores, los maledicentes** y los que quieren dañarnos, dándonos fuerza para destruir sus argumentos y arruinar sus propósitos. Además, libera de todas las energías negativas y elimina los recuerdos tóxicos y los malos hábitos que de ellos derivan.

-   MENADEL **protege a los débiles y a los oprimidos**. Se apela a este Ángel para liberar a los cautivos e integrar a los marginados. Protege a los que tratan de huir de la justicia y ayuda a los exiliados para que regresen a su patria. Conecta además con las personas de las que nos habíamos alejado y nos guía para encontrar bienes extraviados o sustraídos.

LA INFLUENCIA DE MENADEL

DEL LADO OSCURO

Cuando MENADEL del lado oscuro esté activado hará luchar enconadamente para conservar los medios de subsistencia y vivir con dignidad y decoro. Los dominados por él podrían llegar a perder sus recursos por mala planificación, por equivocarse con el trabajo elegido, por malos hábitos o vicios adquiridos que se transformarán en serios problemas.

MENADEL de abajo rige el ocio y la pereza, con lo que causará dificultades en el trabajo por defecto, esto es, dará dificultad para encontrar un empleo o provocará su pérdida.

En casos aislados, el Ángel podría causar un exceso de trabajo, por lo que la actividad profesional se convertirá en la primera prioridad y las personas afectadas medirán exclusivamente su valía por su estatus social y el rol que desempeñen en la sociedad.

En ambos casos, por defecto y por exceso, los dominados por MENADEL de las sombras no llegarán a comprender el significado profundo del trabajo.

DE LUZ

Los hijos de MENADEL de Luz se caracterizarán por su fuerza de voluntad y por su aguda inteligencia. Serán perfeccionistas y asumirán sus responsabilidades con sentido del deber, seriedad y dedicación. Su amor al trabajo será una de sus fuerzas motrices, lo que les hará ser exigentes con los demás en el ámbito profesional. A menudo ocuparán posiciones destacadas y podrán ser conocidos mediáticamente.

En la interacción social harán gala de sinceridad y valorarán la amistad.

Los protegidos por MENADEL podrán alcanzar el éxito en el sector de la comunicación y estarán bendecidos con un sano optimismo y gran locuacidad, dones que deberán utilizar con tiento para no cometer excesos verbales.

Pues en la resurrección, ni ellos tomarán mujer ni ellas marido, sino que serán como Ángeles en el cielo.

Mateo 22, 30

37

ANIEL

YOD – NUN – ALEF

Su nombre significa: **Dios de las virtudes**

Versículo del Ángel, *Salmo 94, 18*
Cuando yo decía: mi pie resbala, Tu Misericordia, oh, Señor, me sustentaba.

Vocalización del Nombre: *Ani, según Cordovero y A/Nu/Ye, según Abulafia*
Esencia: *Romper el Cerco*
Poder: *Otorgar la victoria*
Atributo: *El cuadro completo*

SUS REGENCIAS

Ángel del Cuerpo Físico: *Sol del 0° al 5° de Libra, aprox. del 24 al 28 de septiembre.*

Ángel del Cuerpo Astral o Emocional: *Sol en los siguientes grados,*

- *de 6° a 7° de Tauro,*
- *de 18° a 19° de Cáncer,*
- *de 0° a 1° de Libra,*
- *de 12° a 13° de Sagitario y*
- *de 24° a 25° de Acuario.*

Ángel del Cuerpo Mental: *lapso entre +12:00 y +12:20h a partir de la salida del Sol.*

LAS BENDICIONES QUE OTORGA ANIEL

- ANIEL significa *"Yo Soy Dios"* ya que ANI significa Yo y EL significa Dios. La fuente última del Yo reside en el Infinito, en lo Absoluto no manifestado oculto tras el velo del AIN, la Nada, y como vimos, AIN, es una permutación de ANI, el Yo. Por ello, ANIEL ayuda a domeñar el ego y a acercarse a la divinidad interior.

- LA ESENCIA QUE APORTA es **romper el cerco** para vernos libres de las fuerzas que nos acosan y salir del bloqueo que nos imponen.

- SU PODER es **otorgar la victoria** cuando nos limitan las circunstancias, lo que permite superar cualquier dificultad y llevar una vida digna. Junto con HEKAMIAH, el número 16, ANIEL es el Ángel de las guerras y con él la victoria también podrá obtenerse por las armas, si fuese necesario llegar a ese extremo.

- SU ATRIBUTO es **entender el cuadro completo** o, lo que es lo mismo, la perspectiva de conjunto. Da pues visión de futuro acerca de las consecuencias de los actos propios y ajenos. Preserva de los charlatanes y embaucadores y además libera de aquellos que pretenden estafarnos o engañarnos.

- ANIEL canaliza Luz para **solventar crisis y conflictos**. Limpia y purifica traumas relacionados con la sexualidad, la dependencia emocional y las adicciones. Permite comprender que cada obstáculo encierra una oportunidad y cuál es el propósito espiritual de los retos a los que nos enfrentamos.

- ANIEL **facilita la instrucción y la sabiduría**. Revela los secretos de la naturaleza, la filosofía oculta y la Cábala e incluso lleva a la celebridad por ello. Inspira a los filósofos y ayuda a ser un aclamado artista, particularmente a los escritores y músicos.

LA INFLUENCIA DE ANIEL

DEL LADO OSCURO

Cuando ANIEL del lado oscuro esté activado triunfarán las mentes perversas y los engaños. Los dominados por él serán inicuos y superficiales, charlatanes e incluso demagogos, además de materialistas habituados a mentir y a hablar por hablar. Al ser intelectualmente inmovilistas y reacios a las innovaciones, basarán a menudo sus engaños en la defensa a ultranza de la tradición. Serán los fanáticos nacionalistas y los adeptos de las costumbres establecidas, aunque sean nocivas, y de las lenguas vernáculas como fronteras invisibles. Su razonamiento estará basado en falacias por las que podrían dañar a los demás o incluso dejarse matar por ellas. Esas personas no escasean en la sociedad actual y, en nuestro mundo tan desnortado, los ámbitos de la política y del poder están llenos de gente aviesa que lucha denodadamente para mantener lo establecido, ignorando completamente las consecuencias de sus actos. Como sabemos, la Cábala afirma que los peores enemigos del progreso espiritual son el ego y el poder.

DE LUZ

Los nacidos bajo la influencia de ANIEL de Luz destacarán en la filosofía, pudiendo llegar a ser pensadores célebres gracias a sus obras. Serán vanguardistas y abrirán el camino a ideas nuevas o a verdades cósmicas, siendo esta su misión de vida. Por ello, alcanzarán la fama con esfuerzo al ser portadores de ideas innovadoras que son sistemáticamente rechazadas por el pensamiento único que es continuista. Para ayudarles, el Ángel les hará ser personas muy independientes con perfecto control sobre sí mismos.

Los protegidos por ANIEL serán trabajadores incansables, con una admirable madurez y paciencia. Nunca estarán preocupados porque entenderán a la perfección la naturaleza ilusoria de la existencia que no es más que una escuela. Ello les ayudará a mantener una actitud estoica y serena.

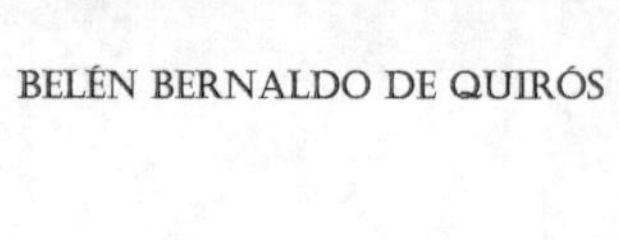

El enviará a sus Ángeles con sonora trompeta, y reunirán de los cuatro vientos a sus elegidos, desde un extremo de los cielos hasta el otro.

Mateo 24, 31

38

JAAMIAH

MEM – EIN – JET

Su nombre significa: **Dios esperanza de todas las criaturas de la tierra**

Versículo del Ángel, *Salmo 91, 9*
Tú que dices: "¡Mi refugio es el Eterno!", y haces del Altísimo tu asilo.

Vocalización del Nombre: *J'am, Jam, según Cordovero y Je/Aa/Me, según Abulafia*
Esencia: *Sentido Ritual, Ceremonial, Culto Religioso y Conjuros*
Poder: *Protege contra las potencias terrestres*
Atributo: *Sistema de circuitos*

SUS REGENCIAS

Ángel del Cuerpo Físico: *Sol del 5° al 10° de Libra, aprox. del 29 de septiembre al 3 de octubre.*

Ángel del Cuerpo Astral o Emocional: *Sol en los siguientes grados,*

- *de 7° a 8° de Tauro,*
- *de 19° a 20° de Cáncer,*
- *de 1° a 2° de Libra,*
- *de 13° a 14° de Sagitario y*
- *de 25° a 26° de Acuario.*

Ángel del Cuerpo Mental: *lapso entre +12:20h y +12:40h a partir de la salida del Sol.*

LAS BENDICIONES QUE OTORGA JAAMIAH

- LA ESENCIA QUE APORTA es **el sentido ritual, ceremonial, el culto religioso y los conjuros** que conducen a la iniciación. Ayuda a dominar los rituales de todos los cultos y a realizar exorcismos. Guía en la búsqueda de la verdad. JAAMIAH es el inspirador de las ceremonias que se practican en cada religión y en las escuelas esotéricas. Sus regencias serán momentos propicios para iniciar ritos, ceremonias y operaciones mágicas, siempre que los aspectos astrológicos sean armónicos.

- SU PODER es **proteger contra las potencias terrestres**, particularmente contra el rayo, las armas y los animales feroces. JAAMIAH renueva la energía de la que disponemos, limpia, purifica, libera de ataduras, complejos, bloqueos energéticos causados por traumas, domina a los espíritus infernales y refuerza lo divino en nosotros. Exorciza el mal y protege de conjuros y rituales oscuros. Por ello, se apela a JAAMIAH para detener trabajos de magia negra, cortar relaciones enfermizas, amedrentar enemigos y conjurar todo tipo de operación oscura. Las protecciones que otorga son de orden mágico.
Asimismo, se debe apelar a JAAMIAH en momentos de angustia, en la adversidad y en estados de ansiedad porque da valor ante la desgracia, paz y serenidad. Disuelve la violencia interior y exterior. Por su mediación, adquirimos una fe inquebrantable, salimos de la oscuridad y entramos en la Luz.

- SU ATRIBUTO es **el sistema de circuitos** que se crea dando y recibiendo, puesto que al dar recibimos bendiciones a cambio.
JAAMIAH establece el flujo de circuitos de la existencia, lo que implica darle vida a todo, como por ejemplo donando y no tirando. Ayuda a obtener todos los tesoros del cielo y de la tierra, que en la Cábala son principalmente espirituales.

- JAAMIAH da energía para **realizar prodigios** y ayuda además a encontrar al **cónyuge perfecto**.

LA INFLUENCIA DE JAAMIAH

DEL LADO OSCURO

Cuando JAAMIAH del lado oscuro esté activado abundarán los errores y las mentiras y producirá a los que carecen de principios y de valores espirituales. Los dominados por él atacarán la moral y la religión, persistiendo en sus embustes, cometiendo atropellos y cayendo en vicios. Además, temerán e incluso rechazarán el matrimonio al ser incapaces de comprometerse o de sentir amor verdadero. Negarán la existencia de Dios y de la espiritualidad, por lo que se creerán impunes en el caso de perpetrar actos delictivos o criminales. Así, al no conocer ninguna norma, podrían cometer los peores atropellos, importándoles solo no ser descubiertos.

Estas personas podrían formar parte de alguna secta demoníaca con el fin de ser aceptados por su grupo o bien participar en cultos de magia negra, rituales oscuros y ceremonias satánicas, pudiendo llegar a ser poseídos por un espíritu maligno o un demonio.

DE LUZ

Los hijos de JAAMIAH de Luz serán buenos estrategas y planificadores, y siempre se mantendrán muy activos. Les gustará cuidar a los demás, lo que harán con comprensión y compasión. Serán excelentes guías espirituales capaces de acompañar a los demás en el camino de la iniciación. Por la protección que otorga JAAMIAH, que consiste en dominar a los espíritus infernales, sus hijos se verán libres de las influencias de los de abajo.

El Ángel les bendecirá haciendo que el enorme raudal de Luz que produce el fenómeno natural del rayo les sea beneficioso y apreciarán las tormentas como momentos de despertar y de valiosa descarga de energía.

Dicen los cabalistas que, las armas como objetos amenazantes surgen en la existencia cuando nuestra violencia interna es palpable. JAAMIAH disuelve la violencia interior en sus protegidos para que no lleguen a usar armas o que estas no sean utilizadas contra ellos.

Entonces dirá también a los de su izquierda: "Apartaos de mí, malditos, al fuego eterno preparado para el Diablo y sus Ángeles"
Mateo 25, 41

39

REHAEL

EIN – HEI – RESH

Su nombre significa: **Dios que recibe a los pecadores**

Versículo del Ángel, *Salmo 118, 16*
La diestra del Señor es exaltada, la diestra del Señor hace proezas.

Vocalización del Nombre: *Riha, según Cordovero y Re/He/Aa, según Abulafia*
Esencia: *Sumisión Filial*
Poder: *Favorece la curación*
Atributo: *Diamante en bruto*

SUS REGENCIAS

Ángel del Cuerpo Físico: *Sol del 10° al 15° de Libra, aprox. del 4 al 8 de octubre.*

Ángel del Cuerpo Astral o Emocional: *Sol en los siguientes grados,*

- *de 8° a 9° de Tauro,*
- *de 20° a 21° de Cáncer,*
- *de 2° a 3° de Libra,*
- *de 14° a 15° de Sagitario y*
- *de 26° a 27° de Acuario.*

Ángel del Cuerpo Mental: *lapso entre +12:40h y +13:00h a partir de la salida del Sol.*

LAS BENDICIONES QUE OTORGA REHAEL

- REHAEL **hace adoptar la ética como línea de conducta**. Convierte toda situación difícil en una oportunidad de aprendizaje y crecimiento. Además, protege contra la maldad, otorgando el don de distinguir entre el Bien y el Mal, lo que es esencial.

- LA ESENCIA QUE APORTA es **la sumisión filial**. Da una buena relación entre padres e hijos, a los que garantiza amor y respeto. Permite entenderse con los superiores, aceptando el orden jerárquico y comprendiendo las normas. Rige las relaciones con el padre y protege contra los impulsos crueles y destructores que este pueda albergar, contra los infanticidios y parricidios.

- SU PODER es **favorecer la curación** y otorga el don de curar al canalizar la misericordia de Dios. Enseña remedios espirituales para obtener la regeneración del cuerpo físico y mental y ayuda a prolongar la vida tanto como Dios lo permita. Su especialidad es curar las enfermedades mentales, regenerando el cerebro y sanando la depresión. También las enfermedades infantiles y las vinculadas con la infertilidad.

- SU ATRIBUTO es el llamado **diamante en bruto** que designa los retos que nos impone la vida y lo que logramos hacer con ellos. Transmuta situaciones negativas en positivas al reconocer la oportunidad espiritual que representan. Los cabalistas nos dicen que cuanto peores son los obstáculos encontrados, más resplandeciente es el diamante que resulta después de superarlos.
  Los cabalistas afirman que REHAEL fue la herramienta espiritual utilizada para traer el maná del cielo cuando los israelitas padecían hambre en el desierto, episodio que relata el capítulo 16 del Libro del Éxodo. Y salvando distancias, este Ángel nos da el poder de cambiar los sufrimientos en bendiciones, la oscuridad en Luz y transformar las circunstancias penosas en fuentes de alegría y satisfacción. Gracias a este Ángel, simbólicamente, el maná nos llueve del cielo.

LA INFLUENCIA DE REHAEL

DEL LADO OSCURO

A REHAEL del lado oscuro se le conoce como Tierra Muerta o Tierra Condenada. Cuando esté activado será un Ángel terrorífico, el más cruel, el más traidor y el peor de todos porque empujará al infanticidio y al parricidio y además perjudicará a las tierras. En los dominados por él, imbuidos de severidad, se manifestarán la crueldad, la violencia, el alcoholismo y la prostitución infantil, pudiendo llegar a ser infanticidas, genocidas o suicidas.

Este Ángel de las sombras contiene y vehicula la pulsión de los parricidas que matan por rechazo a su familia y de aquellos que maltratan de tal modo a sus padres o a sus hijos que les inducen al suicidio. Algunas culturas orientales, obsesas con la perfección y el rendimiento, muestran la influencia de este Ángel tenebroso a través de la tasa de suicidios de sus jóvenes. Con él, el amor que se transforma en odio hará que la persona entre en una espiral de autodestrucción, en medio de una terrible crueldad.

REHAEL del lado oscuro dará, como mínimo, mala relación con los superiores, problemas entre padres e hijos y falta de autoridad en el contexto familiar. También podría causar problemas de salud de difícil etiología y diagnóstico.

DE LUZ

Los hijos de REHAEL de Luz cumplirán la misión con la que han encarnado que es la de vencer el Mal, por lo que se convertirán en referentes de la sociedad y ejercerán sobre ella una influencia benéfica, siempre comprometidos en su lucha contra lo malo y la maldad. Estas personas tendrán el don de curar, de recordar sus vidas pasadas y de acceder a los misterios del universo. Mediante la oración serán capaces de realizar curas excepcionales tanto a distancia como con las manos, regenerando la materia. Vendrán al mundo con ciencia infusa y tendrán una aguda sensibilidad. Gozarán de buenas relaciones con sus padres y sus superiores y, gracias a la protección del Ángel, tendrán paz, buena salud y larga vida.

¿O piensas que no puedo yo rogar a mi Padre, que pondría al punto a mi disposición más de doce legiones de Ángeles?
Mateo 26, 53

40
YEYAZEL

ZEIN – YOD – YOD

Su nombre significa: **Dios que regocija**

Versículo del Ángel, *Salmo 115, 11*
Los que teméis a Dios, confiad en el Eterno, Él es vuestra ayuda y vuestro escudo.

Vocalización del Nombre: *Iyaz, Yiyaz, según Cordovero y Ye/Ye/Za, según Abulafia*
Esencia: *Consuelo y Regocijo*
Poder: *Aleja a los enemigos*
Atributo: *Hablar con las palabras correctas*

SUS REGENCIAS

Ángel del Cuerpo Físico: *Sol del 15° al 20° de Libra, aprox. del 9 al 13 de octubre.*

Ángel del Cuerpo Astral o Emocional: *Sol en los siguientes grados,*

- o *de 9° a 10° de Tauro,*
- o *de 21° a 22° de Cáncer,*
- o *de 3° a 4° de Libra,*
- o *de 15° a 16° de Sagitario y*
- o *de 27° a 28° de Acuario.*

Ángel del Cuerpo Mental: *lapso entre +13:00h y +13:20h a partir de la salida del Sol.*

LAS BENDICIONES QUE OTORGA YEYAZEL

- LA ESENCIA QUE APORTA es **el consuelo que precede al regocijo**. YEYAZEL brinda consuelo durante los avatares de la vida y regocijo una vez superados. Emocionalmente aporta un profundo alivio. Es el Ángel número 40 y representa el final de la cuarentena mágica que restaura el cuerpo después de las oraciones o del ayuno hasta su completa recuperación. Para los cabalistas, las penalidades se cuentan simbólicamente por cuarenta y después cesa la mala racha. Con YEYAZEL se terminan las épocas de fracasos y de penalidades y se abre la vía a las fuerzas de la Luz.

- SU PODER es **alejar a los enemigos** y liberarnos de su acoso. YEYAZEL hace que los enemigos y las fuerzas oscuras huyan despavoridos, lo que nos deja aliviados. Desintegra a los de abajo y este es el efecto que produce orar con los cuarenta primeros Ángeles, lo que por fortuna no es preciso hacer de un tirón.

- SU ATRIBUTO es **hablar con las palabras correctas**, con lo que pone orden y certeza en nuestras vidas a través del lenguaje. YEYAZEL transmite Luz y sanación mediante la palabra. Protege contra los pensamientos sombríos precursores de las palabras maldicientes, por lo que eleva el alma y prolonga la vida. Los cabalistas alertan del peligro que conllevan la difamación y el chismorreo porque denigrar causa tanto daño a la víctima como al difamador ya que venimos al mundo con una cantidad predeterminada de palabras negativas que podemos pronunciar y cuando esta cantidad se agota llega la muerte, como cuando se acaba la batería de una pila.

- YEYAZEL está vinculado a la **gente de letras: escritores, imprenta, librerías o estudios**. Inclina a estudiar, da una fuerte intuición y brillantez intelectual. Por ello, ayuda significativamente a los escritores y estos pueden encomendarse a él para ver editada su obra. Sus regencias serán los períodos más propicios para iniciar una colaboración editorial o para entregar manuscritos.

LA INFLUENCIA DE YEYAZEL

DEL LADO OSCURO

Cuando YEYAZEL del lado oscuro esté activado fomentará los pensamientos tristes, obsesivos e incluso persecutorios y producirá gente sombría y misántropa con desinterés por todo lo social. Incitará al maltrato del cuerpo con comportamientos como la gula, el descuido corporal, la crítica destructiva, la melancolía y el pesimismo e, incluso, la prostitución. Los dominados por él podrán someter a su cuerpo a tratamientos perjudiciales como los tatuajes o a las operaciones estéticas deformantes. Serán seres naturalmente desesperados, que no encontrarán consuelo ni podrán darlo. YEYAZEL de abajo provocará vidas atribuladas por el desaliento y la falta de confianza a causa de juicios, pruebas, malas rachas y toda clase de problemas. Como resultado, los dominados por él tenderán a rehuir la vida social y a recluirse.

Ya que YEYAZEL de Luz rige sobre los escritores, aquellos que estén dominados por el de abajo se caracterizarán por un estilo literario pesimista, destructivo y desestructurado que se regodeará en los bajos fondos y las cloacas de la sociedad, pudiendo obtener su inspiración de las drogas o las pasiones desbocadas. Si son libreros, venderán obras sobre temas degenerados, perversos o viciosos.

DE LUZ

Los hijos de YEYAZEL de Luz se consagrarán a menudo a los oficios relacionados con el libro: imprenta, librería, escritores, autores de cómics, bibliotecarios, críticos literarios, etc. También a la música, la pintura y las artes en general. Tendrán pasión por aprender, por la lectura y por el dibujo. YEYAZEL les inculcará además la voluntad de transmitir lo aprendido, con lo que las obras publicadas bajo la protección del Ángel serán muy vendidas, los escritores encontrarán un buen editor y firmarán contratos justos. Contrariamente a los dominados por el de las sombras, los hijos de YEYAZEL de Luz estarán protegidos contra la depresión, el desinterés y los pensamientos pesimistas o destructivos.

De pronto se produjo un gran terremoto, pues el Ángel del Señor bajó del cielo y, acercándose, hizo rodar la piedra y se sentó encima de ella.

Mateo 28, 2

41
HAHAHEL

HEI – HEI – HEI

Su nombre significa: **Dios en tres personas**

Versículo del Ángel, *Salmo 120, 2*
¡Eterno, salva mi alma de los labios mentirosos, de la lengua de falsedad!

Vocalización del Nombre: *Hahah, según Cordovero y He/He/He, según Abulafia*
Esencia: *Sacerdocio. Consagración a Dios*
Poder: *Aparta a los falsos testigos y a los impíos*
Atributo: *Autoestima*

SUS REGENCIAS

Ángel del Cuerpo Físico: *Sol del 20° al 25° de Libra, aprox. del 14 al 18 de octubre.*

Ángel del Cuerpo Astral o Emocional: *Sol en los siguientes grados,*

- *de 10° a 11° de Tauro,*
- *de 22° a 23° de Cáncer,*
- *de 4° a 5° de Libra,*
- *de 16° a 17° de Sagitario y*
- *de 28° a 29° de Acuario.*

Ángel del Cuerpo Mental: *lapso entre +13:20h y +13:40h a partir de la salida del Sol.*

LAS BENDICIONES QUE OTORGA HAHAHEL

- HAHAHEL **sana todas las situaciones difíciles, descubre a los enemigos ocultos y nos hace invulnerables a ellos**. Es tan poderoso que puede llegar a neutralizar ejércitos. Ayuda a purificar las auras de colectividades, ciudades e incluso del planeta. Si todo se desploma a nuestro alrededor, conviene encomendarse a HAHAHEL para que restablezca el orden divino.

- LA ESENCIA QUE APORTA es **el sacerdocio y la consagración a Dios**.
HAHAHEL da un alma elevada, el don de la comunicación para divulgar la palabra de Dios y la vocación para dedicarse al servicio espiritual. Es el Ángel de la fe y todos los apostolados están bajo su protección, especialmente la consagración al Dios universal sin distinción de religiones. Imprime un fuerte sentido de la propia misión que consiste en consagrar la vida a Dios sin dogmas ni rituales, a partir de una devoción y una fe perfectas, cumpliendo el objetivo final de cada ser humano que es ser uno con el Eterno para alcanzar la santidad. Protege contra la apostasía y contra los que denigran la espiritualidad. Inclina a la gratitud que eleva el espíritu y aporta inspiración.
Gracias a HAHAHEL podremos conectamos con el poder espiritual de los grandes sacerdotes del pasado para sanar todo en nuestra vida.

- SU PODER es **apartar a los falsos testigos y a los impíos.** HAHAHEL protege de las mentiras y destruye las tramas de los calumniadores.

- SU ATRIBUTO es **la autoestima.** Da el poder de conectar con nuestro núcleo divino para resolver los problemas sin recurrir a intermediarios como maestros, gurús, médicos o abogados. HAHAHEL fortalece el sentido del valor personal haciéndonos entender que estamos hechos a imagen de Dios.
Según la Cábala oculta, no es Dios el que responde a nuestras plegarias, somos nosotros quienes lo hacemos apelando a nuestro poder creador.

LA INFLUENCIA DE HAHAHEL

DEL LADO OSCURO

Cuando HAHAHEL del lado oscuro esté activado producirá a los apóstatas, a los renegados y a los que deshonran la vida religiosa. Potencia a los predicadores de las sombras y rige sobre las prácticas mágicas aberrantes como la necromancia. Los curas y las monjas satanistas están bajo su imperio y todos los que han emprendido un camino espiritual descarriado.

En todos los casos, HAHAHEL de las sombras malogrará la vida de los sometidos a su influjo porque no encontrarán su misión ni su propósito. Negarán la chispa de divinidad del ser humano, siendo forzosamente materialistas, egoístas y enemigos de la espiritualidad. Es el Ángel de los inquisidores y fanáticos religiosos que podrían anhelar convertirse en mártires o llegar incluso a serlo.

DE LUZ

Los hijos de HAHAHEL de Luz recibirán de Dios la grandeza de alma y la fuerza para dedicar su vida al servicio del Eterno, sin temor a afrontar el martirio real o figurado en forma de rechazo de la sociedad o persecución para defender su fe. Serán visionarios y tendrán criterio para juzgar tanto a personas como situaciones, cumpliendo sus deberes con capacidad de sacrificio. Carecerán de ambición y de apego a los asuntos mundanos, sabiendo que la gloria solo es espiritual. Sentirán que Dios está con ellos y que su existencia sirve para dar testimonio del Eterno. El camino de la santidad es arduo y está lleno de pruebas, entre ellas se encuentran las *"largas noches del alma"* que conllevan depresiones, angustias, enfermedades físicas y psíquicas, rozando a veces la demencia. Los que logran superar todos los escollos son santos.

Si estas personas decidieran no consagrarse a la vida espiritual o religiosa, podrán ser excelentes médicos, enfermeros, asistentes sociales, psicólogos, sociólogos, profesores o profesionales del esoterismo o brillar en cualquier labor desinteresada.

y permaneció en el desierto cuarenta días, siendo tentado por Satanás. Estaba entre los animales del campo y los Ángeles le servían.

Marcos 1, 13

42
MIKAEL

KAF – YOD – MEM

*Su nombre significa: **¿Quién como Dios?***

Versículo del Ángel, *Salmo 121, 7*
El Eterno te guardará de todo mal, Él guardará tu alma

Vocalización del Nombre: *Miyak, según Cordovero y Me/Ye/Ja, según Abulafia*
Esencia: *Orden Político*
Poder: *Protege a los viajeros*
Atributo: *Revelar lo Oculto*

SUS REGENCIAS

Ángel del Cuerpo Físico: *Sol del 25° al 30° de Libra, aprox. del 19 al 23 de octubre.*

Ángel del Cuerpo Astral o Emocional: *Sol en los siguientes grados,*

- *de 11° a 12° de Tauro,*
- *de 23° a 24° de Cáncer,*
- *de 5° a 6° de Libra,*
- *de 17° a 18° de Sagitario y*
- *de 29° a 30° de Acuario.*

Ángel del Cuerpo Mental: *lapso entre +13:40h y +14:00h a partir de la salida del Sol.*

LAS BENDICIONES QUE OTORGA MIKAEL

- LA ESENCIA QUE APORTA es **el orden político** por lo que MIKAEL combate la corrupción haciendo que la ética impere. Da éxito en la vida pública y en la carrera política, a condición de que esté orientada a reflejar el Bien superior en los asuntos mundanos, porque de lo contrario, se frustrará. Da talento para la diplomacia, lo que resulta particularmente útil a diplomáticos y políticos.

- SU PODER es **proteger a los viajeros**, brinda seguridad en los desplazamientos y preserva de los accidentes. Antes de viajar, conviene apelar a MIKAEL durante sus horas de regencia.

- SU ATRIBUTO es **revelar lo oculto**, lo escondido y permite desvelar secretos.
MIKAEL da clarividencia para ver más allá de las apariencias y fortaleza para conocer lo que hay detrás de la realidad aparente. Otorga talento para descifrar secretos y concede inmunidad frente la propagación de falsas noticias.
MIKAEL es uno de los Ángeles que domina los cuatro elementos de la naturaleza que representan las ideas, los sentimientos, la materia y la acción. Es por ello un Ángel poderoso que rige sobre los monarcas, los príncipes y los nobles, los dignitarios, los dirigentes, los empresarios y la alta sociedad. Mantiene la obediencia de los subordinados y permite descubrir las maquinaciones antes de que puedan materializarse, brindando protección contra enemigos visibles e invisibles y desmontando desórdenes, incluso de índole política o social.

- MIKAEL ayuda a **entender el valor espiritual de la adversidad**, que es una formidable herramienta para estimular el despertar espiritual y la elevación. El Ángel instruye durante la noche, momento en el que el espíritu está más perceptivo.
Brinda el conocimiento del Bien y del Mal, procura lucidez y visión global.

LA INFLUENCIA DE MIKAEL

DEL LADO OSCURO

Cuando MIKAEL del lado oscuro esté activado triunfarán los traidores, los seres malévolos y la propagación de falsas noticias. Es el Ángel tenebroso que rige la corrupción, la perversidad, la violencia, el escándalo y las drogas. Influye poderosamente en nuestro mundo ya que nuestro sistema político está basado en la mentira y el desdén hacia el interés general. Los dominados por MIKAEL de las sombras son legión en política y pervierten su actividad con fines espurios. Si no se dedicasen a los asuntos públicos, lanzarán iniciativas que serán imposturas o propagarán noticias falsas. En casos extremos, podrían llegar a ser torturadores y a divulgar la promiscuidad o la pornografía. Tendrán problemas durante los viajes, a menudo por accidentes, y conocerán dificultades en la interacción social. Serán proclives a los abusos de poder, pero con dificultades para decidir por carecer de liderazgo. Estarán dominados por la envidia, los celos y la traición. Se involucrarán en componendas y en corruptelas con un discurso falso. Traicionarán todos los ideales posibles y propagarán mentiras, calumnias, difamación, llegando a implicarse en conspiraciones.

DE LUZ

Los hijos de MIKAEL de Luz se sentirán atraídos por la política y los asuntos exteriores, con marcada vocación por el servicio público y la diplomacia. Estarán dotados de autoridad natural y accederán a cargos dirigentes, distinguiéndose en ellos. MIKAEL les otorgará la fuerza necesaria para llevar a cabo cambios que mejoren la sociedad. Podrán alcanzar el éxito profesional mediante sus viajes y su conocimiento de idiomas extranjeros. Estarán muy integrados en la sociedad, en la que se conducirán con prudencia, urbanidad y lealtad, respetando las leyes y el orden. MIKAEL comunica grandeza y bendecirá a sus hijos a condición de que sepan que no son más que un instrumento de Dios y que los poderes y favores que el Ángel otorga son una emanación del Eterno.

Pues cuando resuciten de entre los muertos, ni ellos tomarán mujer ni ellas marido, sino que serán como Ángeles en los cielos.

Marcos 12, 25

43
VEULIAH

LAMED – VAV – VAV

Su nombre significa: **Rey Dominador**

Versículo del Ángel, *Salmo 121, 8*
El Eterno cuidará tu salida y tu llegada, desde ahora y para siempre.

Vocalización del Nombre: *Veval, según Cordovero y Wa/Wa/La, según Abulafia*
Esencia: *Prosperidad*
Poder: *Permite dominar a los enemigos*
Atributo: *Desafiar la gravedad*

SUS REGENCIAS

Ángel del Cuerpo Físico: *Sol del 0° al 5° de Escorpio, aprox. del 24 al 28 de octubre.*

Ángel del Cuerpo Astral o Emocional: *Sol en los siguientes grados,*

- *de 12° a 13° de Tauro,*
- *de 24° a 25° de Cáncer,*
- *de 6° a 7° de Libra,*
- *de 18° a 19° de Sagitario y*
- *de 0° a 1° de Piscis.*

Ángel del Cuerpo Mental: *lapso entre +14:00 y +14:20h a partir de la salida del Sol.*

LAS BENDICIONES QUE OTORGA VEULIAH

- LA ESENCIA QUE APORTA es **la prosperidad** que hace fructificar todas las cosas. VEULIAH trae abundancia y contribuye a la buena marcha de los proyectos. Refuerza a los reyes y rige sobre los imperios empresariales y los jefes de Estado. Otorga una protección total durante las guerras y las batallas.

- SU PODER es **dominar a los enemigos** a los que destruye mediante la bondad, liberándonos así de toda clase de sometimiento y de dependencia.
Lo explica la Biblia en el Libro de Proverbios 25, 21-22:

Si tu enemigo tiene hambre, dale de comer, si tiene sed, dale de beber, así amontonas sobre su cabeza brasas y el Eterno te dará la recompensa

- SU ATRIBUTO es **desafiar la gravedad**. Nuestro destino es crear la realidad y controlarla guiados por nuestra Luz interna. La mente rige sobre la materia y, por tanto, manifestamos a diario, pero al pensar negativamente, influimos en la realidad física según esa polaridad. Estemos pues atentos a lo que pensamos porque lo materializamos. El pensamiento y la palabra se plasman para bien y para mal.
Jesús afirma en Marcos 9, 23 que *"todo es posible para el que cree"*. Y también declara en Mateo 17, 20 y Lucas 17, 6 que si tuviésemos fe como un grano de mostaza moveríamos montañas, y aún en Mateo 21, 22 que *"todo cuanto pidáis con fe en la oración, lo recibiréis"* o en Marcos 11, 24 *"todo cuanto pidáis en la oración, creed que ya lo habéis recibido y lo obtendréis"*. Por ello, si no suceden milagros en nuestra vida es porque los bloqueamos con nuestra falta de fe, pero al creer, nuestro poder se desbloquea y nos convertimos en artífices de lo bueno que nos sucede.

- VEULIAH **representa los méritos acumulados** en esta y en pasadas reencarnaciones y, por la intervención del Ángel, se recogen sus frutos. El bien que hemos acumulado protege contra la discordia, lo nocivo y borra el mal.

LA INFLUENCIA DE VEULIAH

DEL LADO OSCURO

Cuando VEULIAH del lado oscuro esté activado fomentará la discordia, el triunfo del ego y las luchas de poder, sobre todo entre altas personalidades, lo que podría llegar a provocar guerras con la consiguiente destrucción de organizaciones e incluso de naciones. VEULIAH de abajo alimentará las revoluciones, el abuso de poder y el espíritu partidista. Los dominados por él se involucrarán en combates por causas sectarias, llenos de fanatismo y desprecio por la verdad. Serán estrechos de miras y estarán cegados por su poder personal. Tendrán una relación errónea con el dinero, que a menudo desperdiciarán, lo que les acarreará pérdidas, ruina e incluso pobreza. En algunos casos, podrían ser codiciosos y llegar hasta el robo o la utilización de medios ilícitos para enriquecerse.

DE LUZ

Los hijos de VEULIAH de Luz estarán extraordinariamente protegidos y todo les será dado en abundancia sin necesidad de esforzarse por conseguirlo. Tendrán una buena vida, traerán suerte y prosperidad a las empresas donde trabajen porque entenderán que el dinero es una energía que puede ser usada para bien. Utilizarán la abundancia de una manera responsable, correcta, justa y altruista. Por ello, destacarán en el comercio y en los oficios relacionados con el dinero. Poseerán una autoridad natural y tendrán sentimientos nobles. Serán a menudo filántropos, generosos, compasivos y sabrán que se cosecha lo que se siembra.

Se sentirán atraídos por el ejército, los cuerpos de seguridad y la vida militar, pudiendo ser célebres en actividades castrenses y también a través del deporte. Serán íntegros e influyentes en círculos de poder. Profesionalmente, también podrán tener éxito como empresarios, políticos, científicos o en actividades relacionadas con la medicina o la investigación. En cualquier caso, obtendrán reconocimiento por su trabajo.

En cuestiones de salud, sus heridas se curarán en muy poco tiempo.

entonces enviará a los Ángeles y reunirá de los cuatro vientos a sus elegidos, desde el extremo de la tierra hasta el extremo del cielo.

Marcos 13, 27

44
YELAHIAH

HEI – LAMED – YOD

Su nombre significa: **Dios Eterno**

Versículo del Ángel, *Salmo 106, 2*
¿Quién relatará las poderosas obras del Eterno? ¿Quién contará sus alabanzas?

Vocalización del Nombre: *Yelah, según Cordovero y Ye/La/He, según Abulafia*
Esencia: *Talento Militar*
Poder: *Favorece el éxito de cualquier empresa*
Atributo: *Suavizar los juicios*

SUS REGENCIAS

Ángel del Cuerpo Físico: *Sol del 5° al 10° de Escorpio, aprox. del 29 octubre al 2 noviembre.*

Ángel del Cuerpo Astral o Emocional: *Sol en los siguientes grados,*

- *de 13° a 14° de Tauro,*
- *de 25° a 26° de Cáncer,*
- *de 7° a 8° de Libra,*
- *de 19° a 20° de Sagitario y*
- *de 1° a 2° de Piscis.*

Ángel del Cuerpo Mental: *lapso entre +14:20 y +14:40 a partir de la salida del Sol.*

LAS BENDICIONES QUE OTORGA YELAHIAH

- LA ESENCIA QUE APORTA es **el talento militar.** YELAHIAH procura las armas para el combate que es la vida y da valor, protegiendo contra las armas reales, atentados, agresores, ladrones y delincuentes. Apelemos pues a YELAHIAH si nos vemos amenazados por armas o vivimos en peligro. El Ángel nos convierte en guerreros de Luz, permite salir vencedores en todo enfrentamiento, haciendo que los representantes de la justicia divina estén de nuestro lado. Protege contra los instintos violentos, libera de enemigos y da habilidad para resolver conflictos provocados por nuestra conducta. Incita a ayudar a los demás y protege contra los impulsos que llevan a maltratar o matar seres indefensos.

- SU PODER es favorecer **el éxito de cualquier empresa** y cumplir los deseos. Hace triunfar en situaciones difíciles y lleva a la celebridad por una hazaña singular e incluso peligrosa. Aunque el éxito se obtiene mediante la lucha, el lance acaba pacíficamente.

- SU ATRIBUTO es **suavizar los juicios.** YELAHIAH otorga la protección de los magistrados para ganar un proceso si la causa es justa y, en cualquier caso, permite mitigar los juicios e incluso eliminarlos. Transforma a los acusadores en defensores al conectar con la misericordia de Dios que elimina el karma.
YELAHIAH inspira el afán de justicia y otorga la benevolencia de los magistrados para que los juicios se moderen, lo que hace que estos evolucionen de manera favorable a nuestros intereses. Así pues, si nos atacan en justicia, conviene que utilicemos los momentos de regencia de YELAHIAH para presentar nuestras alegaciones, para elegir abogado y para hacer cuanto sea posible en la elaboración de nuestra defensa.

- YELAHIAH es **favorable a los que viajan por razones de educación o de estudios** y suele otorgar la fama en lugares lejanos.
Ayuda a aprender y a practicar la magia y es el especialista en curar las enfermedades de los ojos y los oídos.

LA INFLUENCIA DE YELAHIAH

DEL LADO OSCURO

YELAHIAH del lado oscuro rige la guerra y causa sus terribles estragos. Cuando esté activado incitará a las conflagraciones y hará que los dominados por él sean presa de impulsos destructores, no respetarán las treguas ni las rendiciones, utilizarán una violencia innecesaria, eliminarán a sus prisioneros y podrían llegan a perpetrar masacres. Tendrán comportamientos extremos y una voluntad aplastante que quebrantará la ley y lo controlará todo mediante la agresividad, la venganza o el terrorismo, por lo que en sus vidas podría haber privación de libertad. A menudo trabajarán como asesinos a sueldo, sicarios, mercenarios, matarifes o guardaespaldas y estarán vinculados con el crimen organizado. Para ellos, la guerra real o figurada será un modo de vida, pero la ganarán raramente por ser guerreros embrutecidos. Si ocupasen puestos de representación, se comportarán como dictadores y megalómanos abusando de su poder. Sus vidas estarán llenas de maldad y podrían haber venido a este mundo con una misión demoníaca, parasitados por fuerzas diabólicas. Aquel que esté bajo la influencia de YELAHIAH de abajo y desee equilibrarla, deberá optar por una carrera militar o bien en los servicios secretos y fuerzas especiales para poder expresar sus pulsiones legalmente.

DE LUZ

Los hijos de YELAHIAH serán guerreros de Luz y poseerán un marcado talento militar que pondrán al servicio de causas justas. Se distinguirán por su bravura y serán célebres por sus realizaciones, talento y coraje. Serán muy aficionados a los viajes y acumularán una vasta cultura. Al poseer una férrea determinación, nada les impedirá alcanzar sus objetivos. Serán leales y extremadamente protectores. Tendrán éxito en las ciencias humanas y sociales e incluso como misioneros. Podrán llegar a ser excelentes guías espirituales y su vida estará orientada hacia la liquidación de deudas kármicas.

El Ángel le respondió: "El Espíritu Santo vendrá sobre ti y el poder del Altísimo te cubrirá con su sombra, por eso el que ha de nacer será santo y será llamado Hijo de Dios"

Lucas 1, 35

45
SEALIAH

LAMED – ALEF – SAMEJ

Su nombre significa: **Dios de la abundancia**

Versículo del Ángel, *Salmo 33, 22*

Que tu benevolencia, Señor, esté sobre nosotros, como está en Ti nuestra esperanza.

Vocalización del Nombre: *Sal, según Cordovero y Sa/A/La, según Abulafia*
Esencia: *Motor. Voluntad Continuadora*
Poder: *Permite dominar el mal*
Atributo: *El Poder de la Prosperidad*

SUS REGENCIAS

Ángel del Cuerpo Físico: *Sol del 10° a 15° de Escorpio, aprox. del 3 al 7 de noviembre.*

Ángel del Cuerpo Astral o Emocional: *Sol en los siguientes grados,*

- *de 14° a 15° de Tauro,*
- *de 26° a 27° de Cáncer,*
- *de 8° a 9° de Libra,*
- *de 20° a 21° de Sagitario y*
- *de 2° a 3° de Piscis.*

Ángel del Cuerpo Mental: *lapso entre +14:40h y +15:00h a partir de la salida del Sol.*

LAS BENDICIONES QUE OTORGA SEALIAH

- LA ESENCIA QUE APORTA es **el motor o la voluntad continuadora**, que impulsa a seguir nuestro camino cuando nos hemos atascado. SEALIAH restablece a los que se han visto humillados, oprimidos, degradados y sometidos, eleva a gente modesta, da el triunfo a los humildes y confunde a los orgullosos y vanidosos. Las regencias de SEALIAH son propicias para afrontar las batallas de la vida y conviene encomendarse a él para que nos otorgue la fuerza de no detenernos jamás.

- SU PODER es **dominar el mal**. Este Ángel quemará con su Luz todas las larvas que puedan haberse enganchado al aura y es muy poderoso para descubrir a los que nos atacan con magia negra o brujería y para poder vencerlos. También para combatir a los enemigos y ayudar a las víctimas a recuperar sus derechos.

- SU ATRIBUTO es **el poder de la prosperidad**. SEALIAH trae la abundancia y el dinero en el momento idóneo, permitiendo que obtengamos siempre lo necesario para el sustento porque la Luz es la fuente de toda prosperidad y bienestar. Se apela a este Ángel para obtener los medios de subsistencia y para mantener el ego domeñado cuando afluye la riqueza.

- SEALIAH bendice con la consciencia constante de la **presencia divina** y hace ver la acción de Dios en todas las cosas.

- SEALIAH es uno de los Ángeles más poderosos encargados de **la salud**. Es el Ángel de la curación espiritual y otorga una salud perfecta tanto de cuerpo como de espíritu, aportando vitalidad, bienestar y plenitud. Para las curaciones difíciles, conviene encomendarse a SEALIAH antes de iniciar el tratamiento médico.

LA INFLUENCIA DE SEALIAH

DEL LADO OSCURO

Cuando SEALIAH del lado oscuro esté activado expondrá a que otros se subleven contra nosotros y a ser víctima de desequilibrios de toda índole. Rige la maldad y la magia negra y tanto como el de Luz es indispensable en magia blanca, el de abajo lo es en magia negra.

Al dominar sobre la atmósfera y el medio ambiente, es el Ángel oscuro que provoca trastornos climáticos con grandes contrastes y marcadas diferencias de temperatura, canículas o heladas, sequías o inundaciones. Desencadena la ira de la naturaleza y los desastres naturales severos como terremotos, tornados o erupciones volcánicas. Ello se refleja en la vida de los individuos influenciados por él, por lo que tendrán una vida difícil y sembrada de pruebas. Serán orgullosos, engreídos, excesivos, despóticos, tenderán a forzar el destino y podrían llegar a negar ayuda a los necesitados.

DE LUZ

SEALIAH de Luz rige la vegetación, lleva la vitalidad y la salud a todo lo animado e influye sobre la naturaleza.

Sus hijos no tendrán que preocuparse por su sustento al haber sido bendecidos con el don de abastecerse de cuanto precisen sin esfuerzo. Tendrán siempre el dinero necesario para cubrir sus necesidades y no conocerán penalidades. Estas personas no se detendrán jamás a pesar de los obstáculos que encuentren en su camino. Dotados de una extraordinaria cultura, se sentirán impulsados a transmitir y a compartir sus conocimientos. Les gustará instruirse, para lo que dispondrán de medios consecuentes y alta capacidad de aprendizaje, con aptitud para desarrollar múltiples actividades.

Profesionalmente, podrán tener éxito en actividades que impliquen el contacto con los demás, ya que estarán siempre dispuestos a ayudar al prójimo.

Se les presentó el Ángel del Señor, y la gloria del Señor los envolvió en su luz, y se llenaron de temor.

Lucas 2, 9

46
ARIEL

YOD – RESH – EIN

Su nombre significa: **Dios Revelador**

Versículo del Ángel*, Salmo 38, 22*

No me desampares, oh, Señor, Dios mío, no te alejes de mí.

Vocalización del Nombre: *Ari, según Cordovero y Aa/Re/Ye, según Abulafia*

Esencia: *Percepción reveladora*

Poder: *Penetrar los secretos de la naturaleza y favorecer los sueños premonitorios*

Atributo: *Certeza absoluta*

SUS REGENCIAS

Ángel del Cuerpo Físico: *Sol del 15° al 20° de Escorpio, aprox. del 8 al 12 de noviembre.*

Ángel del Cuerpo Astral o Emocional: *Sol en los siguientes grados,*

- *de 15° a 16° de Tauro,*
- *de 27° a 28° de Cáncer,*
- *de 9° a 10° de Libra,*
- *de 21° a 22° de Sagitario y*
- *de 3° a 4° de Piscis.*

Ángel del Cuerpo Mental: *lapso entre +15:00h y +15:20h a partir de la salida del Sol.*

LAS BENDICIONES QUE OTORGA ARIEL

- ARIEL es **el patrón de las loterías y lleva a obtener tesoros**, que a veces están ocultos. Los premios que otorga son acordes a nuestros méritos y proporciona una considerable abundancia que vendrá sin que los demás se enteren. Revela en sueños dónde se encuentran los objetos que buscamos, lo que incluye el dinero extraviado o los objetos desaparecidos.

- LA ESENCIA QUE APORTA es **la percepción reveladora.** Nada escapa a sus poderes por ser el Ángel de la Revelación. ARIEL nos transforma en videntes y permite leer los registros akáshicos, lo que dota de clariaudiencia, clarividencia y telepatía. Facilita el contacto con las entidades positivas y protege contra las negativas. Permite canalizar la energía cósmica y convertirse en un guía inspirado. Por ello, los magos solicitan su protección.

- SU PODER es **penetrar los secretos de la naturaleza y favorecer los sueños premonitorios**, durante los cuales el Ángel descubre lo oculto y revela los mayores secretos del universo. ARIEL favorece también los inventos y las ideas nuevas que logran resolver los problemas más difíciles.

- SU ATRIBUTO es **la certeza absoluta** que destruye la duda porque esta desactiva la creatividad, trae caos y dolor, remplazándola por la certeza que lleva al éxito. La certeza es el convencimiento de que ya hemos obtenido lo que hemos solicitado.

- ARIEL canaliza **el reconocimiento y la gratitud**. Impulsa a agradecer a Dios por los bienes que nos concede, lo que automáticamente abre el camino para recibir más. Recordemos que, cuando nos sea otorgado un favor celestial, es esencial dar las gracias para que la energía divina siga fluyendo.

LA INFLUENCIA DE ARIEL

DEL LADO OSCURO

ARIEL del lado oscuro domina la ruina, la indecisión, la inmadurez, el robo y el escándalo. Cuando esté activado se experimentarán tribulaciones y tormentos mentales. Los dominados por él considerarán la existencia absurda y la divinidad improbable, lo que producirá inconstancia y confusión.

Este Ángel de las sombras dará falta de espiritualidad o bien ilusiones espirituales alimentadas por el ego.

Los poderes psíquicos que pudieran poseerse se utilizarán de mala manera, lo que se traducirá en percepciones falsas y obstáculos para recibir revelaciones.

ARIEL de abajo dificultará e incluso incapacitará para encontrar soluciones, además, enredará en actividades inútiles.

DE LUZ

Los hijos de ARIEL de Luz vendrán al mundo con una vasta inteligencia que les ayudará a cumplir con su misión. Estarán orientados hacia todo lo nuevo, tendrán ideas sublimes y conseguirán resolver los problemas más difíciles por la profundidad de su intelecto.

Entre los hijos de ARIEL hay muchos inventores e innovadores activos en todos los sectores de actividad.

Profesionalmente, se caracterizarán por su prudencia, por su naturaleza reflexiva y sagaz y por tomar las decisiones importantes en el momento adecuado. Serán apasionados promotores de las virtudes del diálogo.

El Ángel les dijo: "No temáis, pues os anuncio una gran alegría, que lo será para todo el pueblo"

Lucas 2, 10

47
ASALIAH

LAMED – SHIN – EIN

Su nombre significa: **Dios justo que señala la verdad**

Versículo del Ángel, *Salmo 100, 2*
Servid al Eterno con alegría, venid ante Su Presencia con cánticos de júbilo.

Vocalización del Nombre: *Essal, Esal, según Cordovero y Aa/Shi/La, según Abulafia*
Esencia: *Contemplación*
Poder: *Permite el triunfo de la verdad a plena luz del día*
Atributo: *Transformación global*

SUS REGENCIAS

Ángel del Cuerpo Físico: *Sol del 20° al 25° de Escorpio, aprox. del 13 al 17 de noviembre.*

Ángel del Cuerpo Astral o Emocional: *Sol en los siguientes grados,*

- *de 16° a 17° de Tauro,*
- *de 28° a 29° de Cáncer,*
- *de 10° a 11° de Libra,*
- *de 22° a 23° de Sagitario y*
- *de 4° a 5° de Piscis.*

Ángel del Cuerpo Mental: *lapso entre +15:20h y +15:40h a partir de la salida del Sol.*

LAS BENDICIONES QUE OTORGA ASALIAH

- LA ESENCIA QUE APORTA es **la contemplación** de las cosas divinas que lleva a la comprensión de lo sagrado.

ASALIAH conduce a glorificar lo divino, a vivir experiencias místicas y a elevarse hacia el Eterno abriendo un canal directo de comunicación con la Divinidad. Permite alcanzar altos niveles de consciencia a través de la meditación y la visualización.

Durante las regencias de ASALIAH, si deseamos entregarnos completamente a Dios, podremos conectar con el Eterno y obtener la gracia de la iniciación por la comunión con Su Divinidad.

Este Ángel da pasión por el esoterismo y por los poderes psíquicos.

- SU PODER es **permitir el triunfo de la verdad a plena luz del día**.

Por ello, ASALIAH, que es uno de los Ángeles que rige la justicia, da a conocer la verdad en los juicios y procesos, en las encuestas e investigaciones policiales.

De hecho, convertir lo espiritual en material es lo que llamamos hacer justicia.

- SU ATRIBUTO es **la transformación global** para alcanzar la paz.

Sabemos que la paz del mundo comienza dentro de cada persona y gracias a ASALIAH aceleramos nuestra transformación hacia la paz interior con lo que contribuimos a la paz mundial.

La Cábala nos dice que todo cambia cuando nosotros cambiamos, y si es para bien, nos transformamos completamente.

ASALIAH elimina la negatividad, los bloqueos en la vida, en los proyectos y allana el camino.

LA INFLUENCIA DE ASALIAH

DEL LADO OSCURO

Cuando ASALIAH del lado oscuro esté activado se multiplicarán las acciones inmorales y escandalosas a escala individual y social. Hará triunfar a aquellos que propaguen sistemas erróneos, peligrosos y falaces.

ASALIAH de abajo presentará toda verdad de manera invertida. Pretenderá imponer la impostura de que solo la materia es real, que el pensamiento es el mero resultado de la actividad del cerebro y que el ser humano no es más que su cuerpo, cuando este es en realidad el envoltorio del alma. Así pues, los dominados por él vivirán alejados de la verdad y, en consecuencia, estarán perdidos. Intelectualmente se perderán en ensueños y tenderán a la inmoralidad, al escándalo y al abuso sexual. Económicamente, al despilfarro. Tan sumidos estarán en sus delirios que podrían llegar a creerse la reencarnación de algún personaje histórico. Es el Ángel que produce a los charlatanes y a los idólatras.

DE LUZ

Los hijos de ASALIAH de Luz serán conocidos por su agudeza intelectual y su extraordinaria perspicacia. Poseerán una visión profunda y poderes psíquicos como la telepatía y la videncia. Podrían ser altos iniciados y excelentes guías espirituales. Si su camino no fuese espiritual, a menudo serán excelentes profesores e instructores y, por su sagacidad, podrán ser psicólogos e incluso detectives. También estará a su alcance ser buenos escritores, tanto como los puestos directivos por su visión de conjunto. En cualquier caso, tendrán pasión por el conocimiento. Moralmente, ASALIAH les protegerá contra las indecencias y escándalos. Intelectualmente, les dará claridad mental, disipará sus pensamientos negativos, sus juicios erróneos y fortalecerá su memoria. Los hijos de este Ángel serán considerados seres muy benevolentes, casi angelicales, por su carácter amable y su actitud constante de ayuda a los demás. Así pues, serán personas muy queridas.

Y de pronto se juntó con el Ángel una multitud del ejército celestial, que alababa a Dios, diciendo:
"Gloria a Dios en las alturas y en la tierra paz a los hombres en quienes él se complace."

Lucas 2, 13-14

48

MIHAEL

HEI – YOD – MEM

Su nombre significa: **Dios Padre que socorre**

Versículo del Ángel, *Salmo 109, 30*
Daré abundantes gracias al Eterno, en medio de la multitud le alabaré.

Vocalización del Nombre: *Miah, según Cordovero y Me/Ye/He, según Abulafia*
Esencia: *Generación. Deseos fecundos y creadores.*
Poder: *Favorece la paz en las parejas*
Atributo: *Unidad*

SUS REGENCIAS

Ángel del Cuerpo Físico: *Sol del 25° al 30° de Escorpio, aprox. del 18 al 22 de noviembre.*

Ángel del Cuerpo Astral o Emocional: *Sol en los siguientes grados,*

- *de 17° a 18° de Tauro,*
- *de 29° a 30° de Cáncer,*
- *de 11° a 12° de Libra,*
- *de 23° a 24° de Sagitario y*
- *de 5° a 6° de Piscis.*

Ángel del Cuerpo Mental: *lapso entre +15:40h y +16:00h a partir de la salida del Sol.*

LAS BENDICIONES QUE OTORGA MIHAEL

-   MIHAEL es **un gran salvador y socorre a todos los que se dirigen a él**. Otorga una protección providencial contra las personas malvadas. Además, concede el don de videncia, da presentimientos e inspiraciones y una visión omnicomprensiva que lleva a percibir todos los aspectos de cualquier situación. Para conocer su futuro, encomiéndese a MIHAEL pronunciando su Nombre y su versículo.

-   LA ESENCIA QUE APORTA es **la generación que inspira deseos fecundos y creadores.** MIHAEL es el Ángel de la fecundidad y de la procreación y hace que las relaciones sexuales sean fructíferas. Por ello, se apela a él para vencer la esterilidad, propiciar el embarazo y para engendrar un alma grande. Otorga una sexualidad transcendente que es una de las vías para exaltarse a Dios.

-   SU PODER es **favorecer la paz en las parejas.**
Mantiene la concordia, la fidelidad, la unión entre los cónyuges y la armonía en la familia. Protege contra los que quieren atacar a la pareja. Se apela pues a MIHAEL para obtener la reconciliación en la familia y para mantener buenas relaciones entre sus miembros. La oración diaria conservará esa paz y esa unión.
MIHAEL es el Ángel del amor del hombre por la mujer y viceversa. De modo que, los que busquen pareja, deberían encomendarse a MIHAEL.

-   SU ATRIBUTO es **la unidad.**
Permite ser consciente de la unidad que trae la Luz. Su ayuda debe ser solicitada cuando estemos estancados, aferrándonos a opiniones que sentimos erróneas o padeciendo ira y frustración a causa de la imposición de las ideas y creencias de otros.

LA INFLUENCIA DE MIHAEL

DEL LADO OSCURO

Cuando MIHAEL del lado oscuro esté activado causará esterilidad en todos los ámbitos de la vida. En la familia, hará estallar la discordia y generará celos, tensiones o malestar por actitudes impuestas como la sumisión o el machismo. Causará problemas sexuales y el resultado final será a menudo el fracaso del matrimonio que acabará en divorcio. Los dominados por este Ángel de las sombras se entregarán a una nutrida vida sexual, al libertinaje, a la lujuria, teniendo múltiples relaciones y llegando incluso a la prostitución. Estas personas se dedicarán al sexo como actividad exclusivamente placentera canalizando así su vitalidad como una forma de compensar la ausencia de vida espiritual, lo que les acarreará problemas.

La esterilidad que conlleva MIHAEL de abajo se extenderá a todo aquello que desee el individuo, a todos sus proyectos y aunque trabaje denodadamente para realizarlos, fracasarán. De modo que, los dominados por él se embarcarán en negocios improductivos y se obstinarán en alcanzar cargos que no obtendrán.

Este Ángel producirá espíritus aventureros con la inconstancia y la disipación vital que ello supone. Serán aficionados a todo lo superfluo y al lujo.

DE LUZ

Los hijos de MIHAEL de Luz recibirán de por vida la bendición del Ángel para conservar la paz y la unión en su pareja y en su familia.

Estas personas serán los mayores expertos de la vida en común, con todas las exigencias y el saber hacer que ello comporta, por lo que podrán utilizar su experiencia profesionalmente en actividades de asesoramiento, animación o moderación de grupos de terapia.

Gracias a sus habilidades, estarán dotados para concluir toda clase de acuerdos y serán excelentes para garantizar la paz social en sus lugares de trabajo.

ni pueden ya morir, porque son como Ángeles, y son hijos de Dios, siendo hijos de la resurrección.

Lucas 20, 36

49
VEHUEL

VAV – HEI – VAV

Su nombre significa: **Dios Grande y Elevado**

Versículo del Ángel, *Salmo 145, 3*
Grande es el Eterno, y muy loado, y Su grandeza no tiene fin.

Vocalización del Nombre: *Vahu, según Cordovero y Wa/He/Wa, según Abulafia*
Esencia: *Elevación o Grandeza*
Poder: *Favorece la concentración*
Atributo: *Felicidad, alegría*

SUS REGENCIAS

Ángel del Cuerpo Físico: *Sol del 0° al 5° de Sagitario, aprox. del 23 al 27 de noviembre.*

Ángel del Cuerpo Astral o Emocional: *Sol en los siguientes grados,*

- *de 18° a 19° de Tauro,*
- *de 0° a 1° de Leo,*
- *de 12° a 13° de Libra,*
- *de 24° a 25° de Sagitario y*
- *de 6° a 7° de Piscis.*

Ángel del Cuerpo Mental: *lapso entre +16:00h y +16:20h a partir de la salida del Sol.*

LAS BENDICIONES QUE OTORGA VEHUEL

-   VEHUEL lleva a **confiar y a entregarse plenamente a Dios**, lo que hace desaparecer la soledad y da una felicidad completa. Ayuda a descubrir el sentido de lo que sucede a través de dones psíquicos y del contacto con realidades no visibles, permitiendo enmendar lo torcido. VEHUEL es el Ángel de la contemplación, la elevación y la acción de gracias, siendo propicio para todo lo espiritual y religioso. Confiere el estado de bienaventuranza, iluminación y sublimación. VEHUEL es el mejor canal para exaltarse a Dios, para entrar en comunión con Él y glorificarle. Este contacto es transformador y disuelve todos los problemas.

-   LA ESENCIA QUE APORTA es **la elevación o grandeza** que impulsa a convertirse en un ilustre personaje y a encumbrarse gracias a méritos propios. Tener a VEHUEL como Ángel Tutelar, designa un alma elevada con una vida dedicada a causas nobles en beneficio de la humanidad. Da un pronunciado sentido del deber y ennoblece a través del servicio. Rige sobre los grandes de este mundo, también sobre los que ascienden por su talento, y está relacionado con las figuras clave que marcan la sociedad. Brinda oportunidades y ascensos en el trabajo, permitiendo alcanzar cargos importantes por golpes de suerte y ayuda a alcanzar posiciones de grandeza.

-   SU PODER es **favorecer la concentración.** Da inspiración a los escritores y produce a los mejores autores a los que otorga importantes distinciones en la literatura. También apoya a aquellos que se consagran a la judicatura y a la diplomacia.

-   SU ATRIBUTO es **la felicidad, la alegría.** Enseña la gratitud que es la fuente de felicidad en su sentido más profundo que es espiritual. Es símbolo de notable elevación y hace que pidamos lo que necesita nuestra alma, no lo que nuestro ego quiere. Además, cura las penas que traemos desde la infancia.

LA INFLUENCIA DE VEHUEL

DEL LADO OSCURO

Cuando VEHUEL del lado oscuro esté activado triunfarán el odio, la hipocresía, el fanatismo y el egoísmo. La falta de generosidad será patente en los dominados por él y tratarán de conseguir la fama con malas artes. El egoísmo de VEHUEL de las sombras es tan pronunciado que se opondrá radicalmente a toda forma de altruismo. Los dominados por este Ángel se distinguirán en la literatura, pero su inspiración se nutrirá de los aspectos despreciables de la sociedad, los bajos fondos, los peores vicios y aberraciones, y sus personajes serán gentuza que viola, odia y mata. Serán en todo caso escritores críticos y personas de influencia negativa, lo que no excluye que puedan alcanzar la celebridad por ello, teniendo en cuenta el estado de degradación moral de nuestra sociedad que se regodea con todo lo que viene de abajo. VEHUEL oscuro produce a los misántropos que tienen profunda aversión por el género humano al que no soportarán en absoluto.

DE LUZ

Los hijos de VEHUEL de Luz serán sensibles, generosos, altruistas y diplomáticos, con dedicación al prójimo, impulsados por sentimientos de fraternidad y de ayuda humanitaria. Serán el perfecto remedio contra los bajos instintos y ejercerán una influencia benéfica en su entorno. Para elevar el ambiente, bastará con su presencia. Serán respetados por su marcado sentido de la justicia y por su comportamiento impecable. En su entorno, siempre serán referentes de lo que es justo. Este Ángel libera de la tiranía de los instintos y da aspiración por todo lo que es elevado. Por ello, aquel que ha nacido bajo la égida de VEHUEL solo puede ser un alma evolucionada. Los hijos de VEHUEL podrán estar interesados por la compra de tierras y la explotación agrícola debido a su pasión por la naturaleza. Profesionalmente, se distinguirán en la literatura, la jurisprudencia y la diplomacia. VEHUEL dará famosos escritores cuyas obras serán siempre originales e innovadoras.

Entonces, se le apareció un Ángel venido del cielo que le confortaba.
Lucas 22, 43

50
DANIEL

YOD – NUN – DALET

Su nombre significa: **Juicio de Dios**

Versículo del Ángel, *Salmo 9, 2*
Daré gracias al Eterno con todo mi corazón, cantaré todas Sus maravillas.

Vocalización del Nombre: *Dani, según Cordovero y Da/Nu/Ye, según Abulafia*
Esencia: *Elocuencia*
Poder: *Otorga la misericordia y el consuelo*
Atributo: *Bastante nunca es suficiente*

SUS REGENCIAS

Ángel del Cuerpo Físico: *Sol del 5° al 10° de Sagitario, aprox. del 28 noviembre de 2 diciembre.*

Ángel del Cuerpo Astral o Emocional: *Sol en los siguientes grados,*

- *de 19° a 20° de Tauro,*
- *de 1° a 2° de Leo,*
- *de 13° a 14° de Libra,*
- *de 25° a 26° de Sagitario y*
- *de 7° a 8° de Piscis.*

Ángel del Cuerpo Mental: *lapso entre +16:20h y +16:40h a partir de la salida del Sol.*

LAS BENDICIONES QUE OTORGA DANIEL

- DANIEL es un Ángel muy solicitado porque **ayuda a rejuvenecer**, a recuperar gracia, encanto y belleza, manteniendo a salvo de enfermedades y dolores físicos.

- LA ESENCIA QUE APORTA es **la elocuencia**, que permite expresarse con elegancia y convicción. Canaliza inspiración para los escritores y da éxito con el público. Se apela pues a DANIEL para recibir el don de la palabra inspirada y para obtener triunfos literarios. Concede, además, el don de profecía.

- SU PODER es **otorgar la misericordia de Dios y el consuelo providencial** que es el remedio para todos los males, incluyendo el perdón de los pecados, injurias, errores y ofensas. El Nombre de este Ángel significa el Juicio de Dios que siempre es misericorde y lo perdona todo.

- SU ATRIBUTO es enseñar que **lo bastante nunca es suficiente** y nos recuerda que nos conformamos con poco y que hacemos demasiadas concesiones. DANIEL corrige esa tendencia y nos hace exigentes al entender que vinimos a este mundo para obtenerlo todo y desarrollar nuestro pleno potencial. La meta final es borrar la oscuridad y fundirnos con la Luz. Por ello, debemos saber que todo está a nuestro alcance, incluso la felicidad más completa, y que el único obstáculo para la manifestación de lo que deseamos es no creer en nuestras capacidades, esto es, la falta de fe. DANIEL ayuda a superar ese obstáculo.

- DANIEL confiere **cualidades de guerrero espiritual**, lleva a la victoria moral e infunde inspiración para tomar decisiones que hagan salir de la confusión. También otorga la ilusión de vivir y da nuevas esperanzas.
Asimismo, protege la productividad, preserva de la tentación de mantenerse por medios ilícitos y es favorable a la actividad industrial y empresarial.

LA INFLUENCIA DE DANIEL

DEL LADO OSCURO

Cuando DANIEL del lado oscuro esté activado se impondrá la negación de la misericordia y también del perdón divinos. Este Ángel oscuro producirá a aquellos que buscan vivir por medios ilegales y que desprecian los méritos del trabajo honesto. Los dominados por él se involucrarán sistemáticamente en asuntos turbios y si llegasen a gozar del apoyo de gente de poder, será mediante chantaje. En general, su actividad se desarrollará en medio de todo lo ilícito. Estas personas se aprovecharán del trabajo de los demás y su entorno estará compuesto por gente venal. El Ángel oscuro no les privará del don de la elocuencia característico del Ángel de Luz, pero esta se ejercerá exclusivamente con fines mercantiles y utilitarios.

DE LUZ

Los hijos de DANIEL de Luz serán elocuentes y convincentes, en particular cuando esté mucho en juego y traten con ilustres personajes o representantes de la autoridad. El Ángel les otorgará liderazgo y capacidad para presentar iniciativas importantes de modo óptimo. Rige sobre la justicia, los abogados, los magistrados y los oficios afines. Sus hijos tendrán éxito en las profesiones relacionadas con el derecho, la justicia y en todas las ocupaciones en las que la elocuencia juegue un papel esencial. Por ello, los abogados que tienen a este Ángel como Tutelar serán muy competentes. De modo que, si se necesita un abogado, procure buscarlo entre los que hayan nacido durante sus regencias.

DANIEL aportará bondad, belleza, una salud de hierro y la capacidad de curarse rápidamente. Ayudará a ver las cosas como son y a tomar decisiones apropiadas. Desapegados de la materia, sus hijos serán capaces de materializar sus deseos con éxito y de destacar en discursos, canto, música y arte en general.

DANIEL interviene siempre muy rápidamente para proteger a los suyos.

Y le añadió: "En verdad, en verdad os digo: veréis el cielo abierto y a los Ángeles de Dios subir y bajar sobre el Hijo del hombre."

Juan 1, 51

51
HAJASHIAH

SHIN – JET – HEI

Su nombre significa: **Dios Oculto**

Versículo del Ángel, *Salmo 104, 31*
¡Que el honor del Eterno sea por siempre, que el Eterno se regocije con Sus obras!

Vocalización del Nombre: *Hajash, según Cordovero y He/Je/Shi, según Abulafia*
Esencia: *Medicina Universal o Piedra Filosofal*
Poder: *Permite disfrutar favorablemente de las fuerzas de la naturaleza*
Atributo: *Sin culpa*

SUS REGENCIAS

Ángel del Cuerpo Físico: *Sol del 10° al 15° de Sagitario, aprox. del 3 al 7 de diciembre.*

Ángel del Cuerpo Astral o Emocional: *Sol en los siguientes grados,*

- *de 20° a 21° de Tauro,*
- *de 2° a 3° de Leo,*
- *de 14° a 15° de Libra,*
- *de 26° a 27° de Sagitario y*
- *de 8° a 9° de Piscis.*

Ángel del Cuerpo Mental: *lapso entre +16:40h y +17:00h a partir de la salida del Sol.*

LAS BENDICIONES QUE OTORGA HAJASHIAH

- LA ESENCIA QUE APORTA es **la medicina universal o la piedra filosofal** que lleva a interiorizar la obra divina. HAJASHIAH hace captar lo que hay detrás de la realidad visible y entender la razón transcendente de los males que nos aquejan y que afectan a la sociedad. Al elevar el alma a la contemplación, descubre los secretos más recónditos. Este Ángel puede conferir una misión redentora.
HAJASHIAH ayuda a identificar la causa de las enfermedades y revela las fórmulas para elaborar los medicamentos apropiados y los remedios. Permite destacar en todas las profesiones relativas a la salud, ser un excelente sanador e incluso convertirse en un humanitario impulsado por el amor incondicional.

- SU PODER es **disfrutar de las fuerzas de la naturaleza** y del poder que estas representan. HAJASHIAH permite convocar a los elementos, si fuese necesario.

- SU ATRIBUTO es **sin culpa**. HAJASHIAH cancela los juicios, anula sentencias de muerte decretadas en el mundo superior y concede el perdón por culpas pasadas. El arrepentimiento purifica, pero no consiste en sentirse culpable o tener miedo, sino en reparar malas acciones mediante la compasión, es decir, *sentir con* el dolor de aquellos a los que hemos perjudicado. Lamentar sinceramente lo malo que hicimos es arrepentirnos, ello expía los pecados y disminuye el lado oscuro de nuestra naturaleza. Así, el daño queda reparado, tanto como lo que lo causó, y al no haber víctimas todo se transforma en pura Luz.
Conviene saber que, cuando somos los perpetradores de la desgracia ajena, actuamos como los ejecutores de una sentencia que viene del mundo superior. Sin embargo, una persona espiritualmente evolucionada nunca deberá ejecutar un juicio contra otra porque la Luz desintegra lo negativo.

LA INFLUENCIA DE HAHASHIAH

DEL LADO OSCURO

Cuando HAJASHIAH del lado oscuro esté activado inclinará al error, al delirio y al diletantismo. Producirá charlatanes, embaucadores y a los que abusan de ingenuidad de los demás. Dará falta de fe, abusos de poder, engaños e incumplimiento de la palabra dada. Los dominados por él serán estafadores y manipuladores.

Bajo el influjo del Ángel de abajo habrá más posibilidades de caer en las redes de un embaucador.

Puesto que HAJASHIAH oscuro anula los efectos benéficos de la medicina, los medicamentos recetados bajo la influencia de este Ángel oscuro no curarán, los médicos no realizarán buenos diagnósticos y los terapeutas serán ineficaces.

DE LUZ

Los hijos de HAJASHIAH de Luz amarán las ciencias abstractas y a menudo tendrán vocación por la medicina o la investigación en temas de salud humana y animal. Serán los mejores sanadores capaces de extirpar definitivamente los males, los dispensadores de remedios universales y, aun sin conocimientos específicos de medicina, darán buenos consejos sobre temas de salud porque siempre están inspirados por el Ángel.

HAJASHIAH les asistirá además en los ámbitos de la química, la física, la Cábala, la alquimia y la metafísica. También concederá aptitudes para la poesía y, en general, tendrán muchos recursos intelectuales, lo que influirá muy positivamente en su vida profesional.

El Ángel les dará facilidad para descubrir secretos, lo que favorecerá el avance de la sociedad, y les protegerá de los que abusan de la buena fe, de los charlatanes, falsos maestros y mesías. También les ayudará a meditar y a conectar con su Yo Superior.

Porque el Ángel del Señor bajaba de tiempo en tiempo a la piscina y agitaba el agua, y el primero que se metía después de la agitación del agua, quedaba curado de cualquier mal que tuviera.

Juan 5, 4

52
AMAMIAH

MEM – MEM – EIN

Su nombre significa: **Dios elevado por encima de todas las cosas**

Versículo del Ángel, *Salmo 25, 6*
Recuerda Tu misericordia, Señor, y tus bondades, que son de siempre

Vocalización del Nombre: *Amam, según Cordovero y Aa/Me/Me, según Abulafia*
Esencia: *Expiación de Errores*
Poder: *Protege durante los viajes*
Atributo: *Pasión*

SUS REGENCIAS

Ángel del Cuerpo Físico: *Sol del 15° al 20° de Sagitario, aprox. del 8 al 12 de diciembre.*

Ángel del Cuerpo Astral o Emocional: *Sol de nacimiento en los siguientes grados:*

- *de 21° a 22° de Tauro,*
- *de 3° a 4° de Leo,*
- *de 15° a 16° de Libra,*
- *de 27° a 28° de Sagitario y*
- *de 9° a 10° de Piscis.*

Ángel del Cuerpo Mental: *lapso entre +17:00h y +17:20h a partir de la salida del Sol.*

LAS BENDICIONES QUE OTORGA AMAMIAH

- AMAMIAH es **el Ángel de la buena fortuna**, el que trae los golpes de buena suerte, por lo que se acude a él para ganar premios en los juegos de azar. Bajo su protección, el patrimonio, la familia y los asuntos prosperan y todo crece y fructifica inesperadamente. Es el gran reparador, que hace funcionar de nuevo los objetos rotos como por encanto.

- AMAMIAH **destruye el poder de los enemigos, les confunde, humilla y anula definitivamente** por medios que permanecen misteriosos.

- LA ESENCIA QUE APORTA es **la expiación de errores**, que comienza en cuanto los reconocemos, lo que repara el karma porque corregir sinceramente las faltas significa volver a Dios. Con ello, libera de hábitos indeseables o perversos y de toda forma de esclavitud, cautiverio, ataduras, abuso, opresión y malas compañías. Por ello, asiste a los prisioneros y les ayuda a ser liberados.

- SU PODER es **proteger durante los viajes** físicos o astrales, que son dominios de regencia de este Ángel.

- SU ATRIBUTO es **la pasión** y la fuerza para conectarse con la divinidad.
Hemos visto que, para que la oración funcione, necesitamos concentración y emoción, deseando ardientemente lo que pedimos con un corazón íntegro. El Atributo de AMAMIAH es rezar con devoción profunda y en plena consciencia.
El Ángel elimina nuestra negatividad gracias a las plegarias, la meditación y la conexión espiritual. Neutraliza la ira y cualquier tipo de energía nociva, transmutándola en justicia, valor y calma.

LA INFLUENCIA DE AMAMIAH

DEL LADO OSCURO

AMAMIAH del lado oscuro rige los cultos religiosos aberrantes y es responsable de crímenes como los de la Inquisición, que torturaba y ejecutaba a los considerados heréticos e impíos en nombre de Jesús, el gran maestro del amor al prójimo.

Cuando AMAMIAH esté activado fomentará el orgullo, la blasfemia, la tiranía y también la maldad. Las personas dominadas por él serán hipócritas, groseras, pendencieras y dadas a la crítica, siendo incapaces de enmendar sus errores y de expiarlos, lo que generará mal karma. Sus vidas estarán llenas de peleas, riñas, vulgaridad y peripecias muy negativas. Su vida emocional será inestable y tumultuosa, con celos y conflictos, y su destino será adverso, pudiendo llegar a pasar por una experiencia de privación de libertad.

DE LUZ

Los hijos de AMAMIAH de Luz vendrán al mundo con la oportunidad única de liquidar la totalidad del karma que hayan acumulado a través de la consagración a Dios, esto es, mediante una vida dedicada a la espiritualidad o a la religión. Semejante elección comporta siempre un enorme esfuerzo y sacrificio, y solo los más fuertes podrán soportar las pruebas que conlleva. Hay que ser extraordinariamente resistente para querer liquidar el karma en una sola vida, ya que es una tarea que requiere normalmente numerosas encarnaciones.

Los hijos de AMAMIAH vendrán al mundo con una extraordinaria fortaleza y soportarán las adversidades con valor y presencia de espíritu. Además, serán capaces de cuidar, consolar, ayudar y apoyar a los que se encuentren en dificultad. Tendrán carisma, liderazgo, notable capacidad de trabajo, facilidad para acometer tareas complicadas y estarán protegidos para no caer en la grosería, la maldad y el orgullo.

En fin, la energía que AMAMIAH comunica a sus hijos es tan elevada que les permitirá respetar y amar a sus enemigos, transformarlos en amigos, y hacer las paces con ellos.

La gente que estaba allí y lo oyó decía que había sido un trueno. Otros decían: "Le ha hablado un Ángel."

Juan 12, 29

53
NANAEL

ALEF – NUN – NUN

Su nombre significa: **Dios que rebaja el orgullo**

Versículo del Ángel, *Salmo 33, 18*
Los ojos del Señor están sobre los que Le temen, sobre los que esperan en Su Misericordia.

Vocalización del Nombre: *Nina, Nana, según Cordovero y Nu/Nu/A, Abulafia*
Esencia: *Comunicación Espiritual*
Poder: *Abre a los misterios de las ciencias ocultas*
Atributo: *Sin intenciones ocultas*

SUS REGENCIAS

Ángel del Cuerpo Físico: *Sol del 20° al 25° de Sagitario, aprox. del 13 al 17 de diciembre.*

Ángel del Cuerpo Astral o Emocional: *Sol en los siguientes grados,*

- *de 22° a 23° de Tauro,*
- *de 4° a 5° de Leo,*
- *de 16° a 17° de Libra,*
- *de 28° a 29° de Sagitario y*
- *de 10° a 11° de Piscis.*

Ángel del Cuerpo Mental: *lapso entre +17:20h y +17:40h a partir de la salida del Sol.*

LAS BENDICIONES QUE OTORGA NANAEL

- NANAEL **canaliza una enorme defensa espiritual** con la energía del Arcángel Miguel. Su Nombre lleva dos letras NUN lo que significa *"muerte a la muerte"* por lo que transmite pura bondad y salud, restaura las funciones del cuerpo, rejuveneciendo intelectual y físicamente. Nos recuerda que *"el cuerpo es el templo físico en el que adorar a la divinidad"*, en línea con los postulados del shintoismo.

- LA ESENCIA QUE APORTA es **la comunicación espiritual** que lleva a la contemplación del mundo divino dentro de nosotros. Se apela a NANAEL para **eliminar el orgullo**, propio o ajeno, y para que arregle toda mala relación con la madre. Borra además el karma, permitiendo que se parta de cero.

- SU PODER es **abrir a los misterios de las ciencias ocultas**, como la magia y la Cábala. Enseña el lenguaje de los animales y el del plano astral.

- SU ATRIBUTO es **sin intenciones ocultas**, porque las **elimina**. Revela que la caridad realizada anónima y desinteresadamente trae grandes recompensas.
La Biblia lo relata en el evangelio de Mateo:

Cuidad de no practicar vuestra justicia delante de los hombres para ser vistos por ellos, de lo contrario no tendréis recompensa de vuestro Padre celestial.

Por tanto, cuando hagas limosna, no lo vayas trompeteando por delante como hacen los hipócritas en las sinagogas y por las calles, con el fin de ser honrados por los hombres, en verdad os digo que ya reciben su paga.

Tú, en cambio, cuando hagas limosna, que no sepa tu mano izquierda lo que hace tu derecha así tu limosna quedará en secreto, y tu Padre, que ve en lo secreto, te recompensará.

Mateo 6, 1-4

LA INFLUENCIA DE NANAEL

DEL LADO OSCURO

Cuando NANAEL del lado oscuro esté activado fomentará el orgullo, la negligencia, la ignorancia, el fracaso y la dejadez del cuerpo y del espíritu. Este Ángel oscuro provocará errores en serie y bloqueará el vínculo con la divinidad.

La ignorancia que comunica NANAEL oscuro viene de la dificultad de aprender, sin embargo, estas personas tratarán a menudo de imponer sus creencias a los demás.

Si se consagrasen a la vida espiritual, querrán convencer y salvar a colectivos enteros por la fuerza, sin tacto ni entendimiento. También podrían ingresar en una orden religiosa por miedo a enfrentarse a la vida.

Además, experimentarán dificultades para vivir en pareja.

DE LUZ

Los hijos de NANAEL de Luz se dedicarán a la vida espiritual y a la enseñanza, con auténtica pasión por el misticismo y la contemplación de los mundos superiores. Amarán la soledad, el silencio y los estados meditativos puesto que el Ángel facilita la comunicación con lo divino. Al tener acceso a los mundos superiores, hallarán la alegría y la eterna juventud porque la vejez solo existe en el mundo físico.

NANAEL rige sobre los religiosos, profesores, magistrados y también sobre las ciencias abstractas y las altas ciencias, como la teología y la filosofía. Dará inspiración para acometer obras importantes y proveerá los fondos para realizarlas.

Las personas nacidas bajo esta influencia apreciarán la vida privada, el reposo, la meditación, y se distinguirán por su conocimiento en ciencias. Dicen los cabalistas que la soledad siempre acompaña al sabio por ser necesaria para formarse, pero, tras un período de aislamiento, es preciso relacionarse de nuevo para transmitir los conocimientos. Esta será específicamente una de las tareas vitales de los hijos de NANAEL de Luz.

Y vi a un Ángel poderoso que proclamaba con fuerte voz: "¿Quién es digno de abrir el libro y soltar sus sellos?"
Apocalipsis 5, 2

54
NITHAEL

TAV – YOD – NUN

Su nombre significa: **Rey de los Cielos**

Versículo del Ángel, *Salmo 16, 5*
El Señor es la porción de mi herencia y de mi copa, Tú sustentas mi suerte.

Vocalización del Nombre: *Niyat, según Cordovero y Nu/Ye/Tza, según Abulafia*
Esencia: *Legitimidad Sucesoria*
Poder: *Favorece la longevidad*
Atributo: *La Muerte de la Muerte*

SUS REGENCIAS

Ángel del Cuerpo Físico: *Sol del 25° al 30° de Sagitario, aprox. del 18 al 22 de diciembre.*

Ángel del Cuerpo Astral o Emocional: *Sol en los siguientes grados,*

- *de 23° a 24° de Tauro,*
- *de 5° a 6° de Leo,*
- *de 17° a 18° de Libra,*
- *de 29° a 30° de Sagitario y*
- *de 11° a 12° de Piscis.*

Ángel del Cuerpo Mental: *lapso entre +17:40h y +18:00h a partir de la salida del Sol.*

LAS BENDICIONES QUE OTORGA NITHAEL

- LA ESENCIA QUE APORTA es **la legitimidad sucesoria** en el momento de la herencia. Ayuda a conservar lo que, por justicia o destino nos pertenece, incluido el empleo, que protege y hace estable para asegurar el sustento.
NITHAEL rige sobre los emperadores, los reyes, los príncipes y todos los dirigentes. Otorga un reinado largo y tranquilo a los que recurren a él, velando sobre las dinastías legítimas y la estabilidad de los imperios. Por extensión, brinda apoyo en las peticiones que se elevan al rey o a personas eminentes o poderosas.

- SU PODER es **favorecer la longevidad.** Al ser NITHAEL un retorno a la legalidad, es un refugio frente a la impostura y el error, que es lo que envejece y acorta la vida. El Ángel rejuvenece y otorga belleza, gracia, refinamiento. Es propicio para iniciar un cambio de imagen ya sea por dietética, estética o cirugía. Ayuda también a superar la depresión, la tristeza y los traumas afectivos.

- SU ATRIBUTO es **la muerte de la muerte.** Es la victoria sobre la muerte, facultad principalísima de NITHAEL porque la energía de este Nombre es la de la inmortalidad y cuando algo importante está en peligro de desaparecer, el Ángel ahuyenta la muerte en los casos relativos a proyectos, cultivos, animales y personas. Cada vez que se pronuncia el Nombre de este Ángel, el Ángel de la muerte queda debilitado.

- NITHAEL **protege contra todo aquel que atenta contra nosotros** y contra nuestra autoridad. También contra ladrones, caídas y accidentes. Resguarda a los niños, auxilia a los jóvenes y cobija a los ancianos, a todos los necesitados de piedad y amor, socorriendo a aquellos que están solos o que más lo necesitan.
Los milagros que se producen en plena calle son obra suya.

- NITHAEL hace **célebres a escritores y artistas.**

LA INFLUENCIA DE NITHAEL

DEL LADO OSCURO

Cuando NITHAEL del lado oscuro esté activado atraerá ruina a las empresas y dará problemas de autoridad. A escala colectiva, provocará revoluciones y hará que las dinastías vacilen. Entre los dominados por él se encuentran los anarquistas y republicanos que derrocan las monarquías y usurpan su autoridad. Este es un Ángel de destrucción, de rebelión y bajo su tutela nacerán los golpistas y los traidores destinados a acabar con los reinados legítimos.

Los que están bajo su influjo solo se preocuparán por las apariencias y por su imagen, padeciendo un miedo cerval a envejecer.

Utilizarán la seducción y la lujuria, e incluso la prostitución, para lograr sus objetivos. Experimentarán una viva necesidad de rodearse de lujo.

DE LUZ

Entre los hijos de NITHAEL de Luz abundarán las personas célebres por sus escritos y su elocuencia. Tendrán una excelente reputación entre la élite intelectual y se distinguirán por sus elegancia, capacidad oratoria y contundencia al hablar.

Los grados regidos por NITHAEL son puntos de celebridad llenos de misericordia de Dios, de lo que se beneficiarán ampliamente sus hijos.

El Ángel les dará una apreciable estabilidad en cuanto a sus medios de vida y, además, les ayudará a asentarse y a reforzar la influencia que ejercen en su dominio de actividad.

Y en la visión oí la voz de una multitud de Ángeles alrededor del trono, de los Vivientes y de los Ancianos. Su número era miríadas de miríadas y millares de millares.

Apocalipsis 5, 11

55
MEBAHIAH

HEI – BET – MEM

Su nombre significa: **Dios Eterno**

***Versículo del Ángel**, Salmo 103, 19*
El Eterno estableció Su Trono en los cielos, y Su reino domina sobre todos.

Vocalización del Nombre: *Mevah, según Cordovero y Me/Ve/He, según Abulafia*
Esencia: *Lucidez intelectual*
Poder: *Favorece a las personas de religión*
Atributo: *Del pensamiento a la acción*

SUS REGENCIAS

Ángel del Cuerpo Físico: *Sol del 0° al 5° de Capricornio, aprox. del 23 al 27 de diciembre.*

Ángel del Cuerpo Astral o Emocional: *Sol en los siguientes grados,*

- *de 24° a 25° de Tauro,*
- *de 6° a 7° de Leo,*
- *de 18° a 19° de Libra,*
- *de 0° a 1° de Capricornio y*
- *de 12° a 13° de Piscis.*

Ángel del Cuerpo Mental: *lapso entre +18:00h y +18:20h a partir de la salida del Sol.*

LAS BENDICIONES QUE OTORGA MEBAHIAH

- Es recomendable apelar a MEBAHIAH **durante el día de Año Nuevo**. Esto llenará de bendiciones el año que empieza y colmará nuestros proyectos y los de nuestros seres queridos con energía de realización.
MEBAHIAH es un Ángel de regeneración y ayuda a los que necesitan renovarse.

- LA ESENCIA QUE APORTA es **la lucidez intelectual** y la claridad de ideas para acceder al canal del amor divino a través de la palabra, lo que es de particular importancia para todos los intelectuales en cualquier ámbito de actividad. Se apela pues a MEBAHIAH para obtener perspicacia e inspiración frente a cualquier trabajo que incluya el uso de la palabra pronunciada o escrita.

- SU PODER es **favorecer a las personas de religión**, esto es, a los consagrados a Dios. Por ello, contribuye a la formación del espíritu religioso y facilita la propagación de las ideas espirituales. Además, guía con paso seguro en el camino de la perfección ayudando a captar la verdad y permitiendo comunicarla.

- SU ATRIBUTO es **pasar del pensamiento a la acción.**
MEBAHIAH es el Ángel que lleva a vencer la procrastinación que es una señal de desconexión con los mundos superiores, lo que automáticamente perturba la vida. Da fuerza para cumplir objetivos y otorga éxito, honores, dignidad y respeto.
La energía del Ángel nos reconecta con la Divinidad y así nuestros pensamientos se plasman en acciones.

- MEBAHIAH es **portador de consuelo y cura la esterilidad en las mujeres**, permitiéndoles satisfacer sus deseos de tener hijos, por lo que es muy solicitado para este propósito.

LA INFLUENCIA DE MEBAHIAH

DEL LADO OSCURO

Cuando MEBAHIAH del lado oscuro esté activado se erigirá como el enemigo de la existencia de Dios y como el espíritu de la mentira. Por ello, será contrario a todas las sendas que llevan al Eterno. En los dominados por él fomentará la mentira, el engaño e irá en contra de la moral. Además, estas personas refutarán la capacidad de regeneración espiritual del ser humano y presentarán la materia como única realidad, con lo que destruirán toda traza de transcendencia en sus vidas y se sentirán impulsados a cometer actos inmorales, estando inmersos en una vida sin principios y sin valía. De modo que, no serán de fiar. Carecerán de lucidez y de aptitud para expresar emociones y sentimientos al ser incapaces de distinguir el Bien del Mal e ignorar tanto la bondad como el amor.

En caso de enfermedad, estas personas tendrán dificultades para curarse o se curarán muy lentamente.

DE LUZ

Los hijos de MEBAHIAH de Luz serán benevolentes y piadosos, estando comprometidos con el cumplimiento de sus deberes hacia Dios y hacia el prójimo. Respetarán la moral y el orden social. La Esencia del Ángel, que es la Lucidez Intelectual, hará entender a sus hijos que el camino recto pasa por la bondad, lo que desbloqueará su creatividad. Estas personas sabrán que la superioridad se demuestra por los actos y se esforzarán por tener una vida ejemplar. Gracias a la protección de MEBAHIAH, sus hijos alcanzarán un pleno estado de certeza y solidez en su camino espiritual. Y ya sabemos que la ausencia de duda lleva a la realización.

Según los cabalistas, este Ángel ayuda a plasmar el reino de Dios en la Tierra. Ello impulsará a sus hijos a hacer buenas obras e incluso a convertirse en bienhechores de la humanidad.

Y todos los Ángeles que estaban en pie alrededor del trono de los Ancianos y de los cuatro Vivientes,
se postraron delante del trono, rostro en tierra, y adoraron a Dios.

Apocalipsis 7, 11

56

POYEL

YOD – VAV – PE

Su nombre significa: **Dios que sostiene el universo**

Versículo del Ángel, *Salmo 149, 4*
Porque el Eterno en su pueblo se complace, adorna de salvación a los humildes.

Vocalización del Nombre: *Peví, Cordovero y Pe/Wa/Ye, según Abulafia*
Esencia: *Sostén material, Fortuna, Talento y Modestia*
Poder: *Otorga la fortuna*
Atributo: *Desvanecer la Ira*

SUS REGENCIAS

Ángel del Cuerpo Físico: *Sol del 5° al 10° de Capricornio, aprox. del 28 al 31 de diciembre.*

Ángel del Cuerpo Astral o Emocional: *Sol en los siguientes grados,*

- *de 25° a 26° de Tauro,*
- *de 7° a 8° de Leo,*
- *de 19° a 20° de Libra,*
- *de 1° a 2° de Capricornio y*
- *de 13° a 14° de Piscis.*

Ángel del Cuerpo Mental: *lapso entre +18:20h y +18:40h a partir de la salida del Sol.*

LAS BENDICIONES QUE OTORGA POYEL

- POYEL **concede todo lo que se le pide**, ya que rige los bienes que nos envía la providencia. Y todo es todo, sean bienes materiales o aspiraciones espirituales, con la condición de que el anhelo sea sincero y las plegarias vengan de un corazón íntegro. Por ello, colma de bienes, premios, loterías, fama o virtudes espirituales. Es un Ángel que da mucha suerte y conduce al éxito.

- LA ESENCIA QUE APORTA es **el sostén material, la fortuna, el talento y la modestia**. De modo que POYEL ayuda a alcanzar el renombre y la riqueza por el propio talento, conservando la moderación y los pies en la tierra.

- SU PODER es **otorgar la fortuna**, la fama, la celebridad, el poder y el conocimiento espiritual. Se puede apelar a POYEL para obtener todo ello, así como los favores de los poderosos. Además, ayuda con los estudios, da facilidad de expresión y enseña la filosofía oculta, la alta magia y la Cábala.

- SU ATRIBUTO es **desvanecer la ira**, el enfado y la rabia, trayendo la paz.
Transmuta en pura Luz estados negativos como la depresión, la ansiedad, el descontrol, la ira, los temores inconscientes, las preocupaciones y la conducta compulsiva. La cólera es autodestructiva e implica desconocimiento de la realidad porque nada puede sucedernos si estamos en contacto con el Eterno. Cuando comprendamos en fin que en nuestro mundo la oscuridad es preponderante, sabremos que es inútil encolerizarse porque basta encomendarse a Dios para restablecer nuestra conexión con la Luz y vencer a las tinieblas. Ya sabemos que fusionarnos con la Luz, que es la energía original y eterna, es nuestra misión principal.
La ira y la cólera se desintegran al pronunciar este Nombre con el de su Ángel y, si decidimos poner en manos de Dios el motivo de nuestra cólera, el destino exigirá una retribución inevitable al o a los que la hayan causado.

LA INFLUENCIA DE POYEL

DEL LADO OSCURO

Cuando POYEL del lado oscuro esté activado imperarán la ambición desbocada y el orgullo. Los dominados por él serán oportunistas, arribistas, desmesuradamente ambiciosos, orgullosos, presuntuosos y su principal motivación será elevarse por encima de los demás. Este es el Ángel oscuro que encarna la ambición contrariada de los que no pueden acceder a la celebridad, al renombre, a la fortuna por medios naturales y al no poder ascender por sus méritos, tratarán de rebajar y pisotear a los demás o de subyugarlos de alguna manera. Su ambición se traducirá en materialismo y en jactancia. Lamentablemente, la sociedad actual aprecia mucho la ambición desmedida, que es una perversión de la ética y produce aciagas consecuencias para la colectividad.

POYEL de abajo provocará un mal uso de los recursos, que podrán llevar a excesos, exageraciones, despilfarro y placeres mundanos. Dará problemas relacionados con el dinero, escasez e incluso pobreza.

Contrariamente a los hijos de POYEL de Luz que gozan de facilidad de expresión, los dominados por su vertiente oscura tendrán problemas de elocución.

DE LUZ

Los hijos de POYEL de Luz serán personas providenciales, portadoras de fortuna, de buena reputación, de salud y de vida. Traerán buena suerte y serán muy apreciados en su medio social. Estas personas tendrán metas muy claras en la vida, pero no serán materialistas, preocupándose en prioridad por el bienestar de todos. A menudo soñarán con financiar proyectos altruistas o humanitarios, lo que siempre recibe su justa recompensa en el Cielo.

Serán personas afortunadas, de buena composición y podrán recibir dádivas o dones providenciales.

Vi entonces a los siete Ángeles que están en pie delante de Dios, les fueron entregadas siete trompetas.

Apocalipsis 8, 2

57
NEMAMIAH

MEM – MEM – NUN

Su nombre significa: **Dios Loable**

Versículo del Ángel, *Salmo 145, 14*
El Señor sostiene a todos los que caen, y levanta a todos los que son derribados.

Vocalización del Nombre: *Nemim, según Cordovero y Nu/Me/Me, según Abulafia*
Esencia: *Entendimiento y Discernimiento*
Poder: *Protege a los dirigentes*
Atributo: *Escuchar a tu alma*

SUS REGENCIAS

Ángel del Cuerpo Físico: *Sol del 10° al 15° de Capricornio, aprox. del 1 al 5 de enero.*

Ángel del Cuerpo Astral o Emocional: *Sol en los siguientes grados,*

- *de 26° a 27° de Tauro,*
- *de 8° a 9° de Leo,*
- *de 20° a 21° de Libra,*
- *de 2° a 3° de Capricornio y*
- *de 14° a 15° de Piscis.*

Ángel del Cuerpo Mental: *lapso entre +18:40h y +19:00h a partir de la salida del Sol.*

LAS BENDICIONES QUE OTORGA NEMAMIAH

- LA ESENCIA QUE APORTA es **entendimiento y discernimiento** que da capacidad de anticipación y hace comprender la causa de los problemas.
La mayor bendición de NEMAMIAH es desvelar cuál es nuestra misión de vida, lo que nos sobrevendrá y las personas a las que estaremos vinculados por destino. Ayuda a renunciar a los privilegios materiales para consagrarse a ese cometido.

- SU PODER es **proteger a los dirigentes** a los que apoya en su carrera, también cuando esta es militar. NEMAMIAH rige sobre los que combaten por una causa justa y sobre los militares, a los que otorga el mando. Inspira devoción por las causas nobles y, además, protege contra la tentación de atacar a los indefensos.

- SU ATRIBUTO es **escuchar nuestra alma** para poder cumplir la misión con la que hemos venido al mundo. La vida cotidiana dificulta el silencio interior que es tan necesario para escuchar al Yo Superior y conocer nuestro propósito. Con NEMAMIAH sabemos por intuición lo que se nos ha encomendado y estamos dispuestos a realizarlo, porque este Ángel procura el estado de silencio interior que regenera y acerca al Eterno.

- NEMAMIAH hace **prosperar en todas las cosas**. Da la abundancia material y concede fortuna gracias a una mente clara y al conocimiento.
Apelar a este Ángel saca de la prisión intelectual, de la rutina y ayuda a liberar a los prisioneros.

- NEMAMIAH **disipa el nerviosismo y la inseguridad, libera del estrés y de las afecciones nerviosas**, brinda protección contra las influencias mentales negativas y ayuda a transcender las limitaciones de este mundo. Además, cura las enfermedades de la vista y de la psique.

LA INFLUENCIA DE NEMAMIAH

DEL LADO OSCURO

NEMAMIAH del lado oscuro rige sobre las traiciones. Cuando esté activado expondrá a felonías y abusos de poder, provocará malas relaciones con los superiores y dará fuerza a los que atacan o maltratan a personas débiles o indefensas, como ancianos, enfermos, niños o mujeres, y también a los animales. Este Ángel está lleno de indignidad y es el que instiga los golpes de Estado. Los dominados por él carecerán de discernimiento entre el Bien y el Mal y no obedecerán más que a inclinaciones malévolas. Serán los traidores compulsivos a todo poder legítimo y también a las relaciones personales estables. Cosecharán sus triunfos aprovechando la debilidad del contrario, metiéndose con personas o colectivos vulnerables. Serán personas de mentalidad oscura, desprovistas de principios, por ello sus vidas serán complejas y sombrías. Tendrán problemas para relacionarse y entrarán en frecuentes discordias, no solo por su maldad, sino por su dificultad para comunicarse. En la vida profesional, si no son golpistas, también en sentido figurado, se estancarán en la rutina.

DE LUZ

NEMAMIAH de Luz lleva a realizar importantes empresas y avances tecnológicos. Sus hijos se sentirán atraídos por los oficios ligados al ejército y se distinguirán en la actividad castrense por su bravura y su grandeza de alma, soportando las fatigas con mucho valor. Semejantes cualidades harán que puedan alcanzar los más altos grados militares y serán excelentes estrategas con enorme capacidad de trabajo. Si no se consagran a una carrera militar, se caracterizarán por su dedicación a causas justas. El Ángel les ayudará a realizar sus ambiciones y podrán llegar a ser considerados héroes. En sus trabajos harán gala de estoicismo, sin sobrepasar sus atribuciones y sabiendo cuáles son sus límites.

NEMAMIAH dará a sus hijos una mentalidad de vanguardia, pero tendrán que lograr sus victorias con esfuerzo porque en la sociedad hay una resistencia natural a los precursores.

Otro Ángel vino y se puso junto al altar con un badil de oro. Se le dieron muchos perfumes para que, con las oraciones de todos los santos, los ofreciera sobre el altar de oro colocado delante del trono.

Apocalipsis 8, 3

58
YEYALEL

LAMED – YOD – YOD

Su nombre significa: **Dios que lucha por nosotros**

Versículo del Ángel, *Salmo 113, 2*
¡Bendito sea el Nombre del Eterno, desde ahora y por siempre!

Vocalización del Nombre: *Yiyal, según Cordovero y Ye/Ye/La, según Abulafia*
Esencia: *Fortaleza mental*
Poder: *Protege a los que trabajan el hierro*
Atributo: *Dejar ir, soltarse*

SUS REGENCIAS

Ángel del Cuerpo Físico: *Sol del 15° al 20° de Capricornio, aprox. del 6 al 10 de enero.*

Ángel del Cuerpo Astral o Emocional: *Sol en los siguientes grados,*

- *de 27° a 28° de Tauro,*
- *de 9° a 10° de Leo,*
- *de 21° a 22° de Libra,*
- *de 3° a 4° de Capricornio y*
- *de 15° a 16° de Piscis.*

Ángel del Cuerpo Mental: *lapso entre +19:00h y +19:20h a partir de la salida del Sol.*

LAS BENDICIONES QUE OTORGA YEYALEL

-   YEYALEL tiene la inmensa capacidad de **hacer que Dios luche por nosotros**. Por mediación del Ángel, Dios nos protege y se convierte en nuestro paladín, nos salva cuando nos encontramos frente a una situación terrible y estamos desamparados. ¿Qué más se podría pedir?

-   LA ESENCIA QUE APORTA es **la fortaleza mental.** Protege contra la cólera, que es tan autodestructiva, y contra el deseo de acabar con todo, otorgando resiliencia para afrontar las situaciones más difíciles, sin dejarse dominar por los sentimientos y las emociones. Se apela a YEYALEL para superar enfermedades o situaciones límite, penas o momentos de desesperación. Su extraordinaria energía protege contra los que buscan nuestro mal por lo que confunde totalmente a los malvados, enemigos y falsos testigos. Cura todas las enfermedades, especialmente las mentales y las de los ojos, y también el *"mal de ojo"* que es una derivación de la magia negra.

-   SU PODER es **proteger a los que trabajan el hierro, que es un símil del coraje.** Materialmente, este Ángel rige sobre el hierro, los fabricantes de armas y el comercio del acero. Mentalmente, fomenta el valor.

-   SU ATRIBUTO es **dejar ir, soltarse, dejando fluir,** lo que nos hace desprendernos de nuestro pasado cuando es un lastre. Todos estamos marcados por recuerdos dolorosos que nos condicionan negativamente y obstaculizan el acceso a un futuro mejor, milagros incluidos. Aferrarnos al pasado da la impresión de impotencia y tiende a concentrar nuestra atención en lo negativo. YEYALEL representa la liberación plena de nuestros traumas y de las programaciones inconscientes. Nos ayuda a soltar, a despreocuparnos y a dejar fluir para que lo bueno aparezca en nuestras vidas.

LA INFLUENCIA DE YEYALEL

DEL LADO OSCURO

YEYALEL del lado oscuro rige sobre la cólera, los malvados y los homicidas. Cuando esté activado expondrá a situaciones extremas, a la ira y en ciertos casos, a conductas suicidas. Es uno de los Ángeles de la guerra y producirá gentes impulsadas por la cólera, tanto que les parasitará y determinará su conducta. Según el dicho popular *"verán rojo"* y atacarán frente a cualquier provocación. La cólera se libera mediante la destrucción por lo que podrán ser asesinos a sueldo o bien matarifes. Pasarán por toda clase de problemas en amor y en la vida social. Sabiéndose incapaces de relacionarse correctamente en sociedad por causa de sus arrebatos, tenderán a refugiarse en los mundos virtuales, algunos nada virtuosos. Intelectualmente serán excesivamente perfeccionistas y proclives a recurrir a la astucia, al engaño y a la manipulación. Tendrán dificultades en admitir la idea de un Creador y serán a menudo ateos. Su vida estará llena de discrepancias y de contradicciones entre las exigencias del cuerpo, el intelecto y las emociones que ellos percibirán como opuestas.

DE LUZ

Los hijos YEYALEL de Luz serán puros y harán todos los esfuerzos posibles para que su vida transcurra por cauces justos. Estas personas se distinguirán por su bravura, su sinceridad, su sentido de la justicia y del orden.

En la sociedad envilecida en la que vivimos, el hombre puro de YEYALEL llamará mucho la atención, a veces chocará por su franqueza y muchos serán los que intenten silenciarlo o desvirtuar sus propósitos.

YEYALEL protegerá a sus hijos permitiéndoles detectar el mal dónde y en quién se encuentre, así como sus intenciones.

Como estas personas serán particularmente rigurosas, estarán muy dotados para la abstracción, las ciencias exactas y la astronomía.

Y por mano del Ángel subió delante de Dios la humareda de los perfumes con las oraciones de los santos.
Apocalipsis 8, 4

59
HARAJEL

JET – RESH – HEI

Su nombre significa: **Dios que conoce todas las cosas**

Versículo del Ángel, *Salmo 94, 22*
El Señor ha sido mi baluarte, mi Dios, la roca de mi amparo.

Vocalización del Nombre: *Haraj, según Cordovero y He/Re/Je, según Abulafia*
Esencia: *Riqueza Intelectual, Sabiduría*
Poder: *Favorece la riqueza*
Atributo: *Cordón Umbilical*

SUS REGENCIAS

Ángel del Cuerpo Físico: *Sol del 20° al 25° de Capricornio, aprox. del 11 al 15 de enero.*

Ángel del Cuerpo Astral o Emocional: *Sol en los siguientes grados,*

- *de 28° a 29° de Tauro,*
- *de 10° a 11° de Leo,*
- *de 22° a 23° de Libra,*
- *de 4° a 5° de Capricornio y*
- *de 16° a 17° de Piscis.*

Ángel del Cuerpo Mental: *lapso entre +19:20h y +19:40h a partir de la salida del Sol.*

LAS BENDICIONES QUE OTORGA HARAJEL

- LA ESENCIA QUE APORTA es **la riqueza intelectual y la sabiduría**. Representa la abundancia de inteligencia que hace que la vida se desarrolle como debe. Se apela a HARAJEL para recargarnos de riqueza intelectual porque esta otorga protección y da la facultad de alinearse con la Luz divina.

- SU PODER es favorecer **la riqueza** y permite hacer fortuna gracias a las cualidades intelectuales. Rige el mercado de valores, esto es, la Bolsa y también las finanzas. Por ello, se apela a HARAJEL para todo lo que tenga que ver con las inversiones, acciones y obligaciones, operaciones de Bolsa o Banca. Protege contra la bancarrota y las dilapidaciones. Ayuda a administrar los fondos públicos y permite descubrir tesoros.

- SU ATRIBUTO es **el cordón umbilical con Dios** que conecta directamente con el Creador. Este Nombre y su Ángel son las herramientas para mantener fuerte el vínculo que une con la Luz de la Divinidad y evitar que la negatividad y los actos inicuos puedan afectarnos.

- HARAJEL **cura la esterilidad en las mujeres** y ayuda a ginecólogos y comadronas. Pone fin a los períodos estériles y a los esfuerzos que no dan fruto. También fomenta el respeto de los hijos hacia los padres.

- En fin, se apela a HARAJEL para que bendiga **la publicación, distribución y difusión de obras literarias**, que son vehículos del conocimiento. Durante sus regencias favorece todo lo relacionado con los libros, periódicos, imprentas o ediciones. También estimula todas las actividades tendentes a manifestar el talento.

LA INFLUENCIA DE HARAJEL

DEL LADO OSCURO

Cuando HARAJEL del lado oscuro esté activado expondrá a bancarrotas, fraudes y ruinas. Este Ángel es el enemigo de la inteligencia y del conocimiento, por lo que inclina a las dilapidaciones y las quiebras fraudulentas, causa la ruina y la destrucción e incluso incendios que son provocados por el exceso de Luz oscura no utilizada.

Al carecer de lucidez, los dominados por este Ángel oscuro irán al desastre en sus negocios con lo que podrían involucrarse en situaciones fraudulentas. Estas personas serán proclives a remplazar las experiencias vitales por la realidad virtual a través de máquinas como las computadoras o los dispositivos móviles. Estarán completamente desconectados de su cuerpo y de la tierra. Podrán llegar a ser aberrantes desde el punto de vista intelectual, lo que reflejarán en escritos que serán destructivos.

DE LUZ

Los hijos de HARAJEL de Luz se sentirán atraídos por los negocios, las inversiones en Bolsa y las ciencias. Podrán ser especuladores de éxito y se distinguirán por su sagacidad, rectitud, talento y buena fortuna. También destacarán en labores de redacción, periodismo, publicación e imprenta.

El Ángel otorgará a sus hijos una inteligencia equilibrada, práctica y productiva que hará que todo funcione como debiera. Adorarán aprender, para lo que tendrán facilidad, y serán muy creativos. Esta riqueza intelectual desembocará en algún momento de la vida en la transmisión del conocimiento porque, de lo contrario, vendrá el estancamiento intelectual.

Estas personas emanarán bondad, belleza, verdad. En el ámbito personal, disfrutarán de la comprensión entre hijos y padres, así como de una vida familiar armoniosa.

Los siete Ángeles de las siete trompetas se dispusieron a tocar.
Apocalipsis 8, 6

60
MITZRAEL

RESH – TZADI – MEM

Su nombre significa: **Dios que consuela a los oprimidos**

Versículo del Ángel, *Salmo 34, 17*
El rostro del Eterno está contra los que obran el mal, para cortar de la Tierra su memoria

Vocalización del Nombre: *Metsar, según Cordovero y Me/Tsa/Re, según Abulafia*
Esencia: *Reparación, Curación mental*
Poder: *Ayuda a los enfermos mentales*
Atributo: *Libertad*

SUS REGENCIAS

Ángel del Cuerpo Físico: *Sol del 25° al 30° de Capricornio, aprox. del 16 al 20 de enero.*

Ángel del Cuerpo Astral o Emocional: *Sol en los siguientes grados:*

- *de 29° a 30° de Tauro,*
- *de 11° a 12° de Leo,*
- *de 23° a 24° de Libra,*
- *de 5° a 6° de Capricornio y*
- *de 17° a 18° de Piscis.*

Ángel del Cuerpo Mental: *lapso entre +19:40h y +20:00h a partir de la salida del Sol.*

LAS BENDICIONES QUE OTORGA MITZRAEL

- LA ESENCIA QUE APORTA es **la reparación y la curación** de las enfermedades físicas y mentales. Tanto MITZRAEL como HAHAHEL, el Ángel 41, nos recuerdan que la capacidad de curarnos está en nosotros.

- SU PODER es **ayudar a los enfermos mentales** y favorecer la longevidad, aportando un profundo consuelo para los sufrimientos y trastornos psíquicos, así como frente a todo tipo de opresiones. MITZRAEL libera de los que nos persiguen, de los que nos envidian y de toda clase de acosos. También nos rescata de las limitaciones del ego.

- SU ATRIBUTO es **la libertad.** Sabemos que la vida es un camino lleno de obstáculos y pruebas y que hace falta fortaleza y responsabilidad para salir adelante porque constantemente somos tentados por los de abajo que tratan de hacernos involucionar. La energía de MITZRAEL da fuerza y capacidad para superar todas las pruebas y alcanzar la realización espiritual.
De hecho, MITZRAEL conduce a la libertad, pero a la dura, a través de penurias, desafíos y trabas que el Ángel ayuda a vencer.

- MITZRAEL lleva al **reconocimiento del talento por la sociedad**, convirtiéndonos en una persona ilustre, puesto que el Ángel rige sobre los personajes célebres conocidos por su talento y sus virtudes.

- En fin, MITZRAEL **protege a las jerarquías** cuando son emanaciones del orden natural y ayuda a comprender su sentido que solo se justifica por la voluntad de servicio. Garantiza la fidelidad hacia los superiores y la obediencia de los subordinados.

LA INFLUENCIA DE MITZRAEL

DEL LADO OSCURO

Cuando MITZRAEL del lado oscuro esté activado causará problemas con los órdenes jerárquicos, incitando marcadamente a la desobediencia. Esas mismas dificultades se vivirán con la autoridad representada por el padre.

Los dominados por MITZRAEL oscuro serán gente insubordinada, inclinados a los malos hábitos y a los vicios. Estas personas vivirán en un caos permanente y a menudo enfermarán desarrollando una acentuada dependencia de los fármacos. Su insubordinación será también interna y, para calmarla, recurrirán a toda clase de substancias, a menudo nocivas.

MITZRAEL de abajo conlleva dificultad para aceptar los errores, lo que impedirá que, los influidos por él puedan enderezar naturalmente las cosas, por lo que estas personas tendrán tendencia a abandonar o a renunciar. A menudo, sentirán miedo al cambio y a la evolución personal.

DE LUZ

Por la potente fuerza transformadora de MITZRAEL de Luz, si sus hijos llegan a realizar el salto de consciencia al que están destinados, todos sus errores serán borrados.

El Ángel es además un especialista en la sanación de enfermedades mentales y libera de los perseguidores, que son siempre agentes de las tinieblas, y de las enfermedades causadas por malos hábitos o adiciones.

MITZRAEL hará entender la influencia de la actitud de los padres sobre la salud de los hijos para poder actuar en consecuencia.

Profesionalmente, el Ángel facilitará la práctica de la psicología y la psiquiatría y dará talento para las ciencias que estudian el cerebro y también para la tecnología.

Asegurará además la fidelidad y la obediencia de los subalternos hacia sus superiores.

Y el Ángel tomó el badil y lo llenó con brasas del altar y las arrojó sobre la tierra. Entonces hubo truenos, fragor, relámpagos y temblor de tierra.

Apocalipsis 8, 5

61

UMABEL

BET – MEM – VAV

Su nombre significa: **Dios por encima de todas las cosas**

Versículo del Ángel, *Salmo 8, 10*

¡Oh, Dios, Señor nuestro, cuán grande es Tu Nombre en toda la Tierra!

Vocalización del Nombre: *Vamav, según Cordovero y Wa/Me/Be, según Abulafia*
Esencia: *Afinidad, Amistad, Analogía*
Poder: *Favorece la amistad*
Atributo: *Agua*

SUS REGENCIAS

Ángel del Cuerpo Físico: *Sol del 0° al 5° de Acuario, aprox. del 21 al 25 de febrero.*

Ángel del Cuerpo Astral o Emocional: *Sol en los siguientes grados,*

- *de 0° a 1° de Géminis,*
- *de 12° a 13° de Leo,*
- *de 24° a 25° de Libra,*
- *de 6° a 7° de Capricornio y*
- *de 18° a 19° de Piscis.*

Ángel del Cuerpo Mental: *lapso entre +20:00h y +20:20h a partir de la salida del Sol.*

LAS BENDICIONES QUE OTORGA UMABEL

–   LA ESENCIA QUE APORTA es **la afinidad, la amistad y la analogía**. UMABEL está encargado de conectarnos con los que están destinados a ser nuestros amigos porque con ellos compartimos la misma alma raíz.

–   SU PODER es **favorecer la amistad y estimularla**, por lo que, si nos encomendamos a UMABEL nos relacionará con personas afines. Procura asimismo la amistad de una persona que nos interesa si la nombramos pidiéndoselo al Ángel.

–   SU ATRIBUTO es **el agua** que compone aproximadamente el 70% de nuestro cuerpo y también del planeta. El agua es la Luz de Dios manifestada en el mundo físico. La corrupción del hombre y la contaminación del planeta afectan gravemente al agua que debe mantenerse pura porque sana y rejuvenece al contener el secreto de la inmortalidad. Por ello, al purificar el agua, despertamos profundas fuerzas de sanación. UMABEL tiene la enorme capacidad de devolver toda agua a su estado original divino y puro, de conectar con su energía y además de manifestar sus poderes espirituales que son sustentar la vida, limpiar, curar y rejuvenecer.
UMABEL da el poder de sanar personas, animales, plantas, en todas las situaciones. Algunos rabinos recomiendan pronunciar una bendición sobre el agua antes de beberla para alejar lo malo y atraer lo bueno. Por los experimentos del doctor Amaru Emoto sabemos que nuestra mente puede programar el agua mediante pensamientos y sentimientos positivos. Usemos esa capacidad recordando que el agua es el elemento que da la vida y la salud.

–   UMABEL ayuda a aprender **la astronomía, la astrología y las ciencias físicas**.

–   UMABEL rige las **relaciones con la madre y arregla todo conflicto con ella**.

LA INFLUENCIA DE UMABEL

DEL LADO OSCURO

Cuando UMABEL del lado oscuro esté activado fomentará las pasiones contrarias al orden natural e inclinará al libertinaje. Inspirará a los licenciosos y particularmente a los que se libran a pasiones contra natura. En aquellos dominados por él, serán frecuentes, además del desenfreno, las desviaciones, la degeneración, las aberraciones, las drogas y las enfermedades de transmisión sexual.

A menudo vivirán en el pasado, aislados y arrastrando vicios antinaturales. Se mentirán a sí mismos al ser incapaces de hacer frente a la realidad. Podrán depender del padre o de la madre de forma enfermiza, y en la mayor parte de los casos, será de la madre.

DE LUZ

Los hijos de UMABEL de Luz se apasionarán por los asuntos espirituales y no tanto por los materiales. Amarán el conocimiento y serán aficionados a los deportes y también a los viajes para impregnarse de otras culturas. El Ángel les protegerá durante sus desplazamientos para que cumplan sus objetivos.

UMABEL de Luz protege contra el libertinaje y las pasiones contrarias a la naturaleza. Una de las mayores aspiraciones de sus hijos será tener una vida familiar simple y sin vaivenes. Serán muy exigentes y perfeccionistas en el amor. UMABEL dará talento a sus hijos para entender las ciencias de la naturaleza, desde la ecología, geología, botánica, zoología, medicina hasta la fitoterapia y destacarán en todas ellas. Favorecerá asimismo la notoriedad por sus estudios de astrología, psicología, esoterismo y fitoterapia.

Además, por conferir UMABEL una perfecta honradez y respeto por la obra ajena, sus hijos serán personas cabales. También serán organizados, prácticos y capaces de realizar importantes empresas que planificarán con anticipación. Sabrán enseñar lo aprendido por lo que serán buenos instructores.

Vi también a otro Ángel poderoso, que bajaba del cielo envuelto en una nube, con el arcoíris sobre su cabeza, su rostro como el sol y sus piernas como columnas de fuego.

Apocalipsis 10, 1

62

YAH–HEL

HEI – HEI – YOD

Su nombre significa: **Ser Supremo**

Versículo del Ángel, *Salmo 24, 5*
Ese recibirá bendición del Señor, y justicia del Dios de Su salvación.

Vocalización del Nombre: *Yehah, según Cordovero y Ye/He/He, según Abulafia*
Esencia: *Afán de saber*
Poder: *Protege a los filósofos y a los pensadores*
Atributo: *Padres educadores, no predicadores*

SUS REGENCIAS

Ángel del Cuerpo Físico: *Sol del 5° a 10° de Acuario, aprox. del 26 al 30 de enero.*

Ángel del Cuerpo Astral o Emocional: *Sol en los siguientes grados,*

- *de 1° a 2° de Géminis,*
- *de 13° a 14° de Leo,*
- *de 25° a 26° de Libra,*
- *de 7° a 8° de Capricornio y*
- *de 19° a 20° de Piscis.*

Ángel del Cuerpo Mental: *lapso entre +20:20h y +20:40h a partir de la salida del Sol.*

LAS BENDICIONES QUE OTORGA YAH–HEL

- YAH-HEL **otorga todo lo que se le pide**, incluso lo considerado imposible.

- LA ESENCIA QUE APORTA es **el afán de saber**, que permite acceder a los mundos superiores. Conecta con la Presencia que es la fuente de toda prosperidad, rectitud y bendición. Da la evidencia interna de la verdad y la capacidad de expresarse bellamente porque YAH-HEL es el Ángel de la expresión.

- SU PODER es **proteger a los filósofos y a los pensadores**.
YAH-HEL otorga la fuerza necesaria para dedicarse a la vida contemplativa y ayuda a retirarse del mundo para alcanzar la sabiduría que conduce a la iluminación. Premia con tranquilidad y soledad después de haber cumplido las obligaciones mundanas. Permite conectar con el maestro interior para aprender alta magia, Cábala y filosofía oculta.

- SU ATRIBUTO es **ser padres educadores, no predicadores**.
Uno de los mayores privilegios es guiar a otro ser humano hacia la Luz y esta es la misión que recibimos al ser padre o madre. Los hijos son una enorme bendición que el Eterno nos otorga para avanzar espiritualmente. Nos hacen ver a Dios en ellos y nos conectan con lo divino. Necesitan amor, guía y ejemplo, no severidad o corrección. Seamos maestros de nuestros hijos para que la Luz se abra camino y algún día llegaremos a ser maestros de los demás.

- YAH-HEL **protege contra los pensamientos negativos** y también de los temores irracionales, depresión, ansiedad, conductas compulsivas, reacciones incontroladas, dependencias y adicciones. Preserva del escándalo, del lujo y del divorcio.

LA INFLUENCIA DE YAH-HEL

DEL LADO OSCURO

YAH-HEL del lado oscuro es el Ángel del escándalo, de la inconstancia, la desunión, el desequilibrio, las infidelidades y el divorcio. Cuando esté activado fomentará los escándalos, las rupturas de pareja y un estilo de vida mundano. Los dominados por él se mezclarán en intrigas, vivirán peleas con su pareja y separaciones, se comportarán de manera inapropiada y depravada, y serán aficionados a la frivolidad, al lujo y a los gastos innecesarios. Serán inconstantes en sus relaciones, obsesos con el dinero y además serán incapaces de permanecer solos o de aislarse por lo que se lanzarán a relaciones caóticas en serie que terminarán mal. Si se ocupan de temas espirituales, comerciarán con ellos y podrían llegar a la impostura o la estafa.

DE LUZ

Por su alto nivel espiritual, los hijos de YAH-HEL de Luz podrán llegar a ser los mejores comunicadores del conocimiento transcendente y su evolución espiritual hará de ellos líderes natos. Produce filósofos, iluminados, anacoretas y a los que quieren retirarse del mundo. Creerán que lo visible y la materia son ilusiones y pensarán que, para entender lo esencial, es preciso aislarse. Apreciarán la tranquilidad y la soledad, serán cabales, cumplirán con sus deberes y se distinguirán por sus virtudes. Serán íntegros y exigirán lo mismo de los demás, aunque se apartarán si son decepcionados. Pensarán más en el prójimo que en sí mismos, militarán contra la violencia y serán modelos de corrección y honestidad. Si llegasen al poder en política, administración de empresas o economía, se mantendrán en el cargo largo tiempo por su solidez. Además, serán buenos maestros, inclusive en el deporte para el que estarán dotados. YAH-HEL permite pagar las deudas kármicas contraídas con los que dependen de nosotros antes de pasar a un retiro espiritual para acelerar la elevación. También favorece los retiros de corta duración.

Entonces el Ángel que había visto yo de pie sobre el mar y la tierra, levantó al cielo su mano derecha
Apocalipsis 10, 5

63
ANAUEL

VAV – NUN – EIN

Su nombre significa: **Dios infinitamente bueno**

Versículo del Ángel, *Salmo 37, 4*
Deléitate en el Eterno, y Él te concederá las peticiones de tu corazón.

Vocalización del Nombre: *Anu, según Cordovero y Aa/Nu/Wa, según Abulafia*
Esencia: *Percepción de la Unidad*
Poder: *Favorece el comercio*
Atributo: *Apreciación*

SUS REGENCIAS

Ángel del Cuerpo Físico: *Sol del 10° al 15° de Acuario, aprox. del 31 de enero al 4 de febrero.*

Ángel del Cuerpo Astral o Emocional: *Sol en los siguientes grados,*

- *de 2° a 3° de Géminis,*
- *de 14° a 15° de Leo,*
- *de 26° a 27° de Libra,*
- *de 8° a 9° de Capricornio y*
- *de 20° a 21° de Piscis.*

Ángel del Cuerpo Mental: *lapso entre +20:40h y +21:00h a partir de la salida del Sol.*

LAS BENDICIONES QUE OTORGA ANAUEL

- LA ESENCIA QUE APORTA es **la percepción de la unidad**, esto es, de lo Absoluto, del Infinito, de la verdad máxima que canaliza la benevolencia del Creador. ANAUEL otorga el don de la fe, que es esencial porque, como hemos visto, cuando nos falta, dejamos vía libre a AMALEK, el Mal absoluto. ANAUEL convierte al Bien a los que se han transformado en agentes del Mal, da una confianza inquebrantable en Dios, protege contra la acción maléfica y las influencias negativas, siendo un poderoso escudo contra lo malo. Además, ANAUEL transmite mensajes divinos por inspiración.

- SU PODER es **favorecer el comercio** a través de una comprensión correcta de la energía del dinero y de sus intercambios mediante las prácticas mercantiles, financieras y bancarias. Ayuda a no cometer errores en asuntos de dinero, fomenta la laboriosidad y protege contra la prodigalidad o la ruina.

- SU ATRIBUTO es **la apreciación** de lo que Dios nos ha dado, lo que demuestra sabiduría y ser una persona de bien. La mejor manera de conservar y de incrementar lo que poseemos es activar esa apreciación. Demos pues gracias por los dones que hemos recibido antes de tener que lamentar su pérdida porque todo lo que tenemos viene de Dios y Él puede retirarlo en un instante. Como recuerda Tobías 4, 19: *"es el Señor quien da todos los bienes y, cuando quiere, eleva o abate hasta lo profundo del Hades"*
Con ANAUEL atraemos la apreciación o la gratitud que es la manera de devolver espiritualmente lo que hemos recibido, guardar todas las bendiciones y aumentar lo que es nuestro.

- ANAUEL es un **Ángel sanador, especialmente en medicina preventiva** por lo que ayuda a conservar una salud de hierro. Cura sobre todo las enfermedades nerviosas y respiratorias, protege contra la locura y preserva de los accidentes.

LA INFLUENCIA DE ANAUEL

DEL LADO OSCURO

Cuando ANAUEL del lado oscuro esté activado romperá la percepción de la unidad y de la fe características del Ángel de Luz y provocará la locura que representa la fragmentación del individuo y también la materialidad más absoluta, que es la ausencia de Dios. Cuando Dios falta, nada basta y el vacío resultante se llena con materialismo. Financieramente, los dominados por él, tenderán a la prodigalidad, al despilfarro, y también a la corrupción. Todos sus recursos se pondrán a disposición del deseo y del derroche que les conducirán a la bancarrota y a la ruina. Es también el Ángel de los nacionalistas y separatistas que están dispuestos a defender su ideología incluso por medio de la violencia, de los que se inventan banderas y erigen fronteras invisibles hinchando artificialmente la importancia de las lenguas minoritarias para separar a unos ciudadanos de otros.

DE LUZ

ANAUEL de Luz libera de las dependencias y permite entender las leyes cósmicas. Sus hijos serán contrarios a toda clase de etiquetas y a las banderas que separan porque el Ángel otorga la percepción de la unidad, haciendo desaparecer el sentimiento de pertenencia a grupos excluyentes. Serán ciudadanos del mundo y escaparán a la mentalidad de casta que tanto limita.

ANAUEL rige sobre el comercio, los banqueros, los agentes de negocios y sus representantes. Dará a sus hijos un espíritu sutil, marcada capacidad de trabajo, facilidad para la innovación, la investigación y el descubrimiento en todas las áreas del saber, inspirando brillantes ideas que se transformarán en adelantos técnicos.

Estas personas gozarán de una salud inquebrantable y con el Ángel tendrán un escudo impenetrable contra la maldad. Sabrán que Dios está en todo y vivirán el presente en plena consciencia, rechazando tanto la nostalgia como la huida hacia el futuro.

sino que en los días en que se oiga la voz del séptimo Ángel, cuando se ponga a tocar la trompeta, se habrá consumado el Misterio de Dios, según lo había anunciado como buena nueva a sus siervos los profetas.

Apocalipsis 10, 7

64
MEJIEL

YOD - JET - MEM

Su nombre significa: **Dios que vivifica todas las cosas**

Versículo del Ángel, *Salmo 30, 11*

Escucha, oh Señor, y ten piedad de mí, Señor, sé tú mi auxilio.

Vocalización del Nombre: *Mejí, según Cordovero y Me/Je/Ye, según Abulafia*

Esencia: *Vivificación. Correcta materialización de los impulsos.*

Poder: *Preserva de la maldad*

Atributo: *Proyectarse bajo una luz favorable*

SUS REGENCIAS

Ángel del Cuerpo Físico: *Sol desde el 15° al 20° de Acuario, aprox. del 5 al 9 de febrero.*

Ángel del Cuerpo Astral o Emocional: *Sol de nacimiento se encuentra en los siguientes grados,*

- *de 3° a 4° de Géminis,*
- *de 15° a 16° de Leo,*
- *de 27° a 28° de Libra,*
- *de 9° a 10° de Capricornio y*
- *de 21° a 22° de Piscis.*

Ángel del Cuerpo Mental: *lapso entre +21:00h y +21:20h a partir de la salida del Sol.*

LAS BENDICIONES QUE OTORGA MEJIEL

- LA ESENCIA QUE APORTA es **la vivificación** que favorece a los intelectuales, oradores, autores y escritores, profesores de letras y filosofía y a todos los que se relacionan profesionalmente con la palabra, incluyendo a los periodistas, editores, impresores y libreros. MEJIEL da inspiración para escribir libros, facilita su distribución y ayuda a ser famoso en la literatura. También da éxito en los negocios y en los oficios relacionados con los libros, publicaciones, imprenta y librería. Transforma la inspiración interior en logros. Por ello, las regencias de MEJIEL son propicias para mejorar la escritura, corregir errores y aportar claridad a los libros.
Este Ángel aúna sensibilidad artística y lógica.

- SU PODER es **preservar de la maldad**. MEJIEL protege contra los peores enemigos, aquellos que ponen en peligro nuestro modo de existencia o nuestra vida. Preserva de las fuerzas del infierno, del bajo astral y de los malos instintos, dando una fuerte intuición y percepción psíquica. Libera de los demonios interiores, de la rabia y otras manifestaciones de la oscuridad. Recordemos que, cuando nos invade la ira, solemos decir que *"se nos llevan los demonios"*.

- SU ATRIBUTO es **proyectarse bajo una luz favorable**.
Las personas espirituales no suelen darle demasiada importancia a su imagen por considerarla un aspecto superficial. Sin embargo, dejar ver nuestro lado negativo provoca rechazo y desprecio en los demás y esto genera vibraciones negativas, lo que atrae el mal de ojo.
Conocemos la tremenda fuerza de los malos pensamientos, por lo que conviene mostrar nuestro lado bueno. MEJIEL expone nuestro mejor aspecto y al atraer la atención sobre lo positivo, evitamos influencias negativas y sus efectos dañinos.
Por su parte, la envidia que podemos provocar y los estragos que causa son competencia de ALADIAH, el Ángel número 10 y de otros tres Ángeles, como veremos en el CAPÍTULO XI.

LA INFLUENCIA DE MEJIEL

DEL LADO OSCURO

Cuando MEJIEL del lado oscuro esté activado abundarán el diletantismo y las críticas. El Ángel fomentará los plagios, las controversias y las disputas literarias entre aquellos que trabajen con la palabra. Al estar privados de la vivificación que otorga MEJIEL de Luz, los dominados por el de las sombras tendrán una vida estéril, improductiva, dificultad para crear o llevar a cabo sus proyectos, sufriendo de falta de inspiración e imaginación. Por carecer de autenticidad, llevarán una máscara en la vida. Tendrán problemas de personalidad que será confusa y difícil de interpretar. Si estas personas se dedicasen a la política, tenderán a la tiranía, a la megalomanía y a la represión y, en cualquier caso, a un comportamiento destructivo.

DE LUZ

MEJIEL de Luz representa la receptividad, el silencio interior y la sensación de estar protegido en estado de gracia, con el que todo fluye.

Sus hijos tendrán facilidad para destacar en la literatura porque el Ángel rige las actividades relacionadas con la escritura y la impresión. Podrán plasmar su visión interior, logrando incluso celebridad por sus escritos, inteligencia e imaginación. MEJIEL ayudará a sus hijos a triunfar sobre sus instintos, dará capacidad de adaptación, poder de mediación y facilidad para transmitir la verdad que comunicarán con éxito. Serán escritores, editores, impresores, libreros, oradores y profesionales de los medios de comunicación y estarán muy dotados para la informática. Sus vidas serán intensas y productivas, sobre todo intelectualmente. También estarán dotados de percepción psíquica y de energía para ayudar a los demás. La buena suerte acompañará a estas personas y el Ángel les asistirá para que se cumplan sus deseos y actuará además como un revulsivo contra las fuerzas de la oscuridad.

Y la voz de cielo que yo había oído me habló otra vez y me dijo: "Vete, toma el librito que está abierto en la mano del Ángel, el que está de pie sobre el mar y sobre la tierra."

Apocalipsis 10, 8

65

DAMABIAH

BET – MEM - DALET

Su nombre significa: **Dios fuente de sabiduría**

Versículo del Ángel, *Salmo 90, 13*
Vuélvete, Eterno ¿hasta cuándo? Y apiádate de Tus siervos.

Vocalización del Nombre: *Demav, Damav, según Cordovero y Da/Me/Be, según Abulafia*
Esencia: *Fuente de Sabiduría*
Poder: *Protege del agua*
Atributo: *Temor de Dios*

SUS REGENCIAS

Ángel del Cuerpo Físico: *Sol del 20° al 25° de Acuario, aprox. del 10 al 14 de febrero.*

Ángel del Cuerpo Astral o Emocional: *Sol en los siguientes grados,*

- *de 4° a 5° de Géminis,*
- *de 16° a 17° de Leo,*
- *de 28° a 29° de Libra,*
- *de 10° a 11° de Capricornio y*
- *de 22° a 23° de Piscis.*

Ángel del Cuerpo Mental: *lapso entre +21:20h y +21:40h a partir de la salida del Sol.*

LAS BENDICIONES QUE OTORGA DAMABIAH

- DAMABIAH **purifica campos áuricos deteriorados** por el estrés, las adicciones o las enfermedades mentales, especialmente por la esquizofrenia. Da intuición, percepciones extrasensoriales y dones proféticos.
El Ángel protege eficazmente contra los hechizos, maleficios, magia negra y sortilegios, impidiendo que penetren y haciendo que el mal vuelva al emisor.
DAMABIAH es una poderosa coraza contra las energías del bajo astral, por ello, es recomendable que las personas que crean ser víctimas de artes oscuras se encomienden a este Ángel durante sus regencias.

- LA ESENCIA QUE APORTA es **la fuente de sabiduría** relacionada con el amor que lleva a ser sabios, desprendidos, altruistas. Permite adoptar una actitud de renuncia o incluso de sacrificio por los demás. La sabiduría que comunica otorga éxito en iniciativas santas y es un escudo protector contra los enemigos.

- SU PODER es **proteger del agua** ya que domina las expediciones marítimas y todo lo que se relaciona con ese elemento. Ayuda a descubrir los tesoros escondidos en el mar y da éxito en las empresas relacionadas con el agua, las construcciones navales, la pesca y el comercio marítimo y fluvial. Protege contra los naufragios, morales o materiales e incluso ayuda a realizar un descubrimiento valioso.

- SU ATRIBUTO es **el temor de Dios que es el respeto a la divinidad**.
Ello significa tener en cuenta permanentemente al Eterno en nuestras vidas. Por el temor de Dios recibimos el don de ver las consecuencias de nuestras acciones y al encomendarnos al Ángel se activa nuestra divinidad interna.

LA INFLUENCIA DE DAMABIAH

DEL LADO OSCURO

Cuando DAMABIAH del lado oscuro esté activado estimulará su aspecto destructor y catastrófico que causará problemas con el agua, incluyendo tempestades, expediciones marítimas fracasadas y naufragios, también internos y, en general, hará que los proyectos avancen hacia su perdición.

Individualmente, dará sentimientos poco sólidos por lo que los dominados por él pasarán fácilmente de un amor a otro, en plena confusión sentimental, viviendo a veces malas experiencias que podrían incluir agresividad.

DE LUZ

Los hijos de DAMABIAH de Luz destacarán realizando expediciones y descubrimientos y también en actividades relacionadas con la marina. Dedicándose a estos sectores de actividad, el Ángel les atraerá fortuna y abundancia por lo que llegarán a ser muy prósperos.

Estas personas podrán ser providenciales al ser capaces de resolver situaciones complicadísimas. Estarán protegidos para no involucrarse en empresas mal concebidas y tendrán una vida fácil, con frecuentes éxitos.

Irradiarán valores espirituales como el altruismo, la devoción, la generosidad, el desapego y el amor incondicional. Serán bondadosos y amables.

Luego vi a otro Ángel que volaba por lo alto del cielo y tenía una buena nueva eterna que anunciar a los que están en la tierra, a toda nación, raza, lengua y pueblo.

Apocalipsis 14, 6

66
MENAKEL

KOF – NUN - MEM

Su nombre significa: **Dios que secunda y mantiene todas las cosas**

Versículo del Ángel, *Salmo 87, 2*
Ama el Eterno las puertas de Sion más que todas las moradas de Jacob.

Vocalización del Nombre: *Menaq, según Cordovero y Me/Nu/Qe, según Abulafia*
Esencia: *Conocimiento del Bien y del Mal*
Poder: *Favorece los sueños*
Atributo: *Responsabilidad*

SUS REGENCIAS

Ángel del Cuerpo Físico: *Sol del 25° al 30° de Acuario, aprox. del 15 al 19 de febrero.*

Ángel del Cuerpo Astral o Emocional: *Sol de nacimiento se encuentra en los siguientes grados:*

- *de 5° a 6° de Géminis,*
- *de 17° a 18° de Leo,*
- *de 29° a 30° de Libra,*
- *de 11° a 12° de Capricornio y*
- *de 23° a 24° de Piscis.*

Ángel del Cuerpo Mental: *lapso entre +21:40h y +22:00h a partir de la salida del Sol.*

LAS BENDICIONES QUE OTORGA MENAKEL

-   LA ESENCIA QUE APORTA es **el conocimiento del Bien y del Mal**, que es clave para la evolución espiritual. Si, frente a cualquier disyuntiva dudásemos entre ambos, conviene apelar a MENAKEL.

-   SU PODER es **favorecer los sueños**, vencer el insomnio y procurar un descanso reparador.

-   SU ATRIBUTO es **la responsabilidad** porque todo trae consecuencias.
    Los hindúes afirman que nuestro plano de existencia está regido por la ley de acción y reacción y que por tanto todo genera karma, positivo o negativo. MENAKEL revela que nosotros creamos nuestras circunstancias, lo que elimina la mentalidad de víctima y la voluntad de represalias o de venganza porque es inútil castigarse a sí mismo. MENAKEL enseña además que todo lo que hemos creado lo podemos cambiar y libera completamente del sentimiento de culpa ya que, lo que nos acontece en este plano, suele proceder de las elecciones de nuestro Yo Superior. Todo es un juego de concatenaciones y no hay víctimas.
    Este Ángel nos hace entender esas verdades, sentirnos profundamente libres al saber que somos dueños de nuestro devenir y ver entonces como las tinieblas son transmutadas en pura Luz.

-   MENAKEL **ayuda a calmar la cólera de Dios.**
    Al obrar distinguiendo entre el Bien y el Mal, MENAKEL apacigua la cólera divina y cura definitivamente los males físicos, mentales y espirituales. Este Ángel elimina la ira y la venganza y libera de las fuerzas ocultas adversas que conducen a la destrucción del organismo. Cancela además las deudas kármicas sin dejar consecuencias ni necesidad de rectificación.

LA INFLUENCIA DE MENAKEL

DEL LADO OSCURO

Cuando MENAKEL del lado oscuro esté activado generará defectos físicos y morales. Los dominados por él serán personas sin principios, ni ética, ni palabra. Estarán desnortados y se juntarán con mala gente. Su única motivación será el beneficio material. Puesto que se sentirán perdidos y sin entender lo que les pasa, acabarán por amargarse.

Al ignorar el Bien, serán receptivos a las fuerzas oscuras con tendencia a acercarse irresponsablemente a los mundos inferiores, sin comprender que el Mal atrae al Mal y que así se instala.

Intelectualmente podrían ser manipuladores y malintencionados, dispuestos a hacer cualquier cosa para lograr sus fines con total carencia de empatía hacia los demás. Solo buscarán el placer material y el prestigio social. Sus amistades peligrosas podrían hundirles.

Harán un uso pernicioso, maligno y abusivo del conocimiento. Por su mentalidad destructiva albergarán tendencias suicidas y sentirán ira hacia Dios contra el que se rebelarán.

DE LUZ

Los hijos de MENAKEL de Luz vendrán al mundo bendecidos con numerosas virtudes físicas y espirituales, por lo que conseguirán la amistad y la benevolencia de las gentes de bien. Sabemos que, si nuestra naturaleza es bondadosa, la ley de afinidades nos pondrá en contacto con personas benevolentes.

Quienes reciban las protecciones de MENAKEL estarán dotados para canalizar milagros, detectar engaños y salir vencedores de todo enfrentamiento.

Estas personas desarrollarán habilidades para la química, la alquimia y la magia, y también para la jardinería y la gastronomía.

Luego salió del Santuario otro Ángel gritando con fuerte voz al que estaba sentado en la nube: "Mete tu hoz y siega, porque ha llegado la hora de segar, la mies de la tierra está madura."

Apocalipsis 14, 15

67

EYAEL

EIN – YOD – ALEF

Su nombre significa: **Dios delicia de los niños y de los hombres**

Versículo del Ángel, *Salmo 18, 47*
Viva el Eterno, bendita sea mi roca, el Dios de mi salvación sea ensalzado.

Vocalización del Nombre: *Ayá, según Cordovero y A/Ye/Aa, según Abulafia*
Esencia: *Transubstanciación*
Poder: *Revela la verdad*
Atributo: *Grandes Expectativas*

SUS REGENCIAS

Ángel del Cuerpo Físico: *Sol del 0° al 5° de Piscis, aprox. del 20 al 24 de febrero.*

Ángel del Cuerpo Astral o Emocional: *Sol en los siguientes grados,*

- *de 6° a 7° de Géminis,*
- *de 18° a 19° de Leo,*
- *de 0° a 1° de Escorpio,*
- *de 12° a 13° de Capricornio y*
- *de 24° a 25° de Piscis.*

Ángel del Cuerpo Mental: *lapso entre +22:00h y +22:20h a partir de la salida del Sol.*

LAS BENDICIONES QUE OTORGA EYAEL

- LA ESENCIA QUE APORTA es **la transubstanciación** que convierte una sustancia en otra como puede ser la naturaleza humana transmutándose en angélica. Es una capacidad altamente mística que asegura la longevidad y da una vida además de larga, fecunda.

- SU PODER es **revelar la verdad** al encomendarse a Dios. Por ello, aparta automáticamente del error y de los prejuicios.
EYAEL concede sabiduría, inspiración e iluminación, lo que lleva a vivir en el presente, concentrándose enteramente en el ahora, en la plenitud de Dios. Otorga poder sobre el tiempo, ayudando a controlarlo.

- SU ATRIBUTO es **dar grandes expectativas y esperanza.**
Cuando nuestras expectativas no se cumplen, EYAEL da respuestas y, además, nos hace entender el valor de la esperanza que es abandonarse a la voluntad divina.

- EYAEL es un excelente maestro de **alta magia y de Cábala.**
Ayuda a obtener la iluminación espiritual y lleva a vencer cualquier influencia negativa en el camino de la elevación. También permite distinguirse a través del conocimiento de la astrología, la física y la filosofía. Durante sus regencias, EYAEL nos ayudará a aprender con éxito estas altas ciencias.

- Se apela a EYAEL para **tener consuelo en la adversidad.**
Es el Ángel que protege durante los reveses de la vida y libra de las injusticias.
Por su acción se ganan pleitos y se progresa en lo material, sobre todo a través de ventas y transacciones. Además, rodea de personas influyentes que facilitan la realización de deseos y proyectos.

LA INFLUENCIA DE EYAEL

DEL LADO OSCURO

Cuando EYAEL del lado oscuro esté activado suscitará el error, el autoengaño, los prejuicios, la credulidad y producirá a los propagandistas de sistemas falsos. Los dominados por él carecerán de criterio y de discernimiento, por lo que actuarán en base a ideas preconcebidas que les harán equivocarse y generarán el rechazo de las personas de bien. El Ángel les inducirá a faltar a la verdad, a inventar situaciones para cubrirse. Propiciará yerros al juzgar las personas y situaciones, lo que pueden causar desastres.

Teniendo en cuenta lo retorcido del carácter de los dominados por EYAEL, podrán convertirse en manipuladores profesionales ejerciendo profesiones como maestros de escuela, profesor de universidad, profesor de moral o ética e incluso periodista en medios escritos o audiovisuales.

DE LUZ

EYAEL aporta consuelo en la adversidad y da a sus hijos una potente creatividad, fecundidad y una elevada espiritualidad. Estas personas estarán bendecidas para llegar a la iluminación y, para poder alcanzarla, buscarán la soledad.

Profesionalmente, se distinguirán en el estudio de las áreas regidas por el Ángel, esto es, la astrología, la física y la filosofía, además destacarán en las ocupaciones vinculadas con la química, la biología, la biotecnología y la neurología.

Estas personas estarán bendecidas con una fértil imaginación e intuición que les permitirán salir de todas las dificultades. Tendrán, además, una actitud positiva y entereza en todas las circunstancias, incluso durante la adversidad.

El Ángel les dará buenas relaciones sociales y capacidad de comunicar, especialmente con las mujeres.

Y oí al Ángel de las aguas que decía: "Justo eres tú, "Aquel que es y que era", el Santo, pues has hecho así justicia"
Apocalipsis 16, 5

68

JABUYAH

VAV – BET – JET

Su nombre significa: **Dios que da incondicionalmente**

Versículo del Ángel, Salmo 132, 13

Porque el Eterno ha elegido a Sion, la quiso para su morada

Vocalización del Nombre: *Jabú, según Cordovero y Je/Be/Wa, según Abulafia*

Esencia: *Curación. Conservación de la salud*

Poder: *Otorga la fecundidad en todos los dominios*

Atributo: *Contactar a las almas que partieron*

SUS REGENCIAS

Ángel del Cuerpo Físico: *Sol del 5° al 10° de Piscis, aprox. del 25 de febrero al 1 de marzo.*

Ángel del Cuerpo Astral o Emocional: *Sol de nacimiento se encuentra en los siguientes grados:*

- *de 7° a 8° de Géminis,*
- *de 19° a 20° de Leo,*
- *de 1° a 2° de Escorpio,*
- *de 13° a 14° de Capricornio y*
- *de 25° a 26° de Piscis.*

Ángel del Cuerpo Mental: *lapso entre +22:20h y +22:40h a partir de la salida del Sol.*

LAS BENDICIONES QUE OTORGA JABUYAH

- JABUYAH **devuelve el mal a su sitio**. Sella el aura impidiendo pérdidas energéticas, anula energías parásitas y todas las formas de ataque o agresión psíquica. Vence los peligros y termina con las dependencias.
Visualizando su Nombre en el plexo solar actúa como un escudo de energía.

- LA ESENCIA QUE APORTA **es la curación** de las enfermedades más graves e incluso terminales **y la conservación de la salud**. Además, enseña la medicina oculta.

- SU PODER es otorgar **la fecundidad en todos los dominios**. Junto a MIHAEL, el Ángel número 48, está encargado de la fecundidad, por lo que rige sobre la agricultura y la fertilidad y protege contra la esterilidad y el hambre. Otorga cosechas abundantes y todo lo que toca a su paso, florece.

- SU ATRIBUTO es **contactar a las almas que partieron** ya que JABUYAH rige la entrada al mundo de ultratumba. Nos acompaña en el momento del tránsito para que se realice en paz. Lleva al Eterno las oraciones destinadas a la elevación de las almas de los fallecidos y hace que los mensajes e inspiraciones que estos nos envían lleguen a nosotros. Se apela a este Ángel para comunicar con los difuntos, aunque es una actividad prohibida por la Torá por lo que, si se intenta, debe estar perfectamente justificada. Encontramos esta prohibición en Deuteronomio 18 :

9 Cuando hayas entrado en la tierra que el Eterno tu Dios te da, no aprenderás a cometer abominaciones como las de esas naciones.

10 No ha de haber en ti nadie que haga pasar a su hijo o a su hija por el fuego, que practique adivinación, astrología, hechicería o magia,

11 ningún encantador ni consultor de espectros o adivinos, ni evocador de muertos.

12 Porque todo el que hace estas cosas es una abominación para el Eterno tu Dios y por causa de estas abominaciones desaloja el Eterno tu Dios a esas naciones delante de ti.

LA INFLUENCIA DE JABUYAH

DEL LADO OSCURO

Cuando JABUYAH del lado oscuro esté activado propagará toda esterilidad, desde penurias y miserias, como el hambre, hasta el contagio de enfermedades, a menudo por insectos. El Ángel oscuro provocará suelos infértiles, contaminación, plagas y destrucción de cosechas. Producirá además falsos sanadores y charlatanes. También inclinará a la doble vida por la que se huirá de cualquier responsabilidad.

Los influidos por JABUYAH de abajo se perderán entre deseos y necesidades. El Ángel oscuro dará discrepancias entre lo que el individuo es y lo que quiere ser. Podría suponer problemas de identidad sexual por no tenerla bien definida, lo que generará contradicciones y sentimientos reprimidos. Serán aquellos que no se identifican con su género, mujeres en cuerpo de hombres y viceversa, lo que causará inevitablemente situaciones ambiguas e inadaptación.

En casos extremos el Ángel podría dar una actitud contraria a la vida.

DE LUZ

Los hijos de JABUYAH de Luz conservarán la salud contra viento y marea. El Ángel restaurará su equilibrio tras cualquier crisis, prueba o enfermedad y les ayudará a mantener excelentes relaciones personales.

JABUYAH rige sobre la agricultura y la fecundidad, de modo que, sus hijos serán amantes del campo, los jardines y todo lo que se relacione con la agricultura. Serán creativos y a menudo se consagrarán a profesiones médicas y de terapia, también alternativa.

Los cabalistas afirman que la intervención de JABUYAH traerá esplendor a sus protegidos y que ningún aspecto de su vida, o personalidad, quedará en tinieblas cuando apelen con corazón íntegro a este Ángel.

Después de esto vi bajar del cielo a otro Ángel, que tenía gran poder, y la tierra quedó iluminada con su resplandor.
Apocalipsis 18, 1

69
ROCHEL

HEI – ALEF – RESH

Su nombre significa: **Dios que ve todo**

Versículo del Ángel, *Salmo 119, 145*
Te he invocado con todo mi corazón, respóndeme, Señor, tus ordenanzas guardaré.

Vocalización del Nombre: *Reh, Rafael, según Cordovero y Re/A/He, según Abulafia*
Esencia: *Restitución*
Poder: *Favorece el buen juicio y las ganancias en el juego*
Atributo: *Perdido y encontrado*

SUS REGENCIAS

Ángel del Cuerpo Físico: *Sol del 10° al 15° de Piscis, aprox. del 2 al 6 de marzo.*

Ángel del Cuerpo Astral o Emocional: *Sol en los siguientes grados,*

- *de 8° a 9° de Géminis,*
- *de 20° a 21° de Leo,*
- *de 2° a 3° de Escorpio,*
- *de 14° a 15° de Capricornio y*
- *de 26° a 27° de Piscis.*

Ángel del Cuerpo Mental: *lapso entre +22:40h y +23:00h a partir de la salida del Sol.*

LAS BENDICIONES QUE OTORGA ROCHEL

- ROCHEL es el Ángel **rector del conocimiento de Dios a su máximo nivel** y por tanto de los archivos akáshicos o biblioteca universal siendo LEUVIAH, el Ángel número 19, su guardián. ROCHEL da acceso a ese ingente conocimiento que eleva espiritualmente, otorga dones psíquicos y potencia el nivel de consciencia.

- ROCHEL rige sobre **las sucesiones, herencias, legados y donaciones**. Protege para recibirlos y conservarlos, aun por medio de trámites o litigios que se ganarán porque este Ángel permite hacer valer nuestros derechos ante jueces y tribunales. Asimismo, protege contra la ruina de las familias y del despojo testamentario. Es un ardiente defensor de la justicia y de los oprimidos.

- LA ESENCIA QUE APORTA es **la restitución**. Esta Esencia es fundamental ya que permite recuperar lo que se nos ha quitado. También ayuda a restituir lo que debemos para evitar que se genere un mal karma. Cuando ROCHEL interviene puede causar acontecimientos sorprendentes, positivos o negativos, según como hayan utilizado nuestros bienes o nuestros derechos las personas que se los han apropiado.

- SU PODER es **favorecer el buen juicio y las ganancias en el juego**. ROCHEL atrae buena suerte y da buen criterio para administrarla. Se apela a este Ángel para ganar un premio en cualquier juego de azar.

- SU ATRIBUTO es **perdido y encontrado**, por lo que permite hallar los objetos robados, así como averiguar quiénes fueron los ladrones. Hace que lo sustraído y lo extraviado nos sea devuelto. Y cuando no sabemos qué dirección tomar y hemos perdido el sentido de nuestra vida, ROCHEL nos muestra el camino y restablece la orientación.

LA INFLUENCIA DE ROCHEL

DEL LADO OSCURO

Cuando ROCHEL del lado oscuro esté activado perjudicará a los herederos legítimos durante los procesos testamentarios, legados o herencias que se solventarán en su detrimento. Dará dificultades relacionadas con la sucesión y con el trabajo de notarios, abogados y magistrados. Los dominados por él sufrirán injusticias flagrantes, juicios interminables con importantes gastos que supondrán pérdidas considerables y podrían incluso conducir a la ruina. El Ángel oscuro protegerá a los usurpadores con menoscabo de los legítimos propietarios quienes podrían ser víctimas de expropiaciones o expolios. Como mínimo, dará problemas de gestión de recursos.

Por ello, si hemos de hacer valer nuestros derechos legítimos sobre un legado, evitemos hacerlo durante las regencias de ROCHEL si está mal aspectado porque no tendremos éxito y al contrario deberemos afrontar procesos interminables con abultadas minutas presentadas por abogados deshonestos. Del mismo modo que el Ángel de Luz protege los derechos legítimos y la justicia, el de abajo fomenta la injusticia y la usurpación de bienes.

Los dominados por él tenderán a apropiarse de la energía material que es el dinero o de las posesiones de los demás. Podrían llegar incluso a caer en el vampirismo espiritual, absorbiendo la energía sutil de otras personas.

DE LUZ

Los hijos de ROCHEL de Luz se distinguirán en las profesiones relacionadas con el derecho, la justicia y la administración de bienes. Serán excelentes abogados, juristas, notarios y gestores de fondos o de recursos. También podrán adquirir una buena reputación profesional en el ejercicio de la biología y la química. Tendrán facilidades para que les restituyan lo perdido y no correrán el riesgo de perder su fortuna. Asimismo, podrán llegar a ser los beneficiarios de uno o varios legados durante su vida.

Luego vi a un Ángel de pie sobre el sol que gritaba con fuerte voz a todas las aves que volaban por lo alto del cielo: "Venid, reuníos para el gran banquete de Dios"

Apocalipsis 19, 17

70
YABAMIAH

MEM – BET – YOD

Su nombre significa: **Dios que produce todas las cosas**

Versículo del Ángel, *Salmo 145, 17*
Justo es el Eterno en todos sus caminos y misericordioso en todas sus obras.

Vocalización del Nombre: *Yebam, según Cordovero y Ye/Be/Me, según Abulafia*
Esencia: *Alquimia. Transmutación*
Poder: *Protege durante los partos*
Atributo: *Reconocer el designio bajo el desorden*

SUS REGENCIAS

Ángel del Cuerpo Físico: *Sol del 15° al 20° de Piscis, aprox. del 7 al 11 de marzo.*

Ángel del Cuerpo Astral o Emocional: *Sol en los siguientes grados,*

- *de 9° a 10° de Géminis,*
- *de 21° a 22° de Leo,*
- *de 3° a 4° de Escorpio,*
- *de 15° a 16° de Capricornio y*
- *de 27° a 28° de Piscis.*

Ángel del Cuerpo Mental: *lapso entre +23:00h y +23:20h a partir de la salida del Sol.*

LAS BENDICIONES QUE OTORGA YABAMIAH

-    LA ESENCIA QUE APORTA es **la alquimia, la transmutación del orante en oro espiritual**. Transforma el Mal en Bien y regenera espiritualmente. La persona convertida espiritualmente en oro se vuelve inmune contra las tinieblas para las que la pureza es un repelente. Elevándose a Dios y purificándose, se restauran las funciones corporales y mentales, se restablece la energía perdida y todo se regenera. Por ende, el Ángel favorece ayunos, abstinencias, rehabilita a los adictos a las drogas o al alcohol y lleva a superar las actitudes autodestructivas. Para abandonar un culto satánico y volver al Bien hay que encomendarse a YABAMIAH.

-    SU PODER es **proteger durante los partos** para que se desarrollen armoniosamente. YABAMIAH rige todos procesos generativos, incluso lo que debe reconstruirse completamente, y canaliza el poder creativo de Dios en su inagotable fecundidad por lo que de él **puede obtenerse todo**.

-    SU ATRIBUTO es **reconocer la finalidad superior bajo el desorden**. YABAMIAH demuestra que el caos es solo aparente y que lo que nos sucede es necesario para nuestra evolución y lo hemos elegido nosotros. Instaura la serenidad al saber que las pruebas que atravesamos son oportunidades para elevarnos espiritualmente. Por ende, el sufrimiento desaparece y se recuperan los derechos perdidos.

-    YABAMIAH **guía a los fallecidos hacia el otro mundo** y nos asiste para acompañar a los moribundos durante el tránsito.

-    YABAMIAH **rige a la madre**, las relaciones y los problemas con ella, por ello, resuelve cualquier conflicto y cura cualquier trauma que ella haya causado.

LA INFLUENCIA DE YABAMIAH

DEL LADO OSCURO

Cuando YABAMIAH del lado oscuro esté activado propiciará el ateísmo, la falta de fe y las actitudes descreídas y fatalistas que se exteriorizarán mediante la crítica, las diputas literarias y la controversia porque el Ángel rige sobre los que propagan escritos peligrosos que defienden el ateísmo y que suscitan polémicas y disputas. Se expresará también a través de la especulación porque este Ángel oscuro impulsa a ganar dinero como si se tratase de una religión. YABAMIAH de las sombras es el generador del capitalismo y su pronunciado materialismo podría llevar a los dominados por él a la autodestrucción. Les conducirá a la búsqueda del oro físico con el mismo ímpetu que el de arriba lo hace con el oro espiritual y el oro material hará que desprecien todo lo que no sea riqueza.

YABAMIAH de abajo provocará además problemas de salud, enfermedades gravísimas, dificultad para curar debido a un exceso de recuerdos tóxicos, malos pensamientos y mal comportamiento. Rechazará a los demás por acumulación de sentimientos negativos. Tendrá dificultad para acompañar a las personas al final de sus vidas.

DE LUZ

Los hijos de YABAMIAH de Luz alcanzarán sabiduría y renombre si se consagran a la filosofía. El que nace bajo esta influencia estará muy protegido por el mundo angelical, por lo que sentirá confianza y optimismo en todos los aspectos de su vida.

Estas personas serán capaces de transformar la sociedad con sus ideas geniales.

Se distinguirán por ser íntegros, desapegados de las comodidades materiales, austeros y dueños de sí mismos, características que contribuirán significativamente a su evolución espiritual. La activación de este Ángel borrará el pasado desagradable y otorgará receptividad y benevolencia en cualquier circunstancia.

Midió luego su muralla, y tenía 144 codos, con medida humana, que era la del Ángel.
Apocalipsis 21, 17

71
HAYAYEL

YOD – YOD – HEI

Su nombre significa: **Dios dueño del universo**

Versículo del Ángel, *Salmo 121, 5*
El Eterno es tu guardián, tu sombra, Dios, a tu diestra.

Vocalización del Nombre: *Hayai, según Cordovero y He/Ye/Ye, según Abulafia*
Esencia: *Armas para el Combate, discernimiento y protección*
Poder: *Favorece la valentía*
Atributo: *Profecía y Universos Paralelos*

SUS REGENCIAS

Ángel del Cuerpo Físico: *Sol del 20° al 25° de Piscis, aprox. del 12 al 16 de marzo.*

Ángel del Cuerpo Astral o Emocional: *Sol en los siguientes grados,*

- *de 10° a 11° de Géminis,*
- *de 22° a 23° de Leo,*
- *de 4° a 5° de Escorpio,*
- *de 16° a 17° de Capricornio y*
- *de 28° a 29° de Piscis.*

Ángel del Cuerpo Mental: *lapso entre +23:20h y +23:40h a partir de la salida del Sol.*

LAS BENDICIONES QUE OTORGA HAYAYEL

- LA ESENCIA QUE APORTA es dar **armas para el combate, discernimiento y protección.** HAYAYEL protege a todos los que recurren a él y otorga la victoria y la paz. Proporciona los medios para hacer frente y librarnos del enemigo, incluyendo la lucidez y el discernimiento en la toma de decisiones. Además, este Ángel aleja a los que quieren oprimirnos y confunde a nuestros adversarios. HAYAYEL actuará como un blindaje y nos salvará de modo providencial. Es el Ángel de la protección divina que lleva a tomar la decisión justa y correcta.

- SU PODER es **favorecer la valentía.** Otorga una actitud activa y valerosa ante los peligros y las dificultades de la existencia. HAYAYEL lleva a obtener distinciones por el valor, el talento y la actividad profesional, protegiendo contra la discordia, la traición y descubriendo a los inicuos. En la lucha que es la vida diaria, este Ángel otorga fuerza y entusiasmo, restableciendo nuestra vitalidad si los de abajo la han atacado.
Cuando HAYAYEL nos rodea, los diablos se rinden porque legiones de Ángeles luchan por nosotros.

- SU ATRIBUTO es **el don de la profecía y el acceso a universos paralelos.** Ello permite ver lo que acontecerá, lo que demuestra que cada una de nuestras decisiones crea futuros alternativos. Con este Ángel podremos vislumbrar todos los futuros posibles, así como las diferentes líneas de tiempo y ello nos permitirá elegir con conocimiento de causa. Nos hace ver que somos capaces de crear y recrear el futuro a cada instante y que los únicos límites que existen para la manifestación los ponemos nosotros. HAYAYEL refuerza la capacidad de visualización para rehacer experiencias pasadas según nuestros deseos y crear el mejor de los presentes. Otorga discernimiento, protección divina y la maestría para operar en todos los campos.

LA INFLUENCIA DE HAYAYEL

DEL LADO OSCURO

Cuando HAYAYEL del lado oscuro esté activado fomentará las discordias, las traiciones, las trampas y la corrupción, tanto como la avaricia, las uniones infelices, las deudas, el desperdicio, la envidia, la pereza. Producirá además criminales célebres.

Este Ángel oscuro dará armas para el combate con el fin de destruir y servir al bando de las sombras. Los cabalistas recalcan que el combate del Mal contra un Mal mayor es el más terrible y destructor de todos cuantos existen.

Los que estén bajo su influjo serán víctimas de graves contradicciones internas. Entre ellos estarán los taurinos y los cazadores que se declaran amantes de los animales. También los servidores del Estado que son furibundos antisistema motivados únicamente por la intención de demoler lo existente. Estas personas huirán de sus deberes como ciudadanos y en casos extremos, podrían inclinarse hacia la criminalidad y el delito. HAYAYEL de las sombras producirá a los terroristas, a los anarquistas y a los activistas violentos. También a aquellos que intentan conquistar el poder mediante la magia negra y el satanismo. Además, producirá gobiernos corruptos y si el destino lo permite, podría conducir a la guerra.

DE LUZ

HAYAYEL es un Ángel militar y rige sobre el hierro, los arsenales, las ciudades en guerra. Contribuye a que sus hijos se transformen en héroes. Estos serán valientes, determinados, con talento y fortaleza. Estarán comprometidos en restablecer el orden de la sociedad, que hoy falla por dominar los de abajo. Serán capaces de luchar contra la injusticia mediante un comportamiento impecable y sabrán discernir entre lo correcto y lo erróneo. No soportarán la falsedad contra la que se rebelarán. Estas personas podrán concebir ideas capaces de cambiar el mundo y se refugiarán en la soledad y el silencio para recargarse.

Luego me dijo: "Estas palabras son ciertas y verdaderas, el Señor Dios, que inspira a los profetas, ha enviado a su Ángel para manifestar a sus siervos lo que ha de suceder pronto."

Apocalipsis 22, 6

72

MUMIAH

MEM - VAV- MEM

Su nombre significa: **Dios fin de todas las cosas**

Versículo del Ángel*, Salmo 131, 3*

¡Espera, Israel, en el Eterno, desde ahora y por siempre!

Vocalización del Nombre*: Mum, según Cordovero y Me/Wa/Me, según Abulafia*
Esencia*: Finalización. Renacimiento.*
Poder*: Ayuda a la curación de los enfermos*
Atributo*: Purificación espiritual*

SUS REGENCIAS

Ángel del Cuerpo Físico*: Sol del 25° al 30° de Piscis, aprox. del 17 al 21 de marzo.*

Ángel del Cuerpo Astral o Emocional*: Sol en los siguientes grados,*

- *de 11° a 12° de Géminis,*
- *de 23° a 24° de Leo,*
- *de 5° a 6° de Escorpio,*
- *de 17° a 18° de Capricornio y*
- *de 29° a 30° de Piscis.*

Ángel del Cuerpo Mental*: lapso entre +23:40h y +24:00h a partir de la salida del Sol.*

LAS BENDICIONES QUE OTORGA MUMIAH

- MUMIAH cierra el ciclo de los 72 Nombres con sus Ángeles, por lo que **rige sobre todo final** y VEHUYAH, el primero, sobre todo lo que comienza. Ambos representan el Alfa y el Omega, son poderosísimos y capaces de hacernos triunfar de manera inexplicable y misteriosa. MUMIAH concede realización, éxito y ayuda a terminar lo que se ha emprendido, a cerrar los ciclos, llevando toda experiencia a su fin. Elimina el karma, incluso causado por operaciones mágicas, y da una vida larga y plena.

- LA ESENCIA QUE APORTA es **finalizar y renacer** ambos inextricablemente unidos en el ciclo de la vida. Cada final supone un nuevo comienzo y MUMIAH guía durante los finales, lo que incluye la muerte, y prepara para el renacimiento. Por ser el señor de lo que termina, ayuda a cumplir los objetivos fijados y cierra los procesos de aprendizaje tales como enfermedades, crisis, depresiones, falta de libertad o de recursos, abriendo la vía a nuevos principios. Durante sus regencias, evite lanzar iniciativas, casarse o comenzar un proyecto porque lo que se inicie entonces no prosperará. MUMIAH acompaña durante el tránsito de la muerte y conduce a la Luz. Tiene el inmenso poder del **Ave Fénix** que renace de sus cenizas. Así, para concluir algo en su vida, apele a MUMIAH para transitar con éxito entre el fin y el renacimiento que seguirá.

- SU PODER es **curar a los enfermos**. Es un gran sanador que revela las curas para las enfermedades y sana las dolencias relativas a los fluidos del cuerpo, la depresión y las tendencias suicidas. Elimina los defectos físicos, mantiene la salud y da larga vida. Aporta cuidado y consuelo a los pobres y a los enfermos.

- SU ATRIBUTO es **la purificación espiritual** que libera de las influencias negativas, salva de malas influencias de otras vidas y hace ver el impacto de pasadas reencarnaciones en la presente. MUMIAH en lugar de purificar mediante el dolor, lo hace a través de la transformación espiritual.

LA INFLUENCIA DE MUMIAH

DEL LADO OSCURO

Cuando MUMIAH del lado oscuro esté activado traerá finales sin esperanza, lo que conllevará desesperación y expondrá al suicidio. Producirá a aquellas personas que detestan su existencia y el hecho de estar vivos. Llevará a pérdidas sin remedio en proyectos, trabajo, finanzas, pareja y amigos.

Con MUMIAH de las sombras no hay posibilidad de renovación ni de renacimiento. Todo se termina sin más, sin perspectiva. Es el Ángel de la pulsión irresistible de muerte, por ello, durante sus regencias aumenta el número de suicidios.

Los dominados por MUMIAH oscuro tendrán una triste existencia marcada por numerosos reveses y por la falta de sentido. Serán portadores de muerte, de crisis, de desesperación, de ruina y nada de lo que toquen prosperará. Serán gafes por su sola presencia y todo les saldrá mal. Encarnarán un final inapelable.

MUMIAH de abajo dará asimismo dificultades para terminarlo todo e inclinará a regodearse con lo negativo. Llevará en sí la muerte inconscientemente por lo que abandonará y renunciará con facilidad.

DE LUZ

Los hijos de MUMIAH de Luz estarán bendecidos con una elevada espiritualidad lo que les hará distinguirse en labores de protección de animales y obras de caridad con el fin de aliviar la pobreza y el sufrimiento.

Profesionalmente, dedicarse a la medicina será una opción acertada para estas personas porque triunfarán en ella y llegarán a ser célebres.

Tendrán una vívida conciencia de la importancia de los finales, por lo que terminarán bellamente todo lo que empiecen, sin dejarse amilanar por los obstáculos.

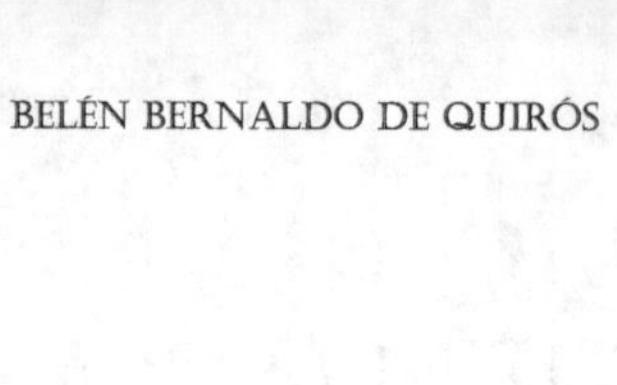

A tu pueblo, por el contrario, le alimentaste con manjar de Ángeles, les suministraste, sin cesar desde el cielo un pan ya preparado que podía brindar todas las delicias y satisfacer todos los gustos.

Sabiduría 16, 20

XI

GUÍA DE ORACIÓN:
LOS ÁNGELES SE ALÍAN POR NOSOTROS

Bienaventurado el que lee y los que oyen las palabras de la profecía y guardan las cosas que están escritas en ella, porque el tiempo está cerca.
Apocalipsis 1, 3

Como estudiante de angelología cabalística podría pensar que algunos Ángeles quedan relativamente lejos de su alcance ya que sus horas de dominio se sitúan en plena noche, lo que puede dificultar la oración y, por tanto, el acceso a sus bendiciones. Además, para encomendarse a ellos por sus grados de regencia por domicilio o por rotación, esto es por días, a menudo hay que esperar mucho tiempo, incluso meses.

Aunque, esto no tiene por qué ser un obstáculo insalvable.

Desde luego, no es cómodo levantarse de madrugada para apelar a ciertos Ángeles, aunque no haya que escatimar ningún esfuerzo cuando se precisen las bendiciones de un Ángel en particular teniendo en cuenta el conjunto de sus fuerzas.

Sin embargo, además de la opción obvia de madrugar, o de trasnochar en caso de según qué Ángel, existe otra alternativa porque, el Eterno, Bendito sea, en su inmensa clemencia ha decidido que sus mensajeros puedan aunar esfuerzos para asistirnos en nuestras peticiones.

Por ejemplo, el extraordinario YABAMIAH, el Ángel número 70, es inigualable para **regenerarse espiritualmente** puesto que convierte al orante en *"oro espiritual"* lo que construye a su alrededor una defensa inexpugnable contra las fuerzas tenebrosas y cura todos los males. Por ello, es un Ángel que despierta profunda devoción entre muchos estudiosos de la Cábala a pesar de que su periodo de regencia se inicia 60 minutos antes de la salida del Sol, lo que ciertamente supone levantarse aún en plena noche.

Así, en el caso de necesitar una regeneración espiritual y no poder acudir a YABAMIAH, otros Ángeles pueden contribuir al mismo objetivo. Son estos MEBAHEL, el número 14 y MEBAHIAH, el número 55.

Del mismo modo, existen alternativas para acceder a prácticamente todas las bendiciones angélicas porque varios de ellos las confieren.

Para facilitarle la búsqueda encontrará a continuación un listado con las 50 peticiones consideradas más comunes, acompañado de los Ángeles que las atienden. Sabiendo, estimado lector, que nada escapa a la Divinidad.

Para solventar los problemas y obstáculos que encontramos en nuestro recorrido vital, para realizar algún deseo en particular, elevarnos espiritualmente o mejorar nuestra vida, es un privilegio tener la posibilidad de acudir a las energías añadidas de un par, un trío o incluso más Ángeles y, para curar alguna enfermedad en concreto, a más de una decena. Naturalmente, los Ángeles le asistirán igualmente si pide para otra, u otras personas, en la medida de su tikún.

No olvidemos que conviene profundizar en las fuerzas de nuestros tres Ángeles Tutelares, porque ellos nos traen las lecciones que debemos aprender en prioridad para cumplir con la misión que se nos ha encomendado en la presente reencarnación.

Y si se sintiese especialmente atraído por el halo de alguno de los 72 Ángeles en particular, no dude en profundizar en sus fuerzas porque esa atracción es un signo y escuchar su mensaje le hará avanzar aceleradamente en la senda espiritual.

En fin, antes de comenzar con el listado de las peticiones atendidas por varios Ángeles que trabajan por un mismo fin, será útil destacar la labor de cuatro Ángeles extraordinarios que desempeñan un cometido único y que actúan en solitario:

- En primer lugar, sepa que si su situación es muy precaria o atraviesa un problema particularmente complejo le convendrá apelar a YEYALEL, el número 58, que es el único al que puede pedírsele que **Dios luche por nosotros**. Formidable ¿no es cierto?

- Para **tener una suerte extraordinaria**, LEHAJIAH, el número 34 es absolutamente providencial. Este es el Ángel al que hay que acudir si desea obtener alguna distinción, título, honor, e incluso una donación. Los candidatos al premio Nobel y a la medalla Fields tienen en él a su Ángel.

- Por su parte, LEUVIAH, el número 19, es el Ángel que se ocupa de que **nuestras oraciones lleguen a Dios y que vuelva Su respuesta.**

- En fin, MUMIAH el número 72 es el único encargado de **eliminar tendencias suicidas**, siguiéndole de cerca YABAMIAH, el número 70, que ayuda a superar las tendencias autodestructivas.

Y recuerde, estimado lector, no hay nada comparable a ponerse en manos de Dios.

MÁS CERCA DEL ETERNO

RECIBIR LA GRACIA DE DIOS

Tres Ángeles pueden conceder la Gracia de Dios. Son los siguientes: LELAHEL, 6; ALADIAH, 10 y LEUVIAH, 19.

LEVANTARSE DESPUÉS DE HABER CAÍDO

No renunciar después de haber fracasado, o haber encontrado un obstáculo insalvable, y levantarse de nuevo, es un don de importancia capital para poder seguir adelante en la vida y superar las pruebas que nos esperan. Para obtenerlo son tres los Ángeles a los que podemos acudir: VEHUYAH, 1; HEKAMIAH, 16 y HAHAHEL, 41.

RENACER COMO EL AVE FÉNIX

Tres son los Ángeles encargados de conceder el don precioso y sobrenatural de renacer de nuestras cenizas, esto es, de resucitar después de haber muerto simbólicamente, habiendo pasado previamente por una gran devastación. Son los siguientes: VEHUYAH, 1; MAHASHIAH, 5 y MUMIAH, 72.

RECIBIR BENDICIONES

Aunque todos los Ángeles conceden sus propias bendiciones, seis han recibido la misión de garantizar que la Bendición de Dios nos alcance. Son los siguientes: KAHETHEL, 8; YEYAYEL, 22; JAAMIAH, 38; REHAEL, 39; YEYAZEL, 40 y HAHAHEL, 41.

OBTENER LA PROTECCIÓN SUPERIOR

Si necesitamos obtener la mayor de las protecciones, dos Ángeles nos asisten: YEJUIAH, 33 y NANAEL, 53.

SALUD

CURACIÓN

Varios son los Ángeles que se ocupan de la curación de las enfermedades y del mantenimiento de la salud. Cuatro son los sanadores por excelencia: MAHASHIAH, 5; LELAHEL, 6; SHEHEIAH, 28 y HABUYAH, 68.

Y cuando se trata de regenerar completamente la salud, los grandes especialistas son ALADIAH, el 10 y REHAEL, el 39.

PROTECCIÓN CONTRA LA MUERTE

Cuando se pide protección contra la muerte física, lo que es posible y legítimo, debe entenderse de antemano que el éxito de la petición depende enteramente de la voluntad de Dios.

También puede solicitarse protección contra la muerte de alguien o de algo que nos importa o de algún proyecto.

Tres Ángeles transmiten nuestras peticiones al Eterno para ser protegidos de la muerte: YELIEL, 2; NITHAEL, 54 y JABUYAH, 68.

Si se tratase de la eliminación de las sentencias de muerte decretadas en el mundo superior, el especialista es HAJASHIAH, 51.

LIBERARSE DE ADICCIONES Y DEPENDENCIAS

Son muchas las adicciones de las que podríamos desear liberarnos, desde las más severas hasta las causadas por malos hábitos corrientes. Dos Ángeles nos ayudan a eliminarlas completamente y a hacer de ellas un mal recuerdo. Son HARIEL, 15 y PAHALIAH, 20.

ACABAR CON EL ESTRÉS

Terminar con el estrés y con los efectos indeseables que provoca en nuestra salud es una necesidad que nos concierne a todos. Tres son los Ángeles que lo sanan: KAHETHEL, 8; NEMAMIAH, 57 y DAMABIAH, 65.

SUPERAR LA DEPRESIÓN

Otra de las epidemias modernas, junto con el estrés, es la depresión que puede llegar a tener muy serias consecuencias, acarreando grandes males, a veces irreparables.

Once son los Ángeles a los que podemos pedir ayuda para superar esa dolencia: VEHUYAH, 1; ALADIAH, 10; HEKAMIAH, 16; NELJAEL, 21; LEHAJIAH, 34; REHAEL, 39; YEYAZEL, 40; NITHAEL, 54; POYEL, 56; YAH-HEL, 62 y MUMIAH, 72.

REJUVENECER

Dos son los Ángeles encargados del rejuvenecimiento del cuerpo y de la recuperación del vigor y de la belleza. Son estos: DANIEL, 50 y NITHAEL, 54.

REFORZAR Y RECUPERAR LA MEMORIA

Yendo desde el apoyo a los estudiantes de toda edad en sus esfuerzos de aprendizaje, hasta las enfermedades invalidantes que nos privan de la memoria, cuatro Ángeles restablecen y refuerzan esta función cerebral: YEZALEL, 13; KALIEL, 18; LEUVIAH, 19 y VASHARIAH, 32.

VENCER LA CÓLERA

Dominar la cólera es esencial para evitar el ataque de los tenebrosos. Cuatro son los Ángeles encargados de hacerla desaparecer providencialmente. Son los siguientes: VEHUYAH, 1; LEHAJIAH, 34; POYEL, 56 y YEYALEL, 58.

Si se trata de apaciguar la cólera de Dios el encargado es MENAKEL, 66.

DINERO

TRABAJO

Para encontrar trabajo, mantener el empleo o progresar profesionalmente el gran especialista es MENADEL, 36. Además, otros cuatro Ángeles le ayudan en este propósito. Son los siguientes: SITAEL, 3; AJAIAH, 7; NITHAEL, 54 y VEHUEL, 49.

ABUNDANCIA Y PROSPERIDAD

Los planos superiores no imponen que vivamos en escasez en un mundo de abundancia. Las malas rachas económicas son periodos de aprendizaje de los que podemos y debemos salir. Por ello, pasar de un estado de escasez al de abundancia e incluso alcanzar la prosperidad es posible gracias a la intervención de seis Ángeles. Son los siguientes: YERATHEL, 27; OMAEL, 30; LECABEL, 31; VEULIAH, 43; SEALIAH, 45 y NEMAMIAH, 57.

OBTENER LA FORTUNA

Conviene saber que el dinero no es más que una energía y que también se puede utilizar para bien, por lo que es legítimo querer alcanzar la riqueza con la que podremos hacer mucho bien y mejorar el mundo.

Conseguir la fortuna es una meta alcanzable mediante la intervención de tres Ángeles: POYEL, 56; NEMAMIAH,57 y HARAJEL, 59.

LEGADOS Y HERENCIAS

Para que nuestros derechos sean respetados durante los procesos testamentarios y de distribución de herencias o legados. Para que los juristas que se ocupen de gestionarlos sean honestos y nos sean benévolos. Y aún para que el procedimiento se desarrolle en paz, se puede apelar a dos poderosos Ángeles: NITHAEL, 54 y ROCHEL, 69.

PREMIOS EN EL JUEGO Y LOTERIAS

Si desea obtener un premio en juegos de azar o en la lotería, bien porque necesite una vía rápida para salir de un apuro económico, bien porque haya acumulado los méritos suficientes para dar un salto brusco hacia la fortuna, encomiéndese a alguno o a los cuatro Ángeles siguientes: ARIEL, 46; AMAMIAH, 52; POYEL, 56 y ROCHEL, 69.

AMOR

ATRAER LA BENDICIÓN DEL AMOR

Todos deseamos atraer la bendición del amor a nuestras vidas en el sentido más amplio posible, sea para evolucionar en un ambiente amoroso o para encontrar en gran amor.

Con ese propósito conviene encomendárse a los cuatro Ángeles siguientes: YELIEL, 2; LELAHEL, 6; YEZALEL, 13 y SHEHEIAH, 28.

FAMILIA

RECONCILIACIÓN

Para obtener la reconciliación en el seno de la familia y para garantizar las buenas relaciones sociales en general podemos acudir a los tres Ángeles siguientes: YELIEL, 2; KAVAKIAH, 35 y MIHAEL, 48.

TENER HIJOS

Para vencer la esterilidad y cumplir el sueño de tener hijos, puede apelar a los cinco Ángeles siguientes: OMAEL, 30; MIHAEL, 48; MEBAHIAH, 55; HARAJEL, 59 y HABUYAH, 68.

MEJORAR LAS RELACIONES CON LA MADRE

Una de las relaciones troncales para la formación de la personalidad es la que se establece con la madre. Si esta es amorosa, la autoestima y la vida en general suelen beneficiar de una base sólida y armónica. Si no, puede dejar graves secuelas. Para mejorar la relación con la madre y para eliminar los traumas que esta hubiera podido causar se puede apelar a los cuatro Ángeles siguientes: JAHUYAH, 24; NANAEL, 53; UMABEL, 61 y YABAMIAH, 70.

CONCORDIA

HACER AMIGOS

Los amigos están predeterminados en parte ya que prácticamente todos vienen de nuestra misma alma raíz y por ello están destinados a encontrarse con nosotros en el curso de la presente reencarnación. Cuando se quiera atraer a aquellos que se convertirán instantáneamente en amigos fieles, o bien solicitar la amistad de una persona en particular, conviene apelar a los dos Ángeles siguientes: SHEHEIAH, 28 y UMABEL, 61.

CONVERTIR A LOS ENEMIGOS EN AMIGOS

Este don representa el arte supremo en el dominio de la reconciliación, tan extraordinariamente curativa. Baste recordar una vez más que la fuerza motriz del Universo es el Amor y que, por tanto, es la única energía con poder de sanarlo todo al reconectarnos con la Luz. Así pues, cuando precise transmutar enemigos en amigos, lo que espiritualmente representa una gran victoria, tres Ángeles le ayudarán para operar esa transformación: HAHAIAH, 12; KAVAKIAH, 35 y AMAMIAH, 52. Apelando a sus energías, pensemos en la fuerza sanadora del perdón, que todo lo limpia.

ELIMINAR CONFLICTOS Y DISPUTAS

Sabemos que los conflictos y las disputas son manifestaciones externas de la negatividad y de las malas vibraciones que tanto nos dañan. Por ello, de manera general, conviene evitar todo conflicto o disputa en la vida para impedir males mayores, esquivar el impacto de las energías oscuras y escapar a un karma indeseable.

Cuando se vean venir conflictos, o estén instalados, podremos acudir a ocho Ángeles que restablecerán la armonía: YELIEL, 2; MAHASHIAH, 5; YEZALEL, 13; MEBAHEL, 14; HAAIAH, 26; YELAHIAH, 44; MEJIEL, 64 y MENAKEL, 66

CONSUELO EN LA ADVERSIDAD

Cuando estemos instalados en las turbulencias de la vida, sin que la tormenta amaine y nos lluevan las desdichas, podremos contar con el apoyo de siete Ángeles que nos aportarán consuelo mientras duren las pruebas, nos darán entereza y presencia de espíritu al enfrentarnos con ellas y, en fin, nos harán comprender lo que nos pasa y por qué nos pasa.

Son los siguientes: SITAEL, 3; HAHAIAH, 12; HEKAMIAH, 16; KALIEL, 18; LEUVIAH, 19; YELAHIAH, 44 y EYAEL, 67.

SUERTE

LOGRAR TODO LO QUE SE PIDE

Cuando el deseo que nos anima es inclasificable o muy difícil de obtener, lo que puede aplicarse a todos los ámbitos de la vida, materiales y espirituales, e incluso al más allá, conviene acudir a todos o a alguno de los seis Ángeles siguientes: YELIEL, 2; LAUVIAH, 17; NITH-HAIAH, 25; POYEL, 56; YAH-HEL, 62 y YABAMIAH, 70.

Estos Ángeles también pueden ayudarnos a cumplir deseos colectivos, lo que se convierte en fundamental en determinados niveles de evolución del alma.

CONTRA LA MALA SUERTE

Si vienen mal dadas a repetición, como primera medida es preciso esforzarse por alejar la mala suerte. Este paso, que significa una limpieza espiritual en profundidad, debe ser previo a cualquier petición de dones o bendiciones.

En algunos casos, intervenir a tiempo, puede ser de importancia capital porque cuando la mala suerte se instala lo pone todo en peligro, también a la persona afectada.

En este empeño, tres Ángeles serán nuestros aliados: SITAEL, 3; ALAMIAH, 4 y HAZIEL, 9.

TENER BUENA SUERTE

Atraer la buena suerte es de suma importancia no solo por el confort que procura sino porque poseerla representa la alineación de nuestra evolución espiritual con los mundos superiores. En efecto, desear la buena suerte es justo y natural porque una buena racha siempre representa un signo auspicioso con respecto al cumplimiento de nuestras obligaciones más sutiles.

En cuanto la buena suerte reaparece en nuestra vida, todo se ordena y se realiza mucho más rápidamente.

Cinco Ángeles pueden ayudarnos a conseguirla: VEHUYAH, 1; VEULIAH, 43; AMAMIAH, 52; NITHAEL, 54 y POYEL, 56.

VICTORIA Y PROTECCIÓN

ALCANZAR LA VICTORIA

Cuando sea necesario vencer en cualquier lance o competición o si se desea obtener la victoria en general o en particular, sea en un corto o un largo empeño, conviene recordar que desear la victoria es legítimo y que los Ángeles la facilitan.

Con esa convicción en mente, cuatro Ángeles poderosos podrán procurarnos la victoria: KAHETHEL, 8; LAUVIAH, 11; HEKAMIAH, 16 y PAHALIAH, 20.

VENCER A LOS ENEMIGOS

Para vencer a los enemigos, vernos liberados de ellos y neutralizarlos, apelemos a los dos Ángeles siguientes: HEKAMIAH, 16 y NELJAEL, 21.

PROTEGERSE DE LA VIOLENCIA

Si vivimos en un ambiente hostil o nos vemos confrontados a un episodio de violencia, los Ángeles son nuestros aliados para clarificar el ambiente, terminar con el peligro, los malos tratos y los abusos. Ello se aplica a todas las situaciones violentas posibles, desde las puntuales hasta las recurrentes, debido a los países o ciudades en los que vivamos, desde la violencia ejercida en el seno de la familia hasta la de los grupos a los que pertenezcamos, incluso a un conflicto armado. También se aplica a la violencia psicológica, tan común en las escuelas o en los ambientes laborales. Con este propósito, conviene encomendarse a los dos Ángeles siguientes: MELAHEL, 23 y JAAMIAH, 38.

OBTENER JUSTICIA Y GANAR UN JUICIO

Recordemos que el Eterno es Justicia Clemente a la que debe parecerse la justicia humana. No es en absoluto conforme a la voluntad divina que triunfe la injusticia.

Así pues, para ganar juicios o pleitos, confundir a los falsos testigos, hacer que triunfe la verdad y obtener justicia en causas nobles, siete Ángeles estarán dispuestos a auxiliarnos. Son los siguientes: MEBAHEL, 14; KALIEL, 18; HAAIAH, 26; VASHIAH, 32; YELAHIAH, 44; ASALIAH, 47 y EYAEL, 67.

PROTECCIÓN DURANTE LOS VIAJES

Si va a iniciar una larga expedición o un viaje y está preocupado por ser estén incierto o necesita protección por considerarlo peligroso, cuatro son los Ángeles que están encargados de velar por la seguridad durante los desplazamientos. Son los siguientes: ALAMIAH, 4; YEYAYEL, 22; MIKAEL, 42 y AMAMIAH, 52

GANAR UNA GUERRA

Verse envuelto en un escenario bélico, sea físico o figurado, es indudablemente una de las peores situaciones que podemos llegar a vivir. En la vida física puede suceder, por desgracia, y en situaciones de elevación espiritual también puede acontecer fácilmente y revelarse asimismo una prueba extraordinariamente dura. Cuando sea necesario ganar una guerra de la índole que sea, conviene encomendarse sin tardar a los dos Ángeles siguientes: HEKAMIAH, 16 y ANIEL, 37.

HONORES Y DISTINCIONES

ALCANZAR CELEBRIDAD Y RENOMBRE

Es legítimo desear que nuestros méritos sean reconocidos, tanto como la contribución hecha a la sociedad. Por ello, si desea convertirse en un personaje célebre o lograr renombre gracias a su talento o a sus actividades, cinco poderosos Ángeles le llevarán a la consecución de su objetivo. Son los siguientes: LELAHEL, 6; YELAHIAH, 44; VEHUEL, 49; NITHAEL, 54 y ROCHEL, 69.

DISTINGUIRSE EN LA LITERATURA

Para alcanzar la notoriedad gracias a la literatura, para difundir ampliamente nuestro mensaje o nuestro conocimiento gracias a la palabra escrita y que tenga una influencia positiva en las ideas que rigen la sociedad, cuatro grandes Ángeles serán nuestros aliados: YEYAZEL, 40; VEHUEL, 49; NITHAEL, 54 y MEJIEL, 64.

DISTINGUIRSE EN EL ARTE

Para distinguirse en el arte y ser protegidos durante la realización de nuestros proyectos artísticos, sean de la disciplina que sea, como pintura, escultura, arquitectura, música, letras y filosofía, cine, teatro, artes gráficas, diseño, moda e incluso paisajismo y tantas otras, tres grandes Ángeles nos asisten: YEZAZEL, 13; NELJAEL, 21 y NITHAEL, 54.

EVOLUCIÓN ESPIRITUAL

LIMPIAR EL AURA

Dos Ángeles están encargados de esta importante tarea que, como hemos visto a lo largo de este libro, es una actividad diaria fundamental para poder atraer lo bueno a nuestras vidas. Son estos: YEYAYEL, 22 y HABUYAH, 68.

BORRAR EL KARMA

Sabiendo que el karma es el mayor peso de todos los que nos limitan y nos atormentan en el curso de nuestras vidas, son numerosos los Ángeles que prestan su ayuda sobrenatural para aligerarlo o para eliminarlo totalmente. Los Ángeles que se ocupan del karma son nueve: VEHUYAH, 1 y MUMIAH, 72, que lo anulan por completo y nos transforman espiritualmente, así como HAZIEL, 9; ALADIAH, 10; YEZALEL, 13; YELAHIAH, 44; NANAEL, 53; ANAUEL, 63 y MENAKEL, 66 que lo alivian, modifican o incluso borran.

AUMENTAR LA CONSCIENCIA

Sabemos que, a más consciencia mayor evolución espiritual y menor será el camino que quedará por recorrer antes de entrar en el Reino de los Cielos. En la consciencia se acumula lo que hemos aprendido y la Luz de Dios. Esta gracia puede solicitarse tanto a LELAHEL, 6 como a NELJAEL, 21.

CONTEMPLACIÓN

Para entregarse a la contemplación de las cosas divinas o al servicio de Dios, cuatro Ángeles nos asisten: ASALIAH, 47; VEHUEL, 49; HAJASHIAH, 51 y NANAEL, 53.

LEER ARCHIVOS AKÁSHICOS

Para leer los archivos akáshicos se puede recurrir en prioridad a los dos Ángeles principales en este cometido: LEUVIAH, 19 que es su guardián y ROCHEL, 69, que es su rector. Sabemos que tener la capacidad de acceder a ese conocimiento transmite además dones psíquicos tales como la videncia y la telepatía.

Además, otros cinco Ángeles permiten igualmente leer los registros, sin estar encargados de una función específica en la biblioteca universal. Son los siguientes: SITAEL, 3; AJAIAH, 7; LAUVIAH, 17; NELJAEL, 21 y ARIEL, 46.

VENCER A LOS TENEBROSOS

PROTECCIÓN CONTRA EL LADO OSCURO, EXPULSAR MALOS ESPÍRITUS, VENCER LA NEGATIVIDAD Y LAS FUERZAS DEL MAL

En caso de tener la necesidad de protegernos de los del lado oscuro por haber sido o estar siendo atacados espiritualmente, incluso por medio de una negatividad preponderante, contamos con formidables ayudas protectoras entre los 72 Ángeles.

El primer Ángel al que hay que encomendarse es HAZIEL, el número 9, que tiene la extraordinaria capacidad de influenciar a los demás Ángeles y puede hacer que nos rodeen exclusivamente Ángeles buenos, alejando a los malos.

Esta potestad es clave y única entre los 72 Ángeles con sus Nombres, por lo que huelga insistir en la importancia que reviste para todo buscador de lo sagrado.

Además, para librarnos de las criaturas de las sombras y de los malos espíritus, contamos principalmente con dos Ángeles poderosamente protectores: KAHETHEL, 8 y NELJAEL, 21. Ellos neutralizan las malas influencias astrales, reparan los daños causados por la magia negra, los maleficios y los hechizos que hayan podido lanzarnos.

PROVOCAR LA HUIDA DE LAS FUERZAS DEL LADO OSCURO

Cuando el mal esté muy incrustado o sea tan preponderante que nos asfixie, conviene acudir a los Ángeles especializados en esta materia, solicitando una liberación inmediata y radical de las fuerzas del lado oscuro.

En esos casos es razonable suponer que las fuerzas tenebrosas nos rodean en buen número, por lo que resulta necesario utilizar la *"artillería pesada"* para liberarnos de una compañía indeseable que puede hacernos mucho daño.

Por suerte para nosotros, son tres los Ángeles que tienen el inmenso poder de provocar con su sola aparición la huida instantánea y despavorida de los de abajo.
Son los siguientes: YERATHEL, 27; SHEHEIAH, 28 y HAYAYEL, 71.

CONTRA LA MAGIA NEGRA

Dios quiera que nunca debamos recurrir a los Ángeles que liberan de la magia negra, aunque, las malas artes son mucho más comunes de lo que pensamos.

Ante la sospecha de estar siendo atacados por medio de artes oscuras, lo que se traduce en desarreglos físicos y psíquicos importantes, o si, por las manifestaciones que se producen en nuestra vida o a nuestro alrededor, tenemos la certeza de que se están haciendo trabajos de magia negra en contra nuestra, cinco son los Ángeles especialistas en neutralizar, erradicar y desintegrar las nefastas fuerzas que esa práctica moviliza.

Son los siguientes: KAHETHEL, 8; NELJAEL, 21; NITH-HAIAH, 25; JAAMIAH 38; SEALIAH, 45 y DAMABIAH, 65.

CONTRA EL MAL DE OJO Y LA ENVIDIA

Las miradas matan y la *"jettatura"* puede causar daños enormes, destrozando a veces la vida. Es así como se conoce en magia a esta técnica diabólica que se utiliza para desembarazarse de un rival o de quien pudiera resultar molesto. Lamentablemente, su uso está extendido en algunas regiones del mundo.

Con suerte, cuando nos están lanzando mal de ojo, podremos identificar al perpetrador por su mirada cavernosa que es inconfundible. Este suele estar cerca, a diferencia de la magia negra que se hace a distancia y por operadores que pueden sernos completamente ajenos.

Así pues, para neutralizar el mal de ojo, tres son los Ángeles que nos limpian, nos protegen y nos liberan de sus nefastos efectos: ALADIAH, 10; REIYEL, 29 y YEYALEL, 58.

En cuanto a la envidia y a los serios estragos que causa, cuatro son los Ángeles que nos protegen, blindándonos contra ella: ALADIAH, 10; JAHUYAH, 24; REIYEL, 29 y MITZRAEL, 60.

LIBERACIÓN MEDIANTE EXORCISMO

Lo que llamamos exorcismo es el rito formal de liberación al que se recurre únicamente en casos extremos y probados de posesión o de infestación diabólica. Una vez confrontados a la necesidad de celebrarlo, de su éxito dependerá a menudo la vida del poseído y en todos los casos su vida espiritual e incluso su alma.

Conviene recordar que sólo los habilitados a realizarlo pueden oficiar un exorcismo ya que enfrentarse cara a cara con el Mal en Nombre de Dios es un ejercicio sumamente peligroso que requiere de aquel que actúa como canal de la Divinidad una vida consagrada a Dios, una fe inquebrantable, preparación y pureza.

En tradiciones cristianas no católicas se practica bajo la denominación de plegarias de liberación. Es también considerado exorcismo en la religión judía.

El exorcismo puede aplicarse asimismo a lugares, animales u objetos que estén infestados.

Entre los 72 Ángeles, cuatro son los encargados de garantizar la plena liberación del o de lo poseído. Ellos estarán a nuestro lado y al de la persona por la que se ore o de aquello a lo que se dirijan las bendiciones del exorcismo. Son los siguientes: MEBAHEL, 14; NITH-HAIAH, 25; YERATHEL 27 y JAAMIAH 38.

EPÍLOGO

Aquí podemos dar por finalizado este libro, pero antes permítame recordarle, estimado lector, a modo de brevísimo epílogo, que los Ángeles vienen a su vida para asistirle ante todo y sobre todo en su evolución espiritual que, como sabe, debe transmutarle en Ángel al final del camino.

Esto es lo que realmente cuenta en Cábala angélica.

Si, a partir de ahora tiene este principio bien presente, estas páginas habrán cumplido su misión.

Que Dios le dé Paz y que los Ángeles buenos le acompañen siempre.

¿No te lo he ordenado Yo? ¡Sé fuerte y valiente! No temas ni te acobardes, porque el Señor tu Dios estará contigo dondequiera que vayas.

Josué 1, 9

BIBLIOGRAFÍA

CÁBALA Y ÁNGELES

- Abulafia, Abraham *"La Luz del Intelecto"*
- Agrippa, Cornelio *"Tratado de filosofía oculta"* volúmenes I, II y III
- Anderson, Joan Wester *"Par la grâce des anges gardiens"*
- Aranegui, Santiago *"La Cábala, el conocimiento completo"*
- Ashlag, Yehuda *"Shamati, (I Heard)"*
- Berg, Yehuda *"Los 72 Nombres de Dios, tecnología para el alma"*
- Berg, Yehuda *"El Poder de la Kabbalah"*
- Berg, Yehuda *"Beyond Blame"*
- Blasco, Maricarmen-Rajel; Casanellas, Sandra; Martinez, Marita *"Los 72 Nombres Sagrados de Dios"*
- Blavatsky, Helena Petrovna *"Cábala mística"*
- Comenge, Rafael *"Zepher Zohar, El Libro del Esplandor, Biblia de la Cábala"*
- Czajkowski, Hania *"Cuidando a los Ángeles"*
- Davidson, Gustav *"Dictionnaire des Anges (y compris les Anges déchus)"*
- Escartín Pascual, Rubén *"El amanecer de los Ángeles"* Vol.1
- Fortune, Dion *"Cábala mística"*
- Gemiolli, Chiara *" Vous et votre Ange Gardien"*
- Godwin, Malcolm *"Ángeles protectores"*
- Gozlan, Albert *"Secretos del Zohar"*
- Ha-Leví ben David, Abraham *"Séfer Ha-Kabbaláh, el Libro de la Tradición"*
- Haziel, *"Communiquer avec son Ange Gardien"*

- Haziel, *"Notre Ange Gardien existe"*
- Haziel, *"Les Pouvoirs de l'Ange Gardien"*
- Hidalgo Zurita, Sonia Helena *"El libro del Ángel Raziel"*
- Idel, Moshe *"Cábala, nuevas perspectivas"*
- Iglesias Janeiro, J. *"La Cábala de predicción"*
- Kabaleb-Soleika Llop *"Los Ángeles al alcance de todos"*
- Kabaleb *"Los Misterios de la Obra Divina, Plegarias y Exhortos de los 72 Genios de la Cábala"*
- Kabaleb, *"Los dioses internos, El Programa profundo de los 72 Genios de la Cábala"*
- Kabaleb, *"Curso de iniciación cabalística a la Astrología y el Tarot"*
- Kaplan, Aryeh *"Sefer Yetzirah, The Book of Creation"*
- Knight, Gareth *"A practical guide to Qabalistic symbolism"* Vol 1 &2
- Knorr de Rosenroth, Christian *"La Kabbala Desvelada"*
- Laitman, Michael *"La voz de la Cábala, Para quien busca expandir su visión interna"*
- Laitman, Michael *"Kabbalah Revealed, A Guide to a More Peaceful Life"*
- Laitman, Michael *"La Kabbale en toute simplicité"*
- Larrosa, Francisco *"Compendio Cabalístico"*
- *Lenain, Lazare « La science cabalistique »*
- Levi, Eliphas *"Los misterios de la Kabbala"*
- Low, Colin *"A Depth of Beginning, Notes on Kabbalah"*
- Ludwig, Quentin *"La Kabbale, de Rabbi Siméon bar Yochaï à Madonna"*
- Mercier, Mario *"Le livre de l'Ange"*
- Madirolas, Eduardo *"Pensamientos de Torá y Cabalá, sobre el capítulo primero del Génesis"*
- Madirolas, Eduardo *"La Cábala de la Mercavá, Una vía universal de iluminación y liberación"*
- Maimonides, Moses *"The Guide for the Perplexed"*
- Mallasz, Gitta *"La respuesta del Ángel"*
- Mallasz, Gitta *"Les dialogues tels que je les ai vécus"*
- Nájera, Jorge *"Un árbol de Ángeles"*
- Ophiel, *"Arte y práctica de la Cábala Mágica"*
- Pastore, Jumilia *"Merkaba"*
- Papus, *"La Cábala, Tradición Secreta de Occidente"*
- Pelletier, Jean-Marc *"Comment communiquer avec votre Ange Gardien"*
- Ramer, Andrew ; Danoel, Alma ; Wyllie, Timothy *"Demandez à vos Anges"*
- Ruben, Leonard *"Les clés pour communiquer avec les Anges Gardiens"*
- Sabán, Mario Javier *"Sod 22, El Secreto"*

- Sabán, Mario Javier *"La Merkabá"*
- Sabán, Mario Javier *"El Judaísmo de Jesús"*
- Sabán, Mario Javier *"El misterio de la creación y el árbol de la vida en la mística judía: Una interpretación del Maasé Bereshit"*
- Sabán, Mario Javier *"El Infinito y el lenguaje de la Kabbalah judía: un enfoque matemático, lingüístico y filosófico"*
- Sabán, Mario Javier *"El sentido existencial en la construcción del sujeto: Mística judía y psicología"*
- Satz, Mario *"Qué es la Kábala"*
- Satz, Mario *"Jesús el Nazareno Terapeuta y Kabalista"*
- Shlezinger, Aharón *"Las claves de la numerología Cabalística"*
- SchVartz, Yitzchak *"Kabbalah's life applications"*
- Scholem, Gershom *"Los orígenes de la Cábala"*
- Tyler, Kelsey *"Sous l'œil de votre ange gardien"*
- Tyrson, J., *"La Cábala en el camino iniciático de las personas comunes y en la vida diaria"*
- Wise, Michael ; Abegg, Martin Jr. ; Cook, Edvard *"Les manuscrits de la mer Morte"*

LIBROS SAGRADOS DE CÁBALA

- *Sefer Habbahir*
- *Sefer Ja Zohar*
- *Sefer Yetzirah*

BIBLIAS

- Biblia de Jerusalén
- Biblia de las Américas
- Biblia Nueva Versión Internacional
- Biblia Nacar-Colunga
- Santa Biblia Reina Valera
- Biblia Peshitta
- The Jewish Study Bible, Oxford University Press

- Saint James Bible
- Holy Bible New International Version
- Holy Bible New Revised Standard Version
- Bible Chouraqui
- La Sainte Bible du Chanoine Crampon
- La Bible Louis Segond
- La Bible TOB, traduction œcuménique de la Bible